Joseph Ratzinger

Benedicto XVI

Jesús de Nazaret

PRIMERA PARTE

*Desde el Bautismo
a la Transfiguración*

Traducción de
Carmen Bas Álvarez

Image Books

Doubleday

NEW YORK   LONDON   TORONTO   SYDNEY   AUCKLAND

PUBLICADO POR DOUBLEDAY

Publicado en los Estados Unidos por Doubleday, un sello editorial
de The Doubleday Broadway Publishing Group, una división de
Random House, Inc., New York.
www.doubleday.com

DOUBLEDAY y la imagen de una ancla con un delfin
son marcas registradas de Random House, Inc.

Diseño del libro por Maria Carella

Library of Congress Cataloging-in-Publication Data

Benedict XVI, Pope, 1927–
[Jesus von Nazareth. Spanish]
Jesús de Nazaret / Joseph Ratzinger (Benedicto XVI) ; traduccion de
Carmen Bas Alvarez.—1. ed. en los Estados Unidos de America.
p. cm.
Includes bibliographical references and index.
ISBN 978-0-385-52504-6
1. Jesus Christ—Biography. I. Title.
BT301.3.B4618 2007
232.9'01—dc22
[B]
2007034501

Impreso en los Estados Unidos de América

3   5   7   9   10   8   6   4   2

ÍNDICE

PRÓLOGO

Este libro sobre Jesús, cuya primera parte se publica ahora, es fruto de un largo camino interior. En mis tiempos de juventud —años treinta y cuarenta— había toda una serie de obras fascinantes sobre Jesús: las de Karl Adam, Romano Guardini, Franz Michel Willam, Giovanni Papini, Daniel-Rops, por mencionar sólo algunas. En ellas se presentaba la figura de Jesús a partir de los Evangelios: cómo vivió en la tierra y cómo —aun siendo verdaderamente hombre— llevó al mismo tiempo a los hombres a Dios, con el cual era uno en cuanto Hijo. Así, Dios se hizo visible a través del hombre Jesús y, desde Dios, se pudo ver la imagen del auténtico hombre.

En los años cincuenta comenzó a cambiar la situación. La grieta entre el «Jesús histórico» y el «Cristo de la fe» se hizo cada vez más profunda; a ojos vistas se alejaban uno de otro. Pero, ¿qué puede significar la fe en Jesús el Cristo, en Jesús Hijo del Dios vivo, si resulta que el hombre Jesús era tan diferente de como lo presentan los evangelistas y como, partiendo de los Evangelios, lo anuncia la Iglesia?

Los avances de la investigación histórico-crítica lleva-
ron a distinciones cada vez más sutiles entre los diversos
estratos de la tradición. Detrás de éstos la figura de Jesús,
en la que se basa la fe, era cada vez más nebulosa, iba per-
diendo su perfil. Al mismo tiempo, las reconstrucciones de
este Jesús, que había que buscar a partir de las tradiciones
de los evangelistas y sus fuentes, se hicieron cada vez más
contrastantes: desde el revolucionario antirromano que lu-
chaba por derrocar a los poderes establecidos y, natural-
mente, fracasa, hasta el moralista benigno que todo lo
aprueba y que, incomprensiblemente, termina por causar
su propia ruina. Quien lee una tras otra algunas de estas
reconstrucciones puede comprobar enseguida que son más
una fotografía de sus autores y de sus propios ideales que
un poner al descubierto un icono que se había desdibuja-
do. Por eso ha ido aumentando entretanto la desconfian-
za ante estas imágenes de Jesús; pero también la figura mis-
ma de Jesús se ha alejado todavía más de nosotros.

Como resultado común de todas estas tentativas, ha
quedado la impresión de que, en cualquier caso, sabemos
pocas cosas ciertas sobre Jesús, y que ha sido sólo la fe
en su divinidad la que ha plasmado posteriormente su
imagen. Entretanto, esta impresión ha calado hondamen-
te en la conciencia general de la cristiandad. Semejante
situación es dramática para la fe, pues deja incierto su au-
téntico punto de referencia: la íntima amistad con Jesús,
de la que todo depende, corre el riesgo de moverse en el
vacío.

El exegeta católico de habla alemana quizás más importan-
te de la segunda mitad del siglo XX, Rudolf Schnacken-

burg, percibió en sus últimos años, fuertemente impresionado, el peligro que de esta situación se derivaba para la fe y, ante lo poco adecuadas que eran todas las imágenes «históricas» de Jesús elaboradas mientras tanto por la exegesis, se embarcó en su última gran obra: Die Person Jesu Christ im Spiegel der vier Evangelien [La persona de Jesucristo reflejada en los cuatro Evangelios]. *El libro se pone al servicio de los creyentes «a los que hoy la investigación científica… hace sentirse inseguros, para que conserven su fe en la persona de Jesucristo como redentor y salvador del mundo» (p. 6). Al final del libro, tras toda una vida de investigación, Schnackenburg llega a la conclusión «de que mediante los esfuerzos de la investigación con métodos histórico-críticos no se logra, o se logra de modo insuficiente, una visión fiable de la figura histórica de Jesús de Nazaret» (p. 348); «el esfuerzo de la investigación exegética… por identificar estas tradiciones y llevarlas a lo históricamente digno de crédito… nos somete a una discusión continua de la historia de las tradiciones y de la redacciones que nunca se acaban» (p. 349).*

Las exigencias del método, que él considera a la vez necesario e insuficiente, hacen que en su representación de la figura de Jesús haya una cierta discrepancia: Schnackenburg nos muestra la imagen del Cristo de los Evangelios, pero la considera formada por distintas capas de tradición superpuestas, a través de las cuales sólo se puede divisar de lejos al «verdadero» Jesús. «Se presupone el fundamento histórico, pero éste queda rebasado en la visión de fe de los Evangelios», escribe (p. 353). Nadie duda de ello, pero no queda claro hasta dónde llega el «fundamento histórico». Sin embargo, Schnackenburg ha dejado claro como dato verdaderamente histórico el punto decisivo: el ser de Jesús relativo a Dios y su unión con Él (p. 353). «Sin su enraizamiento en Dios, la persona de Jesús resulta vaga, irreal e inexplicable» (p. 354). Éste es también el punto de apoyo sobre el que se basa mi libro: considera a Jesús a partir de su comunión con el Padre. Éste es el verdadero centro de su personalidad. Sin esta comunión no se puede entender nada y partiendo de ella Él se nos hace presente también hoy.

Naturalmente, en la descripción concreta de la figura de Jesús he tratado con decisión de ir más allá de Schnackenburg. El elemento problemático de su definición de la relación entre las tradiciones y la historia realmente acontecida se encuentra claramente, a mi modo de ver, en la frase: Los Evangelios «quieren, por así decirlo, revestir de carne al misterioso hijo de Dios aparecido sobre la tierra...» (p. 354). Quisiera decir al respecto: no necesitaban «revestirle» de carne, Él se había hecho carne realmente. Pero, ¿se puede encontrar esta carne a través de la espesura de las tradiciones?

En el prólogo de su libro, Schnackenburg nos dice que se siente vinculado al método histórico-crítico, al que la encíclica Divino afflante Spiritu *en 1943 había abierto las puertas para ser utilizado en la teología católica (p. 5). Esta Encíclica fue verdaderamente un hito importante para la exegesis católica. No obstante, el debate sobre los métodos ha dado nuevos pasos desde entonces, tanto dentro de la Iglesia católica como fuera de ella; se han desarrollado nuevas y esenciales visiones metodológicas, tanto en lo que concierne al trabajo riguro-*

samente histórico, como a la colaboración entre teología y método histórico en la interpretación de la Sagrada Escritura. Un paso decisivo lo dio la Constitución conciliar Dei Verbum, *sobre la divina revelación. También aportan importantes perspectivas, maduradas en el ámbito de la afanosa investigación exegética, dos documentos de la Pontificia Comisión Bíblica:* La interpretación de la Biblia en la Iglesia *(Ciudad del Vaticano, 1993) y* El pueblo judío y sus Sagradas Escrituras en la Biblia cristiana *(ibíd., 2001).*

Me gustaría mencionar, al menos a grandes rasgos, las orientaciones metodológicas resultantes de estos documentos que me han guiado en la elaboración de este libro. Hay que decir, ante todo, que el método histórico —precisamente por la naturaleza intrínseca de la teología y de la fe— es y sigue siendo una dimensión del trabajo exegético a la que no se puede renunciar. En efecto, para la fe bíblica es fundamental referirse a hechos históricos reales. Ella no cuenta leyendas como símbolos de verdades que van más allá de la historia, sino que se basa en la historia ocurrida sobre la faz de esta tierra. El factum historicum *no es para ella una clave simbólica que se puede sustituir, sino un fundamento constitutivo;* et incarnatus est: *con estas palabras profesamos la entrada efectiva de Dios en la historia real.*

Si dejamos de lado esta historia, la fe cristiana como tal queda eliminada y transformada en otra religión. Así pues, si la historia, lo fáctico, forma parte esencial de la fe cristiana en este sentido, ésta debe afrontar el método histórico. La fe misma lo exige. La Constitución conci-

liar sobre la divina revelación, antes mencionada, lo afirma claramente en el número 12, indicando también los elementos metodológicos concretos que se han de tener presentes en la interpretación de las Escrituras. Mucho más detallado es el documento de la Pontificia Comisión Bíblica sobre la interpretación de la Sagrada Escritura en la Iglesia, en el capítulo «Métodos y criterios para la interpretación».

El método histórico-crítico —repetimos— sigue siendo indispensable a partir de la estructura de la fe cristiana. No obstante, hemos de añadir dos consideraciones: se trata de una de las dimensiones fundamentales de la exegesis, pero no agota el cometido de la interpretación para quien ve en los textos bíblicos la única Sagrada Escritura y la cree inspirada por Dios. Volveremos sobre ello con más detalle.

Por ahora, como segunda consideración, es importante que se reconozcan los límites del método histórico-crítico mismo. Para quien se siente hoy interpelado por la Biblia, el primer límite consiste en que, por su naturaleza, debe dejar la palabra en el pasado. En cuanto método histórico, busca los diversos hechos desde el contexto del tiempo en que se formaron los textos. Intenta conocer y entender con la mayor exactitud posible el pasado —tal como era en sí mismo— para descubrir así lo que el autor quiso y pudo decir en ese momento, considerando el contexto de su pensamiento y los acontecimientos de entonces. En la medida en que el método histórico es fiel a sí mismo, no sólo debe estudiar la palabra como algo que pertenece al pasado, sino dejarla además en el pasado. Puede vislumbrar puntos de contacto con el presente, semejanzas con la actualidad; puede intentar encontrar aplicaciones para el presente, pero no puede hacerla actual, «de hoy», porque ello sobrepasaría lo que le es propio. Efectivamente, en la precisión de la explicación de lo que pasó reside tanto su fuerza como su limitación.

Con esto se relaciona otro elemento. Como método histórico, presupone la uniformidad del contexto en el que se insertan los acontecimientos de la historia y, por tanto, debe tratar las palabras ante las que se encuentra como palabras humanas. Si reflexiona cuidadosamente puede entrever quizás el «valor añadido» que encierra la palabra; percibir, por así decirlo, una dimensión más alta e iniciar así el autotrascenderse del método, pero su objeto propio es la palabra humana en cuanto humana.

Finalmente, considera cada uno de los libros de la Escritura en su momento histórico y luego los subdivide ulteriormente según sus fuentes, pero la unidad de todos estos escritos como «Biblia» no le resulta como un dato histórico inmediato. Naturalmente, puede observar las líneas de desarrollo, el crecimiento de las tradiciones y percibir de ese modo, más allá de cada uno de los libros, el proceso hacia una única «Escritura». Pero el método histórico deberá primero remontarse necesariamente al origen de los diversos textos y, en ese sentido, colocarlos antes en su pasado, para luego completar este camino hacia atrás con un movimiento hacia adelante, siguiendo la formación de las unidades textuales a través del tiempo. Por último, todo intento de conocer el pasado debe ser consciente de que no puede superar el nivel de hipótesis, ya que no podemos recuperar el pasado en el presente. Ciertamen-

te, hay hipótesis con un alto grado de probabilidad, pero en general hemos de ser conscientes del límite de nuestras certezas. También la historia de la exegesis moderna pone precisamente de manifiesto dichos límites.

Con todo esto se ha señalado, por un lado, la importancia del método histórico-crítico y, por otro, se han descrito también sus limitaciones. Junto a estos límites se ha visto —así lo espero— que el método, por su propia naturaleza, remite a algo que lo supera y lleva en sí una apertura intrínseca a métodos complementarios. En la palabra pasada se puede percibir la pregunta sobre su hoy; en la palabra humana resuena algo más grande; los diversos textos bíblicos remiten de algún modo al proceso vital de la única Escritura que se verifica en ellos.

Precisamente a partir de esta última observación se ha desarrollado hace unos treinta años en América el proyecto de la «exegesis canónica», que se propone leer los diversos textos bíblicos en el conjunto de la única Escritura, haciéndolos ver así bajo una nueva luz. La Constitución sobre la divina revelación del Concilio Vaticano II había destacado claramente este aspecto como un principio fundamental de la exegesis teológica: quien quiera entender la Escritura en el espíritu en que ha sido escrita debe considerar el contenido y la unidad de toda ella. El Concilio añade que se han de tener muy en cuenta también la Tradición viva de toda la Iglesia y la analogía de la fe, las correlaciones internas de la fe (cf. Dei Verbum, 12).

Detengámonos en primer lugar en la unidad de la Escritura. Es un dato teológico, pero que no se aplica simplemente desde fuera a un conjunto de escritos en sí mismos heterogéneos. La exegesis moderna ha mostrado que las palabras transmitidas en la Biblia se convierten en Escritura a través de un proceso de relecturas cada vez nuevas: los textos antiguos se retoman en una situación nueva, leídos y entendidos de manera nueva. En la relectura, en la lectura progresiva, mediante correcciones, profundizaciones y ampliaciones tácitas, la formación de la Escritura se configura como un proceso de la palabra que abre poco a poco sus potencialidades interiores, que de algún modo estaban ya como semillas y que sólo se abren ante el desafío de situaciones nuevas, nuevas experiencias y nuevos sufrimientos.

Quien observa este proceso —sin duda no lineal, a menudo dramático pero siempre en marcha— a partir de Jesucristo, puede reconocer que en su conjunto sigue una dirección, que el Antiguo y el Nuevo Testamento están íntimamente relacionados entre sí. Ciertamente, la hermenéutica cristológica, que ve en Cristo Jesús la clave de todo el conjunto y, a partir de Él, aprende a entender la Biblia como unidad, presupone una decisión de fe y no puede surgir del mero método histórico. Pero esta decisión de fe tiene su razón —una razón histórica— y permite ver la unidad interna de la Escritura y entender de un modo nuevo los diversos tramos de su camino sin quitarles su originalidad histórica.

La «exegesis canónica» —la lectura de los diversos textos de la Biblia en el marco de su totalidad— es una dimensión esencial de la interpretación que no se opone al método histórico-crítico, sino que lo desarrolla de un modo orgánico y lo convierte en verdadera teología.

Me gustaría destacar otros dos aspectos de la exegesis teológica. La interpretación histórico-crítica del texto trata de averiguar el sentido original exacto de las palabras, tal como se las entendía en su lugar y en su momento. Esto es bueno e importante. Pero —prescindiendo de la certeza sólo relativa de tales reconstrucciones— se ha de tener presente que toda palabra humana de cierto peso encierra en sí un relieve mayor de lo que el autor, en su momento, podía ser consciente. Este valor añadido intrínseco de la palabra, que trasciende su instante histórico, resulta más válido todavía para las palabras que han madurado en el proceso de la historia de la fe. Con ellas, el autor no habla simplemente por sí mismo y para sí mismo. Habla a partir de una historia común en la que está inmerso y en la cual están ya silenciosamente presentes las posibilidades de su futuro, de su camino posterior. El proceso de seguir leyendo y desarrollando las palabras no habría sido posible si en las palabras mismas no hubieran estado ya presentes esas aperturas intrínsecas.

En este punto podemos intuir también desde una perspectiva histórica, por así decirlo, lo que significa inspiración: el autor no habla como un sujeto privado, encerrado en sí mismo. Habla en una comunidad viva y por tanto en un movimiento histórico vivo que ni él ni la colectividad han construido, sino en el que actúa una fuerza directriz superior. Existen dimensiones de la palabra que la antigua doctrina de los cuatro sentidos de la Escritura ha explicado de manera apropiada en lo esencial. Los cuatro sentidos de la Escritura no son significados individuales independientes que se superponen, sino preci-

samente dimensiones de la palabra única, que va más allá del momento.

Con esto se alude ya al segundo aspecto del que quisiera hablar. Los distintos libros de la Sagrada Escritura, como ésta en su conjunto, no son simple literatura. La Escritura ha surgido en y del sujeto vivo del pueblo de Dios en camino y vive en él. Se podría decir que los libros de la Escritura remiten a tres sujetos que interactúan entre sí. En primer lugar al autor o grupo de autores a los que debemos un libro de la Escritura. Pero estos autores no son escritores autónomos en el sentido moderno del término, sino que forman parte del sujeto común «pueblo de Dios»: hablan a partir de él y a él se dirigen, hasta el punto de que el pueblo es el verdadero y más profundo «autor» de las Escrituras. Y, aún más: este pueblo no es autosuficiente, sino que se sabe guiado y llamado por Dios mismo que, en el fondo, es quien habla a través de los hombres y su humanidad.

La relación con el sujeto «pueblo de Dios» es vital para la Escritura. Por un lado, este libro —la Escritura— es la pauta que viene de Dios y la fuerza que indica el camino al pueblo, pero por otro, vive sólo en ese pueblo, el cual se trasciende a sí mismo en la Escritura, y así —en la profundidad definitiva en virtud de la Palabra hecha carne— se convierte precisamente en pueblo de Dios. El pueblo de Dios —la Iglesia— es el sujeto vivo de la Escritura; en él, las palabras de la Biblia son siempre una presencia. Naturalmente, esto exige que este pueblo reciba de Dios su propio ser, en último término, del Cristo hecho carne, y se deje ordenar, conducir y guiar por Él.

Creo que debía al lector estas indicaciones metodológicas porque determinan el camino seguido en mi interpretación de la figura de Jesús en el Nuevo Testamento (puede verse lo que he escrito a este respecto al introducir la bibliografía). Para mi presentación de Jesús esto significa, sobre todo, que confío en los Evangelios. Naturalmente, doy por descontado todo lo que el Concilio y la exegesis moderna dicen sobre los géneros literarios, sobre la intencionalidad de las afirmaciones, el contexto comunitario de los Evangelios y su modo de hablar en este contexto vivo. Aun aceptando todo esto, en cuanto me era posible, he intentado presentar al Jesús de los Evangelios como el Jesús real, como el «Jesús histórico» en sentido propio y verdadero. Estoy convencido, y confío en que el lector también pueda verlo, de que esta figura resulta más lógica y, desde el punto de vista histórico, también más comprensible que las reconstrucciones que hemos conocido en las últimas décadas. Pienso que precisamente este Jesús —el de los Evangelios— es una figura históricamente sensata y convincente.

Sólo si ocurrió algo realmente extraordinario, si la figura y las palabras de Jesús superaban radicalmente todas las esperanzas y expectativas de la época, se explica su crucifixión y su eficacia. Apenas veinte años después de la muerte de Jesús encontramos en el gran himno a Cristo de la Carta a los Filipenses (cf. 2, 6-11) una cristología de Jesús totalmente desarrollada, en la que se dice que Jesús era igual a Dios, pero que se despojó de su rango, se hizo hombre, se humilló hasta la muerte en la cruz, y que a Él corresponde ser honrado por el cosmos, la adoración que Dios había anunciado en el profeta Isaías (cf. 45, 23) y que sólo Él merece.

La investigación crítica se plantea con razón la pregunta: ¿Qué ha ocurrido en esos veinte años desde la crucifixión de Jesús? ¿Cómo se llegó a esta cristología? En realidad, el hecho de que se formaran comunidades anónimas, cuyos representantes se intenta descubrir, no explica nada. ¿Cómo colectividades desconocidas pudieron ser tan creativas, convincentes y, así, imponerse? ¿No es más lógico, también desde el punto de vista histórico, pensar que su grandeza resida en su origen, y que la figura de Jesús haya hecho saltar en la práctica todas las categorías disponibles y sólo se la haya podido entender a partir del misterio de Dios? Naturalmente, creer que precisamente como hombre Él era Dios, y que dio a conocer esto veladamente en las parábolas, pero cada vez de manera más inequívoca, es algo que supera las posibilidades del método histórico. Por el contrario, si a la luz de esta convicción de fe se leen los textos con el método histórico y con su apertura a lo que lo sobrepasa, éstos se abren de par en par para manifestar un camino y una figura dignos de fe. Así queda también clara la compleja búsqueda que hay en los escritos del Nuevo Testamento en torno a la figura de Jesús y, no obstante todas las diversidades, la profunda cohesión de estos escritos.

Es obvio que con esta visión de la figura de Jesús voy más allá de lo que dice, por ejemplo, Schnackenburg, en representación de un amplio sector de la exégesis contemporánea. No obstante, confío en que el lector comprenda que este libro no está escrito en contra de la exégesis moderna, sino con sumo agradecimiento por lo mucho

que nos ha aportado y nos aporta. Nos ha proporciona-
do una gran cantidad de material y conocimientos a tra-
vés de los cuales la figura de Jesús se nos puede hacer pre-
sente con una vivacidad y profundidad que hace unas
décadas no podíamos ni siquiera imaginar. Yo sólo he
intentado, más allá de la interpretación meramente his-
tórico-crítica, aplicar los nuevos criterios metodológicos,
que nos permiten hacer una interpretación propiamente
teológica de la Biblia, que exigen la fe, sin por ello que-
rer ni poder en modo alguno renunciar a la seriedad his-
tórica.

Sin duda, no necesito decir expresamente que este libro
no es en modo alguno un acto magisterial, sino única-
mente expresión de mi búsqueda personal «del rostro del
Señor» (cf. Sal 27, 8). Por eso, cualquiera es libre de con-
tradecirme. Pido sólo a los lectores y lectoras esa benevo-
lencia inicial, sin la cual no hay comprensión posible.

Como he dicho al comienzo de este prólogo, el camino
interior que me ha llevado a este libro ha sido largo. Pu-
de trabajar en él durante las vacaciones del verano de
2003. En agosto de 2004 tomaron su forma definitiva los
capítulos 1-4. Tras mi elección para ocupar la sede epis-
copal de Roma, he aprovechado todos los momentos li-
bres para avanzar en la obra. Dado que no sé hasta cuán-
do dispondré de tiempo y fuerzas, he decidido publicar
esta primera parte con los diez primeros capítulos, que
abarcan desde el bautismo en el Jordán hasta la confe-
sión de Pedro y la transfiguración.

Con la segunda parte espero poder ofrecer también el
capítulo sobre los relatos de la infancia, que he aplazado

por ahora porque me parecía urgente presentar sobre todo la figura y el mensaje de Jesús en su vida pública, con el fin de favorecer en el lector un crecimiento de su relación viva con Él.

Roma, fiesta de San Jerónimo,
30 de septiembre de 2006.
Joseph Ratzinger - Benedicto XVI

INTRODUCCIÓN

En el Libro del Deuteronomio se encuentra una promesa muy diferente de la esperanza mesiánica de otros libros del Antiguo Testamento, pero que tiene una importancia decisiva para entender la figura de Jesús. No se promete un rey de Israel y del mundo, un nuevo David, sino un nuevo Moisés; pero a Moisés mismo se le considera un profeta. En contraste con el mundo de las religiones del entorno, la calificación de «profeta» entraña aquí algo peculiar y diverso que, como tal, sólo existe en Israel. Esta novedad y diferencia se deriva de la singularidad de la fe en Dios que le fue concedida al pueblo de Israel. En todos los tiempos, el hombre no se ha preguntado sólo por su proveniencia originaria; más que la oscuridad de su origen, al hombre le preocupa lo impenetrable del futuro hacia el que se encamina. Quiere rasgar el velo que lo cubre; quiere saber qué pasará, para poder evitar las desventuras e ir al encuentro de la salvación.

También las religiones se preocupan no sólo de responder a la pregunta sobre el origen; todas ellas intentan desvelar de algún modo el futuro. Son importantes precisamente porque proponen un saber sobre lo venidero y pueden mostrar así al hombre el camino que debe tomar para no fracasar. Por ello, prácticamente todas las religiones han desarrollado formas de predecir el futuro.

El Libro del Deuteronomio, en el texto al que aludimos, recuerda las diversas formas de «apertura» del futuro que se practicaban en el entorno de Israel: «Cuando entres en la tierra que va a darte el Señor tu Dios, no imites las abominaciones de esos pueblos. No haya entre los tuyos quien queme a sus hijos o hijas, ni vaticinadores, ni astrólogos, ni agoreros, ni hechiceros, ni encantadores, ni espiritistas, ni adivinos, ni nigromantes. Porque el que practica eso es abominable para el Señor...» (18, 9-12).

Lo difícil que resultaba aceptar una tal renuncia, lo difícil que era soportarla, se observa en la historia del final de Saúl. Él mismo había intentado imponer esta prohibición y acabar con toda forma de magia, pero ante la inminente y peligrosa batalla contra los filisteos, le resultaba insoportable el silencio de Dios y cabalga hasta Endor para pedir a una nigromante que invocara al espíritu de Samuel para que le mostrara el futuro: si el Señor no habla, otro debe rasgar el velo del mañana... (cf. *1 S* 28).

El capítulo 18 del Deuteronomio, que califica todas estas formas de apoderarse del futuro como «abominaciones» a los ojos de Dios, contrapone a estas artes adivinatorias el otro camino de Israel —el camino de la fe—, y lo hace en forma de una promesa: «El Señor, tu Dios, te suscitará un profeta como yo de entre tus hermanos. A él le escucharéis» (18, 15). En principio parece que esto es sólo el anuncio de la institución profética en Israel y que con ello se confía al profeta la interpretación del presente y el futuro. Pero la crítica a los falsos profetas que aparece reiteradamente con gran dureza en los libros proféticos señala el peligro de que asuman en la práctica el papel de adivinos, de que se comporten y se les pregunte como a ellos. De este modo, Israel volvería a caer exactamente en la situación que los profetas tenían el cometido de evitar.

La conclusión del Libro del Deuteronomio vuelve otra vez sobre la promesa y le da un giro sorprendente que va mucho más allá de la institución profética y que otorga a la figura del profeta su verdadero sentido. Allí se dice: «Pero no surgió en Israel otro profeta como Moisés, con quien el Señor trataba cara a cara…» (34, 10). Sobre esta conclusión del quinto libro de Moisés se cierne una singular melancolía: la promesa de «un profeta como yo…» no se ha cumplido todavía. Y entonces se ve claro que con esas palabras no se hacía referencia sólo a la institución profética, que ya existía, sino a algo distinto y de mayor alcance: eran el anuncio de un nuevo Moisés. Se había comprobado que la llegada a Palestina no había coincidido con el ingreso en la salvación, que Israel todavía esperaba su verdadera liberación, que era necesario un éxodo más radical y que para ello se necesitaba un nuevo Moisés.

Se dice también lo que caracterizaba a ese Moisés, lo peculiar y esencial de esa figura: él había tratado con el Señor «cara a cara»; había hablado con el Señor como el amigo con el amigo (cf. *Ex* 33, 11). Lo decisivo de la figura de Moisés no son todos los hechos prodigiosos que se cuentan de él, ni tampoco todo lo que ha hecho o las penalidades sufridas en el camino desde la «condición de esclavitud» en Egipto, a través del desierto, hasta las puertas de la tierra prometida. El punto decisivo es que ha hablado con Dios como con un amigo: sólo de ahí podían provenir sus obras, sólo de esto podía proceder la Ley que debía mostrar a Israel el camino a través de la historia.

Y se ve finalmente muy claro que el profeta no es la variante israelita del adivino, como de hecho muchos lo consideraban hasta entonces y como se consideraron a sí mismos muchos presuntos profetas. Su significado es completamente diverso: no tiene el cometido de anunciar los acontecimientos de mañana o pasado mañana, poniéndose así al servicio de la curiosidad o de la necesidad de seguridad de los hombres. Nos muestra el rostro de Dios y, con ello, el camino que debemos tomar. El futuro de que se trata en sus indicaciones va mucho más allá de lo que se intenta conocer a través de los adivinos. Es la indicación del camino que lleva al auténtico «éxodo», que consiste en que en todos los avatares de la historia hay que buscar y encontrar el camino que lleva a Dios como la verdadera orientación. En este sentido, la profecía está en total correspondencia con la fe de Israel en un solo Dios, es su transformación en la vida concreta de una comunidad ante Dios y en camino hacia Él.

«No surgió en Israel otro profeta como Moisés...». Esta afirmación da un giro escatológico a la promesa de que «el Señor, tu Dios, te suscitará... un profeta como yo». Israel puede esperar en un nuevo Moisés, que todavía no ha aparecido, pero que surgirá en el momento oportuno. Y la verdadera característica de este «profeta» será que tratará a Dios cara a cara como un amigo habla con el amigo. Su rasgo distintivo es el acceso inmediato a Dios, de modo que puede transmitir la voluntad y la palabra de Dios de primera mano, sin falsearla. Y esto es lo que salva, lo que Israel y la humanidad están esperando.

Pero en este punto debemos recordar otra historia digna de mención sobre la relación de Moisés con Dios que se relata en el Libro del Éxodo. Allí se nos narra la petición que Moisés hace a Dios: «Déjame ver tu gloria» (*Ex* 33, 18). La petición no es atendida: «Mi rostro no lo puedes ver» (33, 20). A Moisés se le pone en un lugar cercano a Dios, en la hendidura de una roca, sobre la que pasará Dios con su gloria. Mientras pasa Dios le cubre con su mano y sólo al final la retira: «Podrás ver mi espalda, pero mi rostro no lo verás» (33, 23).

Este misterioso texto ha desempeñado un papel fundamental en la historia de la mística judía y cristiana; a partir de él se intentó establecer hasta qué punto puede llegar el contacto con Dios en esta vida y dónde se sitúan los límites de la visión mística. En la cuestión que nos ocupa queda claro que el acceso inmediato de Moisés a Dios, que le convierte en el gran mediador de la revelación, en el mediador de la Alianza, tiene sus límites. No puede ver el rostro de Dios, aunque se le permite entrar en la nube de su cercanía y hablar con Él como con un amigo. Así, la promesa de «un profeta como yo» lleva en sí una expectativa mayor todavía no explícita: al último profeta, al nuevo Moisés, se le otorgará el don que se niega al primero: ver real e inmediatamente el rostro de Dios y, por ello, poder hablar basándose en que lo ve plenamente y no sólo después de haberlo visto de espaldas. Este hecho se relaciona de por sí con la expectativa de que el nuevo Moisés será el mediador de una Alianza superior a la que Moisés podía traer del Sinaí (cf. *Hb* 9, 11-24).

En este contexto hay que leer el final del Prólogo del Evangelio de Juan: «A Dios nadie lo ha visto jamás; el Hijo único, que está en el seno del Padre, es quien lo ha dado a conocer» (1, 18). En Jesús se cumple la promesa del nuevo profeta. En Él se ha hecho plenamente realidad lo que en Moisés era sólo imperfecto: Él vive ante el rostro de Dios no sólo como amigo, sino como Hijo; vive en la más íntima unidad con el Padre.

Sólo partiendo de esta afirmación se puede entender verdaderamente la figura de Jesús, tal como se nos muestra en el Nuevo Testamento; en ella se fundamenta todo lo que se nos dice sobre las palabras, las obras, los sufrimientos y la gloria de Jesús. Si se prescinde de este auténtico baricentro, no se percibe lo específico de la figura de Jesús, que se hace entonces contradictoria y, en última instancia, incomprensible. La pregunta que debe plantearse todo lector del Nuevo Testamento sobre la procedencia de la doctrina de Jesús, sobre la clave para explicar su comportamiento, sólo puede responderse a partir de este punto. La reacción de sus oyentes fue clara: esa doctrina no procede de ninguna escuela; es radicalmente diferente a lo que se puede aprender en las escuelas. No se trata de una explicación según el método interpretativo transmitido. Es diferente: es una explicación «con autoridad». Al reflexionar sobre las palabras de Jesús tendremos que volver sobre este diagnóstico de sus oyentes y profundizar más en su significado.

La doctrina de Jesús no procede de enseñanzas humanas, sean del tipo que sean, sino del contacto inmediato con el Padre, del diálogo «cara a cara», de la visión de Aquel que descansa «en el seno del Padre». Es la palabra del Hijo. Sin este fundamento interior sería una temeridad. Así la consideraron los eruditos de los tiempos de Jesús, precisamente porque no quisieron aceptar este fundamento interior: el ver y conocer cara a cara.

Para entender a Jesús resultan fundamentales las repetidas indicaciones de que se retiraba «al monte» y allí oraba noches enteras, «a solas» con el Padre. Estas breves anotaciones descorren un poco el velo del misterio, nos permiten asomarnos a la existencia filial de Jesús, entrever el origen último de sus acciones, de sus enseñanzas y de su sufrimiento. Este «orar» de Jesús es la conversación del Hijo con el Padre, en la que están implicadas la conciencia y la voluntad humanas, el alma humana de Jesús, de forma que la «oración» del hombre pueda llegar a ser una participación en la comunión del Hijo con el Padre.

La famosa tesis de Adolf von Harnack, según la cual el anuncio de Jesús sería un anuncio del Padre, del que el Hijo no formaría parte —y por tanto la cristología no pertenecería al anuncio de Jesús—, es una tesis que se desmiente por sí sola. Jesús puede hablar del Padre como lo hace sólo porque es el Hijo y está en comunión filial con Él. La dimensión cristológica, esto es, el misterio del Hijo como revelador del Padre, la «cristología», está presente en todas las palabras y obras de Jesús. Aquí resalta otro punto importante: hemos dicho que la comunión de Jesús con el Padre comprende el alma humana de Jesús en el acto de la oración. Quien ve a Jesús, ve al Padre (cf. *Jn* 14, 9). De este modo, el discípulo que camina con Jesús se verá implicado con Él en la comunión con Dios. Y esto es lo que realmente salva: el trascender los límites del ser humano, algo para lo cual está ya predispuesto desde la creación, como esperanza y posibilidad, por su semejanza con Dios.

1

EL BAUTISMO DE JESÚS

La vida pública de Jesús comienza con su bautismo en el Jordán por Juan el Bautista. Mientras Mateo fecha este acontecimiento sólo con una fórmula convencional —«en aquellos días»—, Lucas lo enmarca intencionalmente en el gran contexto de la historia universal, permitiendo así una datación bien precisa. A decir verdad, Mateo ofrece también una especie de datación, al comenzar su Evangelio con el árbol genealógico de Jesús, formado por la estirpe de Abraham y la estirpe de David: presenta a Jesús como el heredero tanto de la promesa a Abraham como del compromiso de Dios con David, al cual había prometido un reinado eterno, no obstante todos los pecados de Israel y todos los castigos de Dios. Según esta genealogía, la historia se divide en tres periodos de catorce generaciones —catorce es el valor numérico del nombre de David—: de Abraham a David, de David al exilio babilónico y después otro nuevo periodo de catorce generaciones. Precisamente el hecho de que hayan transcurrido catorce generaciones indica que por fin ha llegado la hora del David definitivo, del renovado reinado davídico, entendido como instauración del reinado de Dios.

Como corresponde al evangelista judeocristiano Mateo, se trata de un árbol genealógico judío en la perspectiva de la historia de la salvación, que piensa en la historia universal a lo sumo de forma indirecta, es decir, en la medida en que el reino del David definitivo, como reinado de Dios, interesa obviamente al mundo entero. Con ello, también la datación concreta resulta vaga, ya que el cálculo de las generaciones está modelado más por las tres fases de la promesa que por una estructura histórica, y no se propone establecer referencias temporales precisas.

A este respecto, se ha de notar que Lucas no sitúa la genealogía de Jesús al comienzo del Evangelio, sino que la pone en relación con la narración del bautismo, que sería su final. Nos dice que Jesús tenía en ese momento unos treinta años de edad, es decir, que había alcanzado la edad que le autorizaba para una actividad pública. En su genealogía, Lucas —a diferencia de Mateo— retrocede desde Jesús hacia la historia pasada. No se da un relieve particular a Abraham y David; la genealogía retrocede hasta Adán, incluso hasta la creación, pues después del nombre de Adán Lucas añade: de Dios. De este modo se resalta la misión universal de Jesús: es el hijo de Adán, hijo del hombre. Por su ser hombre, todos le pertenecemos, y Él a nosotros; en Él la humanidad tiene un nuevo inicio y llega también a su cumplimiento.

Volvamos a la historia del Bautista. En los relatos de la infancia, Lucas ya había dado dos datos temporales importantes. Sobre el comienzo de la vida del Bautista nos dice que habría que datarlo «en tiempos de Herodes, rey de Judea» (1, 5). Mientras que el dato temporal sobre el Bautista queda así dentro de la historia judía, el relato de la infancia de Jesús comienza con las palabras: «Por entonces salió un decreto del emperador Augusto...» (2, 1). Aparece como trasfondo, pues, la gran historia universal representada por el imperio romano.

Este hilo conductor lo retoma Lucas en la introducción a la historia del Bautista, en el comienzo de la vida pública de Jesús. Nos dice en tono solemne y con precisión: «El año quince del reinado del emperador Tiberio, siendo Poncio Pilato gobernador de Judea, Herodes virrey de Galilea, su hermano Felipe virrey de Iturea y Traconítide, y Lisanio virrey de Abilene, bajo el sumo sacerdocio de Anás y Caifás...» (3, 1s). Con la mención del emperador romano se indica de nuevo la colocación temporal de Jesús en la historia universal: no hay que ver la aparición pública de Jesús como un mítico antes o después, que puede significar al mismo tiempo siempre y nunca; es un acontecimiento histórico que se puede datar con toda la seriedad de la historia humana ocurrida realmente; con su unicidad, cuya contemporaneidad con todos los tiempos es diferente a la intemporalidad del mito.

No se trata sin embargo sólo de la datación: el emperador y Jesús representan dos órdenes diferentes de la realidad, que no tienen por qué excluirse mutuamente, pero cuya confrontación comporta la amenaza de un conflicto que afecta a las cuestiones fundamentales de la humanidad y de la existencia humana. «Lo que es del César, pagádselo al César, y lo que es de Dios, a Dios» (*Mc* 12, 17), dirá más tarde Jesús, expresando así la compatibilidad esencial de ambas esferas. Pero si el imperio se considera a sí mismo divino, como se da a entender cuando Augusto se presenta a sí mismo como portador de la paz mundial y salvador de la humanidad, entonces el cristiano debe «obedecer antes a Dios que a los hombres» (*Hch* 5, 29); en ese caso, los cristianos se convierten en «mártires», en testigos del Cristo que ha muerto bajo el reinado de Poncio Pilato en la cruz como «el testigo fiel» (*Ap* 1, 5). Con la mención del nombre de Poncio Pilato se proyecta ya desde el inicio de la actividad de Jesús la sombra de la cruz. La cruz se anuncia también en los nombres de Herodes, Anás y Caifás.

Pero, al poner al emperador y a los príncipes entre los que se dividía la Tierra Santa unos junto a otros, se manifiesta algo más. Todos estos principados dependen de la Roma pagana. El reino de David se ha derrumbado, su «casa» ha caído (cf. *Am* 9, 11s); el descendiente, que según la Ley es el padre de Jesús, es un artesano de la provincia de Galilea, poblada predominantemente por paganos. Una vez más, Israel vive en la oscuridad de Dios, las promesas hechas a Abraham y David parecen sumidas en el silencio de Dios. Una vez más puede oírse el lamento: ya no tenemos un profeta, parece que Dios ha abandonado a su pueblo. Pero precisamente por eso el país bullía de inquietudes.

Movimientos, esperanzas y expectativas contrastantes determinaban el clima religioso y político. En torno al tiempo del nacimiento de Jesús, Judas el Galileo había incitado a un levantamiento que fue sangrientamente sofocado por los romanos. Su partido, los zelotes, seguía existiendo, dispuesto a utilizar el terror y la violencia para restablecer la libertad de Israel; es posible que uno o dos de los doce Apóstoles de Jesús —Simón el Zelote y quizás también Judas Iscariote— procedieran de aquella corriente. Los fariseos, a los que encontramos reiteradamente en los Evangelios, intentaban vivir siguiendo con suma precisión las prescripciones de la *Torá* y evitar la adaptación a la cultura helenístico-romana uniformadora, que se estaba imponiendo por sí misma en los territorios del imperio romano y amenazaba con someter a Israel al estilo de vida de los pueblos paganos del resto del mundo. Los saduceos, que en su mayoría pertenecían a la aristocracia y a la clase sacerdotal, intentaban vivir un judaísmo ilustrado, acorde con el estándar intelectual de la época, y llegar así a un compromiso también con el poder romano. Desaparecieron tras la destrucción de Jerusalén (70 d.C.), mientras que el estilo de vida de los fariseos encontró una forma duradera en el judaísmo plasmado por la *Misná* y el *Talmud*. Si observamos en los Evangelios las enconadas divergencias entre Jesús y los fariseos y cómo su muerte en la cruz era diametralmente lo opuesto al programa de los zelotes, no debemos olvidar sin embargo que muchas personas de diversas corrientes encontraron el camino de Cristo y que en la comunidad cristiana primitiva había también bastantes sacerdotes y antiguos fariseos.

En los años sucesivos a la Segunda Guerra Mundial, un hallazgo casual dio pie a unas excavaciones en Qumrán que ha sacado a la luz textos relacionados por algunos expertos con un movimiento más amplio, el de los esenios, conocido hasta entonces sólo por fuentes literarias. Era un grupo que se había alejado del templo herodiano y de su culto, fundando en el desierto de Judea comunidades monásticas, pero estableciendo también una convivencia de familias basada en la religión, y que había logrado un rico patrimonio de escritos y de rituales propios, particularmente con abluciones litúrgicas y rezos en común. La seria piedad reflejada en estos escritos nos conmueve: parece que Juan el Bautista, y quizás también Jesús y su familia, fueran cercanos a este ambiente. En cualquier caso, en los escritos de Qumrán hay numerosos puntos de contacto con el mensaje cristiano. No es de excluir que Juan el Bautista hubiera vivido algún tiempo en esta comunidad y recibido de ella parte de su formación religiosa.

Con todo, la aparición del Bautista llevaba consigo algo totalmente nuevo. El bautismo al que invita se distingue de las acostumbradas abluciones religiosas. No es repetible y debe ser la consumación concreta de un cambio que determina de modo nuevo y para siempre toda la vida. Está vinculado a un llamamiento ardiente a una nueva forma de pensar y actuar, está vinculado sobre todo al anuncio del juicio de Dios y al anuncio de alguien más Grande que ha de venir después de Juan. El cuarto Evangelio nos dice que el Bautista «no conocía» a ese más Grande a quien quería preparar el camino (cf. *Jn* 1, 30-33). Pero sabe que ha sido enviado para preparar el camino a ese misterioso Otro, sabe que toda su misión está orientada a Él.

En los cuatro Evangelios se describe esa misión con un pasaje de Isaías: «Una voz clama en el desierto: "¡Preparad el camino al Señor! ¡Allanadle los caminos!"» (*Is* 40, 3). Marcos añade una frase compuesta de Malaquías 3, 1 y Éxodo 23, 20 que, en otro contexto, encontramos también en Mateo (11, 10) y en Lucas (1, 76; 7, 27): «Yo envío a mi mensajero delante de ti para que te prepare el camino» (*Mc* 1, 2). Todos estos textos del Antiguo Testamento hablan de la intervención salvadora de Dios, que sale de lo inescrutable para juzgar y salvar; a Él hay que abrirle la puerta, prepararle el camino. Con la predicación del Bautista se hicieron realidad todas estas antiguas palabras de esperanza: se anunciaba algo realmente grande.

Podemos imaginar la extraordinaria impresión que tuvo que causar la figura y el mensaje del Bautista en la efervescente atmósfera de aquel momento de la historia de Jerusalén. Por fin había de nuevo un profeta cuya vida también le acreditaba como tal. Por fin se anunciaba de nuevo la acción de Dios en la historia. Juan bautiza con agua, pero el más Grande, Aquel que bautizará con el Espíritu Santo y con el fuego, está al llegar. Por eso, no hay que ver las palabras de san Marcos como una exageración: «Acudía la gente de Judea y de Jerusalén, confesaban sus pecados y él los bautizaba en el Jordán» (1, 5). El bautismo de Juan incluye la confesión: el reconocimiento de los pecados. El judaísmo de aquellos tiempos conocía confesiones genéricas y formales, pero también el reconocimiento personal de los pecados, en el que se debían enumerar las diversas acciones pecaminosas (Gnilka I, p. 68). Se trata realmente de superar la existencia pecaminosa llevada hasta entonces, de empezar una vida nueva, diferente.

Esto se simboliza en las diversas fases del bautismo. Por un lado, en la inmersión se simboliza la muerte y hace pensar en el diluvio que destruye y aniquila. En el pensamiento antiguo el océano se veía como la amenaza continua del cosmos, de la tierra; las aguas primordiales que podían sumergir toda vida. En la inmersión, también el río podía representar este simbolismo. Pero, al ser agua que fluye, es sobre todo símbolo de vida: los grandes ríos —Nilo, Éufrates, Tigris— son los grandes dispensadores de vida. También el Jordán es fuente de vida para su tierra, hasta hoy. Se trata de una purificación, de una liberación de la suciedad del pasado que pesa sobre la vida y la adultera, y de un nuevo comienzo, es decir, de muerte y resurrección, de reiniciar la vida desde el principio y de un modo nuevo. Se podría decir que se trata de un renacer. Todo esto se desarrollará expresamente sólo en la teología bautismal cristiana, pero está ya incoado en la inmersión en el Jordán y en el salir después de las aguas.

Toda Judea y Jerusalén acudía para bautizarse, como acabamos de escuchar. Pero ahora hay algo nuevo: «Por entonces llegó Jesús desde Nazaret de Galilea a que Juan lo bautizara en el Jordán» (*Mc* 1, 9). Hasta entonces no se había hablado de peregrinos venidos de Galilea; todo parecía restringirse al territorio judío. Pero lo realmente nuevo no es que Jesús venga de otra zona geográfica, de lejos, por así decirlo. Lo realmente nuevo es que Él —Jesús— quiere ser bautizado, que se mezcla entre la multitud gris de los pecadores que esperan a orillas del Jordán. El bautismo comportaba la confesión de las culpas (ya lo hemos oído). Era realmente un reconocimiento de los pecados y el propósito de poner fin a una vida anterior malgastada para recibir una nueva. ¿Podía hacerlo Jesús? ¿Cómo podía reconocer sus pecados? ¿Cómo podía desprenderse de su vida anterior para entrar en otra vida nueva? Los cristianos tuvieron que plantearse estas cuestiones. La discusión entre el Bautista y Jesús, de la que nos habla Mateo, expresa también la pregunta que él hace a Jesús: «Soy yo el que necesito que me bautices, ¿y tú acudes a mí?» (3, 14). Mateo nos cuenta además: «Jesús le contestó: "Déjalo ahora. Está bien que cumplamos así toda justicia. Entonces Juan lo permitió» (3, 15).

No es fácil llegar a descifrar el sentido de esta enigmática respuesta. En cualquier caso, la palabra *árti* —por ahora— encierra una cierta reserva: en una determinada situación provisional vale una determinada forma de actuación. Para interpretar la respuesta de Jesús, resulta decisivo el sentido que se dé a la palabra «justicia»: debe cumplirse toda «justicia». En el mundo en que vive Jesús, «justicia» es la respuesta del hombre a la *Torá*, la aceptación plena de la voluntad de Dios, la aceptación del «yugo del Reino de Dios», según la formulación judía. El bautismo de Juan no está previsto en la *Torá*, pero Jesús, con su respuesta, lo reconoce como expresión de un sí incondicional a la voluntad de Dios, como obediente aceptación de su yugo.

Puesto que este bautismo comporta un reconocimiento de la culpa y una petición de perdón para poder empezar de nuevo, este sí a la plena voluntad de Dios encierra también, en un mundo marcado por el pecado, una expresión de solidaridad con los hombres, que se han hecho culpables, pero que tienden a la justicia. Sólo a partir de la cruz y la resurrección se clarifica todo el significado de este acontecimiento. Al entrar en el agua, los bautizandos reconocen sus pecados y tratan de liberarse del peso de sus culpas. ¿Qué hizo Jesús? Lucas, que en todo su Evangelio presta una viva atención a la oración de Jesús, y lo presenta constantemente como Aquel que ora —en diálogo con el Padre—, nos dice que Jesús recibió el bautismo mientras oraba (cf. 3, 21). A partir de la cruz y la resurrección se hizo claro para los cristianos lo que había ocurrido: Jesús había cargado con la culpa de toda la humanidad; entró con ella en el Jordán. Inicia su vida pública tomando el puesto de los pecadores. La inicia con la anticipación de la cruz. Es, por así decirlo, el verdadero Jonás que dijo a los marineros: «Tomadme y lanzadme al mar» (cf. *Jon* 1, 12). El significado pleno del bautismo de Jesús, que comporta cumplir «toda justicia», se manifiesta sólo en la cruz: el bautismo es la aceptación de la muerte por los pecados de la humanidad, y la voz del cielo —«Éste es mi Hijo amado» (*Mc* 3, 17)— es una referencia anticipada a la resurrección. Así se entiende también por qué en las palabras de Jesús el término bautismo designa su muerte (cf. *Mc* 10, 38; *Lc* 12, 50).

Sólo a partir de aquí se puede entender el bautismo cristiano. La anticipación de la muerte en la cruz que tiene lugar en el bautismo de Jesús, y la anticipación de la resurrección, anunciada en la voz del cielo, se han hecho ahora realidad. Así, el bautismo con agua de Juan recibe su pleno significado del bautismo de vida y de muerte de Jesús. Aceptar la invitación al bautismo significa ahora trasladarse al lugar del bautismo de Jesús y, así, recibir en su identificación con nosotros nuestra identificación con Él. El punto de su anticipación de la muerte es ahora para nosotros el punto de nuestra anticipación de la resurrección con Él. En su teología del bautismo (cf. *Rm* 6), Pablo ha desarrollado esta conexión interna sin hablar expresamente del bautismo de Jesús en el Jordán.

Mediante su liturgia y teología del icono, la Iglesia oriental ha desarrollado y profundizado esta forma de entender el bautismo de Jesús. Ve una profunda relación entre el contenido de la fiesta de la Epifanía (proclamación de la filiación divina por la voz del cielo; en Oriente, la Epifanía es el día del bautismo) y la Pascua. En las palabras de Jesús a Juan: «Está bien que cumplamos así toda justicia» (*Mt* 3, 15), ve una anticipación de las palabras pronunciadas en Getsemaní: «Padre… no se haga mi voluntad, sino la tuya» (*Mt* 26, 39); los cantos litúrgicos del 3 de enero corresponden a los del Miércoles Santo, los del 4 de enero a los del Jueves Santo, los del 5 de enero a los del Viernes Santo y el Sábado Santo.

La iconografía recoge estos paralelismos. El icono del bautismo de Jesús muestra el agua como un sepulcro líquido que tiene la forma de una cueva oscura, que a su vez es la representación iconográfica del Hades, el inframundo, el infierno. El descenso de Jesús a este sepulcro líquido, a este infierno que le envuelve por completo, es la representación del descenso al infierno: «Sumergido en el agua, ha vencido al poderoso» (cf. *Lc* 11, 22), dice Cirilo de Jerusalén. Juan Crisóstomo escribe: «La entrada y la salida del agua son representación del descenso al infierno y de la resurrección». Los troparios de la liturgia bizantina añaden otro aspecto simbólico más: «El Jordán se retiró ante el manto de Eliseo, las aguas se dividieron y se abrió un camino seco como imagen auténtica del bautismo, por el que avanzamos por el camino de la vida» (Evdokimov, p. 246).

El bautismo de Jesús se entiende así como compendio de toda la historia, en el que se retoma el pasado y se anticipa el futuro: el ingreso en los pecados de los demás es el descenso al «infierno», no sólo como espectador, como ocurre en Dante, sino *con*-padeciendo y, con un sufrimiento transformador, convirtiendo los infiernos, abriendo y derribando las puertas del abismo. Es el descenso a la casa del mal, la lucha con el poderoso que tiene prisionero al hombre (y ¡cómo es cierto que todos somos prisioneros de los poderes sin nombre que nos manipulan!). Este poderoso, invencible con las meras fuerzas de la historia universal, es vencido y subyugado por el más poderoso que, siendo de la misma naturaleza de Dios, puede asumir toda la culpa del mundo sufriéndola hasta el fondo, sin dejar nada al descender en la identidad de quienes han caído. Esta lucha es la «vuelta» del ser, que produce una nueva calidad del ser, prepara un nuevo cielo y una nueva tierra. El sacramento —el Bautismo— aparece así como una participación en la lucha transformadora del mundo emprendida por Jesús en el cambio de vida que se ha producido en su descenso y ascenso.

Con esta interpretación y asimilación eclesial del bautismo de Jesús, ¿nos hemos alejado demasiado de la Biblia? Conviene escuchar en este contexto el cuarto Evangelio, según el cual Juan el Bautista, al ver a Jesús, pronunció estas palabras: «Éste es el Cordero de Dios, que quita el pecado del mundo» (1, 29). Mucho se ha hablado sobre estas palabras, que en la liturgia romana se pronuncian antes de comulgar. ¿Qué significa «cordero de Dios»? ¿Cómo es que se denomina a Jesús «cordero» y cómo quita este «cordero» los pecados del mundo, los vence hasta dejarlos sin sustancia ni realidad?

Joachim Jeremias ha aportado elementos decisivos para entender correctamente esta palabra y poder considerarla —también desde el punto de vista histórico— como verdadera palabra del Bautista. En primer lugar, se puede reconocer en ella dos alusiones veterotestamentarias. El canto del siervo de Dios en Isaías 53, 7 compara al siervo que sufre con un cordero al que se lleva al matadero: «Como oveja ante el esquilador, enmudecía y no abría la boca». Más importante aún es que Jesús fue crucificado durante una fiesta de Pascua y debía aparecer por tanto como el verdadero cordero pascual, en el que se cumplía lo que había significado el cordero pascual en la salida de Egipto: liberación de la tiranía mortal de Egipto y vía libre para el éxodo, el camino hacia la libertad de la promesa. A partir de la Pascua, el simbolismo del cordero ha sido fundamental para entender a Cristo. Lo encontramos en Pablo (cf. *1 Co* 5, 7), en Juan (cf. 19, 36), en la Primera Carta de Pedro (cf. 1, 19) y en el Apocalipsis (cf. por ejemplo, 5, 6).

Jeremias llama también la atención sobre el hecho de que la palabra hebrea *taljā'* significa tanto «cordero» como «mozo», «siervo» (ThWNT I 343). Así, las palabras del Bautista pueden haber hecho referencia ante todo al siervo de Dios que, con sus penitencias vicarias, «carga» con los pecados del mundo; pero en ellas también se le podría reconocer como el verdadero cordero pascual, que con su expiación borra los pecados del mundo. «Paciente como un cordero ofrecido en sacrificio, el Salvador se ha encaminado hacia la muerte por nosotros en la cruz; con la fuerza expiatoria de su muerte inocente ha borrado la culpa de toda la humanidad» (ThWNT I 343s). Si en las penurias de la opresión egipcia la sangre del cordero pascual había sido decisiva para la liberación de Israel, Él, el Hijo que se ha hecho siervo —el pastor que se ha convertido en cordero— se ha hecho garantía ya no sólo para Israel, sino para la liberación del «mundo», para toda la humanidad.

Con ello se introduce el gran tema de la universalidad de la misión de Jesús. Israel no existe sólo para sí mismo: su elección es el camino por el que Dios quiere llegar a todos. Encontraremos repetidamente el tema de la universalidad como verdadero centro de la misión de Jesús. Aparece ya al comienzo del camino de

Jesús, en el cuarto Evangelio, con la frase del cordero de Dios que quita el pecado del mundo.

La expresión «cordero de Dios» interpreta, si podemos decirlo así, la teología de la cruz que hay en el bautismo de Jesús, de su descenso a las profundidades de la muerte. Los cuatro Evangelios indican, aunque de formas diversas, que al salir Jesús de las aguas el cielo se «rasgó» (*Mc*), se «abrió» (*Mt* y *Lc*), que el espíritu bajó sobre Él «como una paloma» y que se oyó una voz del cielo que, según Marcos y Lucas, se dirige a Jesús: «Tú eres...», y según Mateo, dijo de él: «Éste es mi hijo, el amado, mi predilecto» (3, 17). La imagen de la paloma puede recordar al Espíritu que aleteaba sobre las aguas del que habla el relato de la creación (cf. *Gn* 1, 2); mediante la partícula «como» (como una paloma) ésta funciona como «imagen de lo que en sustancia no se puede describir...» (Gnilka, I, p. 78). Por lo que se refiere a la «voz», la volveremos a encontrar con ocasión de la transfiguración de Jesús, cuando se añade sin embargo el imperativo: «Escuchadle». En su momento trataré sobre el significado de estas palabras con más detalle.

Aquí deseo sólo subrayar brevemente tres aspectos. En primer lugar, la imagen del cielo que se abre: sobre Jesús el cielo está abierto. Su comunión con la voluntad del Padre, la «toda justicia» que cumple, abre el cielo, que por su propia esencia es precisamente allí donde se cumple la voluntad de Dios. A ello se añade la proclamación por parte de Dios, el Padre, de la misión de Cristo, pero que no supone un hacer, sino su ser: Él *es* el Hijo predilecto, sobre el cual descansa el beneplácito de Dios. Finalmente, quisiera señalar que aquí encontramos, junto con el Hijo, también al Padre y al Espíritu Santo: se preanuncia el misterio del Dios trino, que naturalmente sólo se puede manifestar en profundidad en el transcurso del camino completo de Jesús. En este sentido, se perfila un arco que enlaza este comienzo del camino de Jesús con las palabras con las que el Resucitado enviará a sus discípulos a recorrer el «mundo»: «Id y haced discípulos de todos los pueblos, bautizándolos en el nombre del Padre, y del Hijo, y del Espíritu Santo» (*Mt* 28, 19). El bautismo que desde entonces administran los discípulos de Jesús es el ingreso en el bautismo de Jesús, el ingreso en la realidad que Él ha anticipado con su bautismo. Así se llega a ser cristiano.

Una amplia corriente de la teología liberal ha interpretado el bautismo de Jesús como una experiencia vocacional: Jesús, que hasta entonces había llevado una vida del todo normal en la provincia de Galilea, habría tenido una experiencia estremecedora; en ella habría tomado conciencia de una relación especial con Dios y de su misión religiosa, conciencia madurada sobre la base de las expectativas entonces reinantes en Israel, a las que Juan había dado una nueva forma, y a causa también de la conmoción personal provocada en Él por el acontecimiento del bautismo. Pero nada de esto se encuentra en los textos. Por mucha erudición con que se quiera presentar esta tesis, corresponde más al género de las novelas sobre Jesús que a la verdadera interpretación de los textos. Éstos no nos permiten mirar la intimidad de Jesús. Él está por encima de nuestras psicologías (Romano Guardini). Pero nos dejan apreciar en qué relación está Jesús con «Moisés y los Profetas»; nos dejan conocer la íntima unidad de su camino desde el primer momento de su vida hasta la cruz y la resurrección. Jesús no aparece como un hombre genial con sus emociones, sus fracasos y sus éxitos, con lo que, como personaje de una época pasada, quedaría a una distancia insalvable de nosotros. Se presenta ante nosotros más bien como «el Hijo predilecto», que si por un lado es totalmente Otro, precisamente por ello puede ser contemporáneo de todos nosotros, «más interior en cada uno de nosotros que lo más íntimo nuestro» (cf. San Agustín, *Confesiones*, III, 6, 11).

2

LAS TENTACIONES DE JESÚS

El descenso del Espíritu sobre Jesús con que termina
la escena del bautismo significa algo así como la inves-
tidura formal de su misión. Por ese motivo, los Padres
no están desencaminados cuando ven en este hecho una
analogía con la unción de los reyes y sacerdotes de Israel al ocupar su cargo. La palabra «Cristo-Mesías» significa «el Ungido»: en la Antigua Alianza, la unción era
el signo visible de la concesión de los dones requeri-
dos para su tarea, del Espíritu de Dios para su misión.
Por ello, cn Isaías 11, 2 se desarrolla la esperanza de un
verdadero «Ungido», cuya «unción» consiste precisamente en que el Espíritu del Señor desciende sobre
él, «espíritu de ciencia y discernimiento, espíritu de
consejo y valor, espíritu de piedad y temor del Señor». Según el relato de san Lucas, Jesús se presentó
a sí mismo y su misión en la Sinagoga de Nazaret con
una frase similar de Isaías: «El Espíritu del Señor está
sobre mí, porque él me ha ungido» (*Lc* 4, 18; cf. *Is* 61, 1).
La conclusión de la escena del bautismo nos dice que
Jesús ha recibido esta «unción» verdadera, que Él cs
el Ungido esperado, que en aquella hora se le concedió

formalmente la dignidad como rey y como sacerdote para la historia y ante Israel.

Desde aquel momento, Jesús queda investido de esa misión. Los tres Evangelios sinópticos nos cuentan, para sorpresa nuestra, que la primera disposición del Espíritu lo lleva al desierto «para ser tentado por el diablo» (*Mt* 4, 1). La acción está precedida por el recogimiento, y este recogimiento es necesariamente también una lucha interior por la misión, una lucha contra sus desviaciones, que se presentan con la apariencia de ser su verdadero cumplimiento. Es un descenso a los peligros que amenazan al hombre, porque sólo así se puede levantar al hombre que ha caído. Jesús tiene que entrar en el drama de la existencia humana —esto forma parte del núcleo de su misión—, recorrerla hasta el fondo, para encontrar así a «la oveja descarriada», cargarla sobre sus hombros y devolverla al redil.

El descenso de Jesús «a los infiernos» del que habla el *Credo* (el Símbolo de los Apóstoles) no sólo se realiza en su muerte y tras su muerte, sino que siempre forma parte de su camino: debe recoger toda la historia desde sus comienzos —desde «Adán»—, recorrerla y sufrirla hasta el fondo, para poder transformarla. La Carta a los Hebreos, sobre todo, destaca con insistencia que la misión de Jesús, su solidaridad con todos nosotros prefigurada en el bautismo, implica también exponerse a los peligros y amenazas que comporta el ser hombre: «Por eso tenía que parecerse en todo a sus hermanos, para ser compasivo y pontífice fiel en lo que a Dios se refiere, y expiar así los pecados del pueblo. Como él había pasado por la prueba del dolor, puede auxiliar a los que ahora pasan por ella» (2, 17s). «No tenemos un sumo sacerdote incapaz de compadecerse de nuestras debilidades, sino que ha sido probado en todo exactamente como nosotros, menos en el pecado» (4, 15). Así pues, el relato de las tentaciones guarda una estrecha relación con el relato del bautismo, en el que Jesús se hace solidario con los pecadores. Junto a eso, aparece la lucha del monte de los Olivos, otra gran lucha interior de Jesús por su misión. Pero las «tentaciones» acompañan todo el camino de Jesús, y el relato de las mismas aparece así —igual que el bautismo— como una anticipación en la que se condensa la lucha de todo su recorrido.

En su breve relato de las tentaciones, Marcos (cf. 1, 13) pone de relieve un paralelismo con Adán, con la aceptación sufrida del drama humano como tal: Jesús «vivía entre fieras salvajes, y los ángeles le servían». El desierto —imagen opuesta al Edén— se convierte en lugar de la reconciliación y de la salvación; las fieras salvajes, que representan la imagen más concreta de la amenaza que comporta para los hombres la rebelión de la creación y el poder de la muerte, se convierten en amigas como en el Paraíso. Se restablece la paz que Isaías anuncia para los tiempos del Mesías: «Habitará el lobo con el cordero, la pantera se tumbará con el cabrito...» (11, 6). Donde el pecado es vencido, donde se restablece la armonía del hombre con Dios, se produce la reconciliación de la creación; la creación desgarrada vuelve a ser un lugar de paz, como dirá Pablo, que habla de los gemidos de la creación que, «expectante, está aguardando la plena manifestación de los hijos de Dios» (*Rm* 8, 19).

Los oasis de la creación que surgen, por ejemplo, en torno a los monasterios benedictinos de Occidente, ¿no son acaso una anticipación de esta reconciliación de la creación que viene de los hijos de Dios?; mientras que por el contrario, Chernóbil, por poner un caso, ¿no es una expresión estremecedora de la creación sumida en la oscuridad de Dios? Marcos concluye su breve relato de las tentaciones con una frase que se puede interpretar como una alusión al Salmo 91, 11s: «y los ángeles le servían». La frase se encuentra también al final del relato más extenso de las tentaciones que hace Mateo, y sólo allí resulta completamente comprensible, gracias a que se engloba en un contexto más amplio.

Mateo y Lucas hablan de tres tentaciones de Jesús en las que se refleja su lucha interior por cumplir su misión, pero al mismo tiempo surge la pregunta sobre qué es lo que cuenta verdaderamente en la vida humana. Aquí aparece claro el núcleo de toda tentación: apartar a Dios que, ante todo lo que parece más urgente en nuestra vida, pasa a ser algo secundario, o incluso superfluo y molesto. Poner orden en nuestro mundo por nosotros solos, sin Dios, contando únicamente con nuestras propias capacidades, reconocer como verdaderas sólo las realidades políticas y materiales, y dejar a Dios de lado como algo ilusorio, ésta es la tentación que nos amenaza de muchas maneras.

Es propio de la tentación adoptar una apariencia moral: no nos invita directamente a hacer el mal, eso sería muy burdo. Finge mostrarnos lo mejor: abandonar por fin lo ilusorio y emplear eficazmente nuestras fuerzas en mejorar el mundo. Además, se presenta con la pretensión del verdadero realismo. Lo real es lo que se constata: poder y pan. Ante ello, las cosas de Dios aparecen irreales, un mundo secundario que realmente no se necesita.

La cuestión es Dios: ¿es verdad o no que Él es el real, la realidad misma? ¿Es Él mismo el Bueno, o debemos inventar nosotros mismos lo que es bueno? La cuestión de Dios es el interrogante fundamental que nos pone ante la encrucijada de la existencia humana. ¿Qué debe hacer el Salvador del mundo o qué no debe hacer?: ésta es la cuestión de fondo en las tentaciones de Jesús. Las tres tentaciones son idénticas en Mateo y Lucas, sólo varía el orden. Sigamos el orden que nos ofrece Mateo por la coherencia en el grado ascendente con que está construida.

Jesús, «después de ayunar cuarenta días con sus cuarenta noches, al final sintió hambre» (*Mt* 4, 2). En tiempos de Jesús, el número 40 era ya rico de simbolismos en Israel. En primer lugar, nos recuerda los cuarenta años que el pueblo de Israel pasó en el desierto, que fueron tanto los años de su tentación como los años de una especial cercanía de Dios. También nos hace pensar en los cuarenta días que Moisés pasó en el monte Sinaí, antes de que pudiera recibir la palabra de Dios, las Tablas sagradas de la Alianza. Se puede recordar, además, el relato rabínico según el cual Abraham, en el camino hacia el monte Horeb, donde debía sacrificar a su hijo, no comió ni bebió durante cuarenta días y cuarenta noches, alimentándose de la mirada y las palabras del ángel que le acompañaba.

Los Padres, jugando un poco a ensanchar la simbología numérica, han visto también en el 40 el número cósmico, el número de este mundo en absoluto: los cuatro confines de la tierra engloban el todo, y diez es el número de los mandamientos. El número cósmico multiplicado por el número de los mandamientos se convierte en una expresión simbólica de la historia de este mundo. Jesús recorre de nuevo, por así decirlo, el éxodo de Israel, y así, también los errores y desórdenes de toda la historia. Los cuarenta días de ayuno abrazan el drama de la historia que Jesús asume en sí y lleva consigo hasta el fondo.

«Si eres Hijo de Dios, di que estas piedras se conviertan en panes» (*Mt* 4, 3). Así dice la primera tentación: «Si eres Hijo de Dios...»; volveremos a escuchar estas palabras a los que se burlaban de Jesús al pie de la cruz: «Si eres Hijo de Dios, baja de la cruz» (*Mt* 27, 40). El Libro de la Sabiduría había previsto ya esta situación: «Si es justo, Hijo de Dios, lo auxiliará...» (2, 18). Aquí se superponen la burla y la tentación: para ser creíble, Cristo debe dar una prueba de lo que dice ser. Esta petición de pruebas acompaña a Jesús durante toda su vida, a lo largo de la cual se le echa en cara repetidas veces que no dé pruebas suficientes de sí; que no haga el gran milagro que, acabando con toda ambigüedad u oposición, deje indiscutiblemente claro para cualquiera qué es o no es.

Y esta petición se la dirigimos también nosotros a Dios, a Cristo y a su Iglesia a lo largo de la historia: si existes, Dios, tienes que mostrarte. Debes despejar las nubes que te ocultan y darnos la claridad que nos corresponde. Si tú, Cristo, eres realmente el Hijo y no uno de tantos iluminados que han aparecido continuamente en la historia, debes demostrarlo con mayor claridad de lo que lo haces. Y, así, tienes que dar a tu Iglesia, si debe ser realmente la tuya, un grado de evidencia distinto del que en realidad posee.

Volveremos sobre este punto cuando hablemos de la segunda tentación, de la que constituye su auténtico núcleo. La prueba de la existencia de Dios que el tentador propone en la primera tentación consiste en convertir las piedras del desierto en pan. En principio se trata del hambre de Jesús mismo; así lo ve Lucas: «Dile a esta piedra que se convierta en pan» (*Lc* 4, 3). Pero Mateo interpreta la tentación de un modo más amplio, tal como se le presentó ya en la vida terrena de Jesús y, después, se le proponía y propone constantemente a lo largo de toda la historia.

¿Qué es más trágico, qué se opone más a la fe en un Dios bueno y a la fe en un redentor de los hombres que el hambre de la humanidad? El primer criterio para identificar al redentor ante el mundo y por el mundo, ¿no debe ser que le dé pan y acabe con el hambre de todos? Cuando el pueblo de Israel vagaba por el desierto, Dios lo alimentó con el pan del cielo, el maná.

Se creía poder reconocer en eso una imagen del tiempo mesiánico: ¿no debería y debe el salvador del mundo demostrar su identidad dando de comer a todos? ¿No es el problema de la alimentación del mundo y, más general, los problemas sociales, el primero y más auténtico criterio con el cual debe confrontarse la redención? ¿Puede llamarse redentor alguien que no responde a este criterio? El marxismo ha hecho precisamente de este ideal —muy comprensiblemente— el centro de su promesa de salvación: habría hecho que toda hambre fuera saciada y que «el desierto se convirtiera en pan».

«Si eres Hijo de Dios...»: ¡qué desafío! ¿No se deberá decir lo mismo a la Iglesia? Si quieres ser la Iglesia de Dios, preocúpate ante todo del pan para el mundo, lo demás viene después. Resulta difícil responder a este reto, precisamente porque el grito de los hambrientos nos interpela y nos debe calar muy hondo en los oídos y en el alma. La respuesta de Jesús no se puede entender sólo a la luz del relato de las tentaciones. El tema del pan aparece en todo el Evangelio y hay que verlo en toda su amplitud.

Hay otros dos grandes relatos relacionados con el pan en la vida de Jesús. Uno es la multiplicación de los panes para los miles de personas que habían seguido al Señor en un lugar desértico. ¿Por qué se hace en ese momento lo que antes se había rechazado como tentación? La gente había llegado para escuchar la palabra de Dios y, para ello, habían dejado todo lo demás. Y así, como personas que han abierto su corazón a Dios y a los demás en reciprocidad, pueden recibir el pan del modo adecuado. Este milagro de los panes supone tres elementos: le precede la búsqueda de Dios, de su palabra, de una recta orientación de toda la vida. Además, el pan se pide a Dios. Y, por último, un elemento fundamental del milagro es la mutua disposición a compartir. Escuchar a Dios se convierte en vivir con Dios, y lleva de la fe al amor, al descubrimiento del otro. Jesús no es indiferente al hambre de los hombres, a sus necesidades materiales, pero las sitúa en el contexto adecuado y les concede la prioridad debida.

Este segundo relato sobre el pan remite anticipadamente a un tercer relato y es su preparación: la Última Cena, que se convierte en la Eucaristía de la Iglesia y el milagro permanente de Jesús sobre el pan. Jesús mismo se ha convertido en grano de trigo que, muriendo, da mucho fruto (cf. *Jn* 12, 24). Él mismo se ha hecho pan para nosotros, y esta multiplicación del pan durará inagotablemente hasta el fin de los tiempos. De este modo entendemos ahora las palabras de Jesús, que toma del Antiguo Testamento (cf. *Dt* 8, 3), para rechazar al tentador: «No sólo de pan vive el hombre, sino de toda palabra que sale de la boca de Dios» (*Mt* 4, 4). Hay una frase al respecto del jesuita alemán Alfred Delp, ejecutado por los nacionalsocialistas: «El pan es importante, la libertad es más importante, pero lo más importante de todo es la fidelidad constante y la adoración jamás traicionada».

Cuando no se respeta esta jerarquía de los bienes, sino que se invierte, ya no hay justicia, ya no hay preocupación por el hombre que sufre, sino que se crea desajuste y destrucción también en el ámbito de los bienes materiales. Cuando a Dios se le da una importancia secundaria, que se puede dejar de lado temporal o permanentemente en nombre de asuntos más importantes, entonces fracasan precisamente estas cosas presuntamente más importantes. No sólo lo demuestra el fracaso de la experiencia marxista.

Las ayudas de Occidente a los países en vías de desarrollo, basadas en principios puramente técnico-materiales, que no sólo han dejado de lado a Dios, sino que, además, han apartado a los hombres de Él con su orgullo del sabelotodo, han hecho del Tercer Mundo el *Tercer Mundo* en sentido actual. Estas ayudas han dejado de lado las estructuras religiosas, morales y sociales existentes y han introducido su mentalidad tecnicista en el vacío. Creían poder transformar las piedras en pan, pero han dado piedras en vez de pan. Está en juego la primacía de Dios. Se trata de reconocerlo como realidad, una realidad sin la cual ninguna otra cosa puede ser buena. No se puede gobernar la historia con meras estructuras materiales, prescindiendo de Dios. Si el corazón del hombre no es bueno, ninguna otra cosa puede llegar a ser buena. Y la bondad de corazón sólo puede venir de Aquel que es la Bondad misma, el Bien.

Naturalmente, se puede preguntar por qué Dios no ha creado un mundo en el que su presencia fuera más evidente; por qué Cristo no ha dejado un rastro más brillante de su presencia, que impresionara a cualquiera de manera irresistible. Éste es el misterio de Dios y del hombre que no podemos penetrar. Vivimos en este mundo, en el que Dios no tiene la evidencia de lo palpable, y sólo se le puede buscar y encontrar con el impulso del corazón, a través del «éxodo» de «Egipto». En *este* mundo hemos de oponernos a las ilusiones de falsas filosofías y reconocer que no sólo vivimos de pan, sino ante todo de la obediencia a la palabra de Dios. Y sólo donde se vive esta obediencia nacen y crecen esos sentimientos que permiten proporcionar también pan para todos.

Pasemos a la segunda tentación de Jesús, cuyo significado ejemplar es el más difícil de entender en ciertos aspectos. Hay que considerar la tentación como una especie de visión, pero que entraña una realidad, una especial amenaza para el hombre Jesús y su misión. En primer lugar, hay algo llamativo. El diablo cita la Sagrada Escritura para hacer caer a Jesús en la trampa. Cita el Salmo 91, 11s, que habla de la protección que Dios ofrece al hombre fiel: «Porque a sus ángeles ha dado órdenes para que te guarden en tus caminos; te llevarán en sus palmas, para que tu pie no tropiece en la piedra». Estas palabras tienen un peso aún mayor por el hecho de que son pronunciadas en la Ciudad Santa, en el lugar sagrado. De hecho, el Salmo citado está relacionado con el templo; quien lo recita espera protección en el templo, pues la morada de Dios debe ser un lugar de especial protección divina. ¿Dónde va a sentirse más seguro el creyente que en el recinto sagrado del templo? (más detalles en Gnilka, pp. 88s). El diablo muestra ser un gran conocedor de las Escrituras, sabe citar el Salmo con exactitud; todo el diálogo de la segunda tentación aparece formalmente como un debate entre dos expertos de las Escrituras: el diablo se presenta como teólogo, añade Joachim Gnilka. Vladimir Soloviev toma este motivo en su *Breve relato del Anticristo*: el Anticristo recibe el doctorado *honoris causa* en teología por la Universidad de Tubinga; es un gran experto en la Biblia. Soloviev expresa drásticamente con este relato su escepticismo frente a un cierto tipo de erudición exegética de su época. No se trata de un no a la interpretación científica de la Biblia como tal, sino de una advertencia sumamente útil y necesaria ante sus posibles extravíos. La interpretación de la Biblia puede convertirse, de hecho, en un instrumento del Anticristo. No lo dice solamente Soloviev, es lo que afirma implícitamente el relato mismo de la tentación. A partir de resultados aparentes de la exegesis científica se han escrito los peores y más destructivos libros de la figura de Jesús, que desmantelan la fe.

Hoy en día se somete la Biblia a la norma de la denominada visión moderna del mundo, cuyo dogma fundamental es que Dios no puede actuar en la historia y, que, por tanto, todo lo que hace referencia a Dios debe estar circunscrito al ámbito de lo subjetivo. Entonces la Biblia ya no habla de Dios, del Dios vivo, sino que hablamos sólo nosotros mismos y decidimos lo que Dios puede hacer y lo que nosotros queremos o debemos hacer. Y el Anticristo nos dice entonces, con gran erudición, que una exegesis que lee la Biblia en la perspectiva de la fe en el Dios vivo y, al hacerlo, le escucha, es fundamentalismo; sólo *su* exegesis, la exegesis considerada auténticamente científica, en la que Dios mismo no dice nada ni tiene nada que decir, está a la altura de los tiempos.

El debate teológico entre Jesús y el diablo es una disputa válida en todos los tiempos y versa sobre la correcta interpretación bíblica, cuya cuestión hermenéutica fundamental es la pregunta por la imagen de Dios. El debate acerca de la interpretación es, al fin y al cabo, un debate sobre quién es Dios. Esta discusión sobre la imagen de Dios en que consiste la disputa sobre la interpretación correcta de la Escritura se decide de un modo concreto en la imagen de Cristo: Él, que se ha quedado sin poder mundano, ¿es realmente el Hijo del Dios vivo?

Así, el interrogante sobre la estructura del curioso diálogo escriturístico entre Cristo y el tentador lleva directamente al centro de la cuestión del contenido. ¿De qué se trata? Se ha relacionado esta tentación con la máxima del *panem et circenses*: después del pan hay que ofrecer algo sensacional. Dado que, evidentemente, al hombre no le basta la mera satisfacción del hambre corporal, quien no quiere dejar entrar a Dios en el mundo y en los hombres tiene que ofrecer el placer de emociones excitantes cuya intensidad suplante y acalle la conmoción religiosa. Pero no se habla de esto en este pasaje, puesto que, al parecer, en la tentación no se presupone la existencia de espectadores.

El punto fundamental de la cuestión aparece en la respuesta de Jesús, que de nuevo está tomada del Deuteronomio (6, 16): «¡No tentaréis al Señor, vuestro Dios!». En el Deuteronomio, esto alude a las vicisitudes de Israel que corría peligro de morir de sed en el desierto. Se llega a la rebelión contra Moisés, que se convierte en una rebelión contra Dios. Dios tiene que demostrar que es Dios. Esta rebelión contra Dios se describe en la Biblia de la siguiente manera: «Tentaron al Señor diciendo: "¿Está o no está el Señor en medio de nosotros?"» (*Ex* 17, 7). Se trata, por tanto, de lo que hemos indicado antes: Dios debe someterse a una prueba. Es «probado» del mismo modo que se prueba una mercancía. Debe someterse a las condiciones que nosotros consideramos necesarias para llegar a una certeza. Si no proporciona la protección prometida en el Salmo 91, entonces no es Dios. Ha desmentido su palabra y, haciendo así, se ha desmentido a sí mismo.

Nos encontramos de lleno ante el gran interrogante de cómo se puede conocer a Dios y cómo se puede desconocerlo, de cómo el hombre puede relacionarse con Dios y cómo puede perderlo. La arrogancia que quiere convertir a Dios en un objeto e imponerle nuestras condiciones experimentales de laboratorio no puede encontrar a Dios. Pues, de entrada, presupone ya que nosotros negamos a Dios en cuanto Dios, pues nos ponemos por encima de Él. Porque dejamos de lado toda dimensión del amor, de la escucha interior, y sólo reconocemos como real lo que se puede experimentar, lo que podemos tener en nuestras manos. Quien piensa de este modo se convierte a sí mismo en Dios y, con ello, no sólo degrada a Dios, sino también al mundo y a sí mismo.

Esta escena sobre el pináculo del templo hace dirigir la mirada también hacia la cruz. Cristo no se arroja desde el pináculo del templo. No salta al abismo. No tienta a Dios. Pero ha descendido al abismo de la muerte, a la noche del abandono, al desamparo propio de los indefensos. Se ha atrevido a dar *este* salto como acto del amor de Dios por los hombres. Y por eso sabía que, saltando, sólo podía caer en las manos bondadosas del Padre. Así se revela el verdadero sentido del Salmo 91, el derecho a esa confianza última e ilimitada de la que allí se habla: quien sigue la voluntad de Dios sabe que en todos los horrores que le ocurran nunca perderá una última protección. Sabe que el fundamento del mundo es el amor y que, por ello, incluso cuando ningún hombre pueda o quiera ayudarle, él puede seguir adelante poniendo su confianza en Aquel que le ama. Pero esta confianza a la que la Escritura nos autoriza y a la que nos invita el Señor, el Resucitado, es algo completamente diverso del desafío aventurero de quien quiere convertir a Dios en nuestro siervo.

Llegamos a la tercera y última tentación, al punto culminante de todo el relato. El diablo conduce al Señor en una visión a un monte alto. Le muestra todos los reinos de la tierra y su esplendor, y le ofrece dominar sobre el mundo. ¿No es justamente ésta la misión del Mesías? ¿No debe ser Él precisamente el rey del mundo que reúne toda la tierra en un gran reino de paz y bienestar? Al igual que en la tentación del pan, hay otras dos notables escenas equivalentes en la vida de Jesús:

la multiplicación de los panes y la Última Cena; lo mismo ocurre también aquí.

El Señor resucitado reúne a los suyos «en el monte» (cf. *Mt* 28, 16) y dice: «Se me ha dado pleno poner en el cielo y en la tierra» (28, 18). Aquí hay dos aspectos nuevos y diferentes: el Señor tiene poder en el cielo y en la tierra. Y sólo quien tiene todo este poder posee el auténtico poder, el poder salvador. Sin el cielo, el poder terreno queda siempre ambiguo y frágil. Sólo el poder que se pone bajo el criterio y el juicio del cielo, es decir, de Dios, puede ser un poder para el bien. Y sólo el poder que está bajo la bendición de Dios puede ser digno de confianza.

A ello se añade otro aspecto: Jesús tiene este poder en cuanto resucitado, es decir: este poder presupone la cruz, presupone su muerte. Presupone el otro monte, el Gólgota, donde murió clavado en la cruz, escarnecido por los hombres y abandonado por los suyos. El reino de Cristo es distinto de los reinos de la tierra y de su esplendor, que Satanás le muestra. Este esplendor, como indica la palabra griega *doxa*, es apariencia que se disipa. El reino de Cristo no tiene este tipo de esplendor. Crece a través de la humildad de la predicación en aquellos que aceptan ser sus discípulos, que son bautizados en el nombre del Dios trino y cumplen sus mandamientos (cf. *Mt* 28, 19s).

Pero volvamos a la tentación. Su auténtico contenido se hace visible cuando constatamos cómo va adoptando siempre nueva forma a lo largo de la historia. El imperio cristiano intentó muy pronto convertir la fe en un factor político de unificación imperial. El reino de Cristo debía, pues, tomar la forma de un reino político y de su esplendor. La debilidad de la fe, la debilidad terrena de Jesucristo, debía ser sostenida por el poder político y militar. En el curso de los siglos, bajo distintas formas, ha existido esta tentación de asegurar la fe a través del poder, y la fe ha corrido siempre el riesgo de ser sofocada precisamente por el abrazo del poder. La lucha por la libertad de la Iglesia, la lucha para que el reino de Jesús no pueda ser identificado con ninguna estructura política, hay que librarla en todos los siglos. En efecto, la fusión entre fe y poder político siempre tiene un precio: la fe se pone al servicio del poder y debe doblegarse a sus criterios.

La alternativa que aquí se plantea adquiere una forma provocadora en el relato de la pasión del Señor. En el punto culminante del proceso, Pilato plantea la elección entre Jesús y Barrabás. Uno de los dos será liberado. Pero, ¿quién era Barrabás? Normalmente pensamos sólo en las palabras del Evangelio de Juan: «Barrabás era un bandido» (18, 40). Pero la palabra griega que corresponde a «bandido» podía tener un significado específico en la situación política de entonces en Palestina. Quería decir algo así como «combatiente de la resistencia». Barrabás había participado en un levantamiento (cf. *Mt* 15, 7) y —en ese contexto— había sido acusado además de asesinato (cf. *Lc* 23, 19. 25). Cuando Mateo dice que Barrabás era un «preso famoso», demuestra que fue uno de los más destacados combatientes de la resistencia, probablemente el verdadero líder de ese levantamiento (cf. 27, 16).

En otras palabras, Barrabás era una figura mesiánica. La elección entre Jesús y Barrabás no es casual: dos figuras mesiánicas, dos formas de mesianismo frente a frente. Ello resulta más evidente si consideramos que «Bar-Abbas» significa «hijo del padre»: una denominación típicamente mesiánica, el nombre religioso de un destacado líder del movimiento mesiánico. La última gran guerra mesiánica de los judíos en el año 132 fue acaudillada por Bar-Kokebá, «hijo de la estrella». Es la misma composición nominal; representa la misma intención.

Orígenes nos presenta otro detalle interesante: en muchos manuscritos de los Evangelios hasta el siglo III el hombre en cuestión se llamaba «Jesús Barrabás», Jesús hijo del padre. Se manifiesta como una especie de doble de Jesús, que reivindica la misma misión, pero de una manera muy diferente. Así, la elección se establece entre un Mesías que acaudilla una lucha, que promete libertad y su propio reino, y este misterioso Jesús que anuncia la negación de sí mismo como camino hacia la vida. ¿Cabe sorprenderse de que las masas prefirieran a Barrabás? (para más detalles, cf. Vittorio Messori, *Patì sotto Ponzio Pilato?*, Turín, 1992, pp. 52-62).

Si hoy nosotros tuviéramos que elegir, ¿tendría alguna oportunidad Jesús de Nazaret, el Hijo de María, el Hijo del Padre? ¿Conocemos a Jesús realmente? ¿Lo comprendemos? ¿No debemos tal vez esforzarnos por conocerlo de un modo renovado tanto ayer como hoy? El tentador no es tan burdo como para proponernos directamente adorar al diablo. Sólo nos propone decidirnos por lo racional, preferir un mundo planificado y organizado, en el que Dios puede ocupar un lugar, pero como asunto privado, sin interferir en nuestros propósitos esenciales. Soloviev atribuye un libro al Anticristo, *El camino abierto para la paz y el bienestar del mundo*, que se convierte, por así decirlo, en la nueva Biblia y que tiene como contenido esencial la adoración del bienestar y la planificación racional.

Por tanto, la tercera tentación de Jesús resulta ser la tentación fundamental, se refiere a la pregunta sobre qué debe hacer un salvador del mundo. Ésta se plantea durante todo el transcurso de la vida de Jesús. Aparece abiertamente de nuevo en uno de los momentos decisivos de su camino. Pedro había pronunciado en nombre de los discípulos su confesión de fe en Jesús Mesías Cristo, el Hijo del Dios vivo, y con ello formula esa fe en la que se basa la Iglesia y que crea la nueva comunidad de fe fundada en Cristo. Pero precisamente en este momento crucial, en el que frente a la «opinión de la gente» se manifiesta el conocimiento diferenciador y decisivo de Jesús, y comienza así a formarse su nueva familia, he aquí que se presenta el tentador, el peligro de ponerlo todo al revés. El Señor explica inmediatamente que el concepto de Mesías debe entenderse desde la totalidad del mensaje profético: no significa poder mundano, sino la cruz y la nueva comunidad completamente diversa que nace de la cruz.

Pero Pedro no lo había entendido en estos términos: «Pedro se lo llevó aparte y se puso a increparle: "¡No lo permita Dios, Señor! Eso no puede pasarte"». Sólo leyendo estas palabras sobre el trasfondo el relato de las tentaciones, como su reaparición en el momento decisivo, entenderemos la respuesta increíblemente dura de Jesús: «¡Quítate de mi vista, Satanás, que me haces tropezar; tú piensas como los hombres, no como Dios!» (*Mt* 16, 22s).

Pero, ¿no decimos una y otra vez a Jesús que su mensaje lleva a contradecir las opiniones predominantes, y así corre el peligro del fracaso, el sufrimiento, la persecución? El imperio cristiano o el papado mundano ya no son hoy una tentación, pero interpretar el cristianismo como una receta para el progreso y reconocer el bienestar común como la auténtica finalidad de todas las religiones, también de la cristiana, es la nueva forma de la misma tentación. Ésta se encubre hoy tras la pregunta: ¿Qué ha traído Jesús, si no ha conseguido un mundo mejor? ¿No debe ser éste acaso el contenido de la esperanza mesiánica?

En el Antiguo Testamento se sobreponen aún dos líneas de esperanza: la esperanza de que llegue un mundo salvado, en el que el lobo y el cordero estén juntos (cf. *Is* 11, 6), en el que los pueblos del mundo se pongan en marcha hacia el monte de Sión y para el cual valga la profecía: «Forjarán de sus espadas azadones y de sus lanzas podaderas» (*Is* 2, 4; *Mi* 4, 3). Pero junto a esta esperanza, también se encuentra la perspectiva del siervo de Dios que sufre, de un Mesías que salva mediante el desprecio y el sufrimiento. Durante todo su camino y de nuevo en sus conversaciones después de la Pascua, Jesús tuvo que mostrar a sus discípulos que Moisés y los Profetas hablaban de Él, el privado de poder exterior, el que sufre, el crucificado, el resucitado; tuvo que mostrar que precisamente así se cumplían las promesas. «¡Qué necios y torpes sois para creer lo que anunciaron los profetas!» (*Lc* 24, 25), dijo el Señor a los discípulos de Emaús, y lo mismo debe repetirnos continuamente también a nosotros a lo largo de los siglos, pues también pensamos siempre que, si quería ser el Mesías, debería haber traído la edad de oro.

Pero Jesús nos dice también lo que objetó a Satanás, lo que dijo a Pedro y lo que explicó de nuevo a los discípulos de Emaús: ningún reino de este mundo es el Reino de Dios, ninguno asegura la salvación de la humanidad en absoluto. El reino humano permanece humano, y el que afirme que puede edificar el mundo según el engaño de Satanás, hace caer el mundo en sus manos.

Aquí surge la gran pregunta que nos acompañará a lo largo de todo este libro: ¿qué ha traído Jesús realmente, si no ha traído la paz al mundo, el bienestar para todos, un mundo mejor? ¿Qué ha traído?

La respuesta es muy sencilla: a Dios. Ha traído a Dios. Aquel Dios cuyo rostro se había ido revelando primero poco a poco, desde Abraham hasta la literatura sapiencial, pasando por Moisés y los Profetas; el Dios que sólo había mostrado su rostro en Israel y que, si bien entre muchas sombras, había sido honrado en el mundo de los pueblos; ese Dios, el Dios de Abraham, Isaac y Jacob, el Dios verdadero, Él lo ha traído a los pueblos de la tierra.

Ha traído a Dios: ahora conocemos su rostro, ahora podemos invocarlo. Ahora conocemos el camino que debemos seguir como hombres en este mundo. Jesús ha traído a Dios y, con Él, la verdad sobre nuestro origen y nuestro destino; la fe, la esperanza y el amor. Sólo nuestra dureza de corazón nos hace pensar que esto es poco. Sí, el poder de Dios en este mundo es un poder silencioso, pero constituye el poder verdadero, duradero. La causa de Dios parece estar siempre como en agonía. Sin embargo, se demuestra siempre como lo que verdaderamente permanece y salva. Los reinos de la tierra, que Satanás puso en su momento ante el Señor, se han ido derrumbando todos. Su gloria, su *doxa*, ha resultado ser apariencia. Pero la gloria de Cristo, la gloria humilde y dispuesta a sufrir, la gloria de su amor, no ha desaparecido ni desaparecerá.

En la lucha contra Satanás ha vencido Jesús: frente a la divinización fraudulenta del poder y del bienestar, frente a la promesa mentirosa de un futuro que, a través del poder y la economía, garantiza todo a todos, Él contrapone la naturaleza divina de Dios, Dios como auténtico bien del hombre. Frente a la invitación a adorar el poder, el Señor pronuncia unas palabras del Deuteronomio, el mismo libro que había citado también el diablo: «Al Señor tu Dios, adorarás y a él sólo darás culto» (*Mt* 4, 10; cf. *Dt* 6, 13). El precepto fundamental de Israel es también el principal precepto para los cristianos: adorar sólo a Dios. Al hablar del Sermón de la Montaña veremos que precisamente este sí incondicional a la primera tabla del Decálogo encierra también el sí a la segunda tabla: el respeto al hombre, el amor al prójimo. Como Marcos, también Mateo concluye el relato de las tentaciones con las palabras: «Y se acercaron los ángeles y le servían» (*Mt* 4, 11; *Mc* 1, 13). Ahora se cumple el Salmo 91, 11: los ángeles le sirven; se ha revelado como Hijo y por eso se abre el cielo sobre Él, el nuevo Jacob, el tronco fundador de un Israel que se ha hecho universal (cf. *Jn* 1, 51; *Gn* 28, 12).

3

EL EVANGELIO DEL REINO DE DIOS

«Cuando arrestaron a Juan, Jesús se marchó a Galilea a proclamar el Evangelio de Dios. Decía: "Se ha cumplido el plazo, está cerca el Reino de Dios; convertíos y creed la Buena Noticia"». Con estas palabras describe el evangelista Marcos el comienzo de la vida pública de Jesús y, al mismo tiempo, recoge el contenido fundamental de su mensaje (1, 4s). También Mateo resume la actividad de Jesús de este modo: «Recorría toda Galilea, enseñando en las sinagogas y proclamando el Evangelio del reino, curando las enfermedades y las dolencias del pueblo» (4, 23; cf. 9, 35). Ambos evangelistas definen el anuncio de Jesús como «Evangelio». Pero, ¿qué es realmente el Evangelio?

Recientemente se ha traducido como «Buena Noticia»; sin embargo, aunque suena bien, queda muy por debajo de la grandeza que encierra realmente la palabra «evangelio». Este término forma parte del lenguaje de los emperadores romanos, que se consideraban señores del mundo, sus salvadores, sus libertadores. Las proclamas que procedían del emperador se llamaban «evangelios», independientemente de que su contenido fuera especialmente alegre y agradable. Lo que procede del emperador —ésa era la idea de fondo— es mensaje salvador, no simplemente una noticia, sino transformación del mundo hacia el bien.

Cuando los evangelistas toman esta palabra —que desde entonces se convierte en el término habitual para definir el género de sus escritos—, quieren decir que aquello que los emperadores, que se tenían por dioses, reclamaban sin derecho, aquí ocurre realmente: se trata de un mensaje con autoridad que no es sólo palabra, sino también realidad. En el vocabulario que utiliza hoy la teoría del lenguaje se diría así: el Evangelio no es un discurso meramente informativo, sino operativo; no es simple comunicación, sino acción, fuerza eficaz que penetra en el mundo salvándolo y transformándolo. Marcos habla del «Evangelio de Dios»: no son los emperadores los que pueden salvar al mundo, sino Dios. Y aquí se manifiesta la palabra de Dios, que es palabra eficaz; aquí se cumple realmente lo que los emperadores pretendían sin poder cumplirlo. Aquí, en cambio, entra en acción el verdadero Señor del mundo, el Dios vivo.

El contenido central del «Evangelio» es que el Reino de Dios está cerca. Se pone un hito en el tiempo, sucede algo nuevo. Y se pide a los hombres una respuesta a este don: conversión y fe. El centro de esta proclamación es el anuncio de la proximidad del Reino de Dios; anuncio que constituye realmente el centro de las palabras y la actividad de Jesús. Un dato estadístico puede confirmarlo: la expresión «Reino de Dios» aparece en el Nuevo Testamento 122 veces; de ellas, 99 se encuentran en los tres Evangelios sinópticos y 90 están en boca de Jesús. En el Evangelio de Juan y en los demás escritos del Nuevo Testamento el término tiene sólo un papel marginal. Se puede decir que, mientras el eje de la predicación de Jesús antes de la Pascua es el anuncio de Dios, la cristología es el centro de la predicación apostólica después de la Pascua.

¿Significa esto un alejamiento del verdadero anuncio de Jesús? ¿Es cierto lo que dice Rudolf Bultmann de que el Jesús histórico no tiene cabida en la teología del Nuevo Testamento, sino que por el contrario debe ser tenido aún como un maestro judío que, aunque deba ser considerado como uno de los presupuestos esenciales del Nuevo Testamento, no forma parte personalmente de él?

Otra variante de estas concepciones que abren una fosa entre Jesús y el anuncio de los apóstoles se encuentra en la afirmación, que se ha hecho famosa, del modernista católico Alfred Loisy: «Jesús anunció el Reino de Dios y ha venido la Iglesia». Son palabras que dejan transparentar ciertamente ironía, pero también tristeza: en lugar del tan esperado Reino de Dios, del mundo nuevo transformado por Dios mismo, ha llegado algo que es completamente diferente —¡y qué miseria!—: la Iglesia.

¿Es esto cierto? La formación del cristianismo en el anuncio apostólico, en la Iglesia edificada por él, ¿significa en realidad que se pasa de una esperanza frustrada a otra cosa diversa? El cambio de sujeto «Reino de

Dios» por el de Cristo (y, con ello, el surgir de la Iglesia) ¿supone verdaderamente el derrumbamiento de una promesa, la aparición de algo distinto?

Todo depende de cómo entendamos las palabras «Reino de Dios» pronunciadas por Jesús, y qué relación tenga el anuncio con Él, que es quien anuncia: ¿Es tan sólo un mensajero que debe batirse por una causa que en último término nada tiene que ver con Él, o el mensajero es Él mismo el mensaje? La pregunta sobre la Iglesia no es la cuestión primaria; la pregunta fundamental se refiere en realidad a la relación entre el Reino de Dios y Cristo. De ello depende después cómo hemos de entender la Iglesia.

Antes de profundizar en las palabras de Jesús para comprender su anuncio —sus acciones y su sufrimiento— puede ser útil considerar brevemente cómo se ha interpretado la palabra «reino» en la historia de la Iglesia. En la interpretación que los Santos Padres hacen de esta palabra clave podemos observar tres dimensiones.

En primer lugar la dimensión cristológica. Orígenes ha descrito a Jesús —a partir de la lectura de sus palabras— como *autobasileía*, es decir, como el reino en persona. Jesús mismo es el «reino»; el reino no es una cosa, no es un espacio de dominio como los reinos terrenales. Es persona, es Él. La expresión «Reino de Dios», pues, sería en sí misma una cristología encubierta. Con el modo en que habla del «Reino de Dios», Él conduce a los hombres al hecho grandioso de que, en Él, Dios mismo está presente en medio de los hombres, que Él es la presencia de Dios.

Una segunda línea interpretativa del significado del «Reino de Dios», que podríamos definir como «idealista» o también mística, considera que el Reino de Dios se encuentra esencialmente en el interior del hombre. Esta corriente fue iniciada también por Orígenes, que en su tratado *Sobre la oración* dice: «Quien pide en la oración la llegada del Reino de Dios, ora sin duda por el Reino de Dios que lleva en sí mismo, y ora para que ese reino dé fruto y llegue a su plenitud... Puesto que en las personas santas reina Dios [es decir, está el reinado, el Reino de Dios]... Así, si queremos que Dios reine en nosotros [que su reino esté en nosotros], en modo alguno debe reinar el pecado en nuestro cuerpo mortal [*Rm* 6, 12]... Entonces Dios se paseará en nosotros como en un paraíso espiritual [*Gn* 3, 8] y, junto con su Cristo, será el único que reinará en nosotros...» (n. 25: *PG* 11, 495s). La idea de fondo es clara: el «Reino de Dios» no se encuentra en ningún mapa. No es un reino como los de este mundo; su lugar está en el interior del hombre. Allí crece, y desde allí actúa.

La tercera dimensión en la interpretación del Reino de Dios podríamos denominarla eclesiástica: en ella el Reino de Dios y la Iglesia se relacionan entre sí de diversas maneras y estableciendo entre ellos una mayor o menor identificación.

Esta última tendencia, por lo que puedo apreciar, se ha ido imponiendo cada vez más sobre todo en la teología católica de la época moderna, aunque nunca se ha perdido de vista totalmente la interpretación centrada en la interioridad del hombre y en la conexión con Cristo. Pero en la teología del siglo XIX y comienzos del XX se hablaba predominantemente de la Iglesia como el Reino de Dios en la tierra; era vista como la realización del Reino de Dios en la historia. Pero, entretanto, la Ilustración había suscitado en la teología protestante un cambio en la exegesis que comportaba, en particular, una nueva interpretación del mensaje de Jesús sobre el Reino de Dios. Sin embargo, esta nueva interpretación se subdividió enseguida en corrientes muy diferentes entre sí.

El representante de la teología liberal en los comienzos del siglo XX es Adolf von Harnack, que veía en el mensaje de Jesús sobre el Reino de Dios una doble revolución frente al judaísmo de su época. Mientras que en el judaísmo todo está centrado en la colectividad, en el pueblo elegido, el mensaje de Jesús era sumamente individualista: Él se habría dirigido a la persona individual, reconociendo su valor infinito y convirtiéndolo en el fundamento de su doctrina. Para Harnack hay un segundo contraste fundamental. A su entender, en el judaísmo era dominante el aspecto cultual (y, con él, la clase sacerdotal); Jesús, en cambio, dejando de lado el aspecto cultual, habría orientado todo su mensaje en un sentido estrictamente moral. Él no habría apuntado a la purificación y a la santificación cultuales, sino al alma del hombre: el obrar moral de cada uno, sus obras basadas en el amor, serían entonces lo decisivo para entrar a formar parte del reino o quedar fuera de él.

Esta contraposición entre culto y moral, entre colectividad e individuo, ha influido durante mucho tiempo y, a partir de los años treinta, más o menos, fue adoptada también por buena parte de la exegesis católica.

En Harnack, sin embargo, esto estaba relacionado también con la contraposición entre las tres grandes formas del cristianismo: la católico-romana, la greco-eslava y la germano-protestante. Según Harnack, esta última habría devuelto al mensaje de Cristo toda su pureza. Pero precisamente en el ámbito protestante hubo también posiciones netamente antitéticas: el destinatario de la promesa no sería el individuo como tal, sino la comunidad, y sólo en cuanto miembro de ella el individuo alcanzaría la salvación. El mérito ético del hombre no importaría; el Reino de Dios estaría «más allá de la ética» y sería pura gracia, como se muestra especialmente en el hecho de que Jesús comía con los pecadores (cf. por ejemplo, K. L. Schmidt, ThWNT I 587ss).

La época de esplendor de la teología liberal finalizó con la Primera Guerra Mundial y con el cambio radical del clima intelectual que le siguió. Pero mucho antes ya se vislumbraba una transformación. La primera señal clara fue el libro de Johannes Weiss *Die Predigt Jesu vom Reiche Gottes* (1892) [*La predicación de Jesús sobre el Reino de Dios*]. En la misma línea iban los primeros trabajos exegéticos de Albert Schweitzer: se decía entonces que el mensaje de Jesús habría sido radicalmente escatológico; que su proclamación de la cercanía del Reino de Dios habría sido el anuncio de que el fin del mundo estaba próximo, de la irrupción del nuevo mundo de Dios, de su soberanía. El Reino de Dios se debía entender, por tanto, en sentido estrictamente escatológico. Incluso se forzaron algo algunos textos que evidentemente contradecían esta tesis para interpretarlos en este sentido, como por ejemplo la parábola del sembrador (cf. *Mc* 4, 3-9), la del grano de mostaza (cf. *Mc* 4, 30-32), la de la levadura (cf. *Mt* 13, 33; *Lc* 13, 20) o la de la semilla que crece por sí sola (cf. *Mc* 4, 26-29). En estos casos se decía: lo importante no es el crecimiento; lo que Jesús quería decir en cambio era: ahora hay una realidad humilde, pero pronto —de repente— aparecerá otra realidad. Es evidente que la teoría prevalecía sobre la escucha del texto. Fueron muchos los esfuerzos que se hicieron para trasladar a la vida cristiana contemporánea la visión de la escatología inminente, que para nosotros no es fácilmente comprensible. Bultmann, por ejemplo, lo intentó mediante la filosofía de Martin Heidegger: lo que cuenta es una actitud existencial, una «disposición permanente»; Jürgen Moltmann, enlazando con Ernst Bloch, desarrolló una «Teología de la esperanza» que pretendía interpretar la fe como una participación activa en la construcción del futuro.

Entretanto se ha extendido en amplios círculos de la teología, particularmente en el ámbito católico, una reinterpretación secularista del concepto de «reino» que da lugar a una nueva visión del cristianismo, de las religiones y de la historia en general, pretendiendo lograr así con esta profunda transformación que el supuesto mensaje de Jesús sea de nuevo aceptable. Se dice que antes del Concilio dominaba el eclesiocentrismo: se proponía a la Iglesia como el centro del cristianismo. Más tarde se pasó al cristocentrismo, presentando a Cristo como el centro de todo. Pero no es sólo la Iglesia la que separa, se dice, también Cristo pertenece sólo a los cristianos. Así que del cristocentrismo se pasó al teocentrismo y, con ello, se avanzaba un poco más en la comunión con las religiones. Pero tampoco así se habría alcanzado la meta, pues también Dios puede ser un factor de división entre las religiones y entre los hombres.

Por eso es necesario dar el paso hacia el reinocentrismo, hacia la centralidad del reino. Éste sería, al fin y al cabo, el corazón del mensaje de Jesús, y ésta sería la vía correcta para unir por fin las fuerzas positivas de la humanidad en su camino hacia el futuro del mundo; «reino» significaría simplemente un mundo en el que reinan la paz, la justicia y la salvaguardia de la creación. No se trataría de otra cosa. Este «reino» debería ser considerado como el destino final de la historia. Y el auténtico cometido de las religiones sería entonces el de colaborar todas juntas en la llegada del «reino»... Por otra parte, todas ellas podrían conservar sus tradiciones, vivir su identidad, pero, aun conservando sus diversas identidades, deberían trabajar por un mundo en el que lo primordial sea la paz, la justicia y el respeto de la creación.

Esto suena bien: por este camino parece posible que el mensaje de Cristo sea aceptado finalmente por todos sin tener que evangelizar las otras religiones. Su palabra parece haber adquirido, por fin, un contenido práctico y, de este modo, da la impresión de que la construcción del «reino» se ha convertido en una tarea común y, según parece, más cercana. Pero, examinando más atentamente la cuestión, uno queda perplejo: ¿Quién nos dice lo que es propiamente la justicia? ¿Qué es lo que sirve concretamente a la justicia? ¿Cómo se construye la paz? A decir verdad, si se analiza con detenimiento el razonamiento en su conjunto, se manifiesta como una serie de habladurías utópicas, carentes de contenido real, a menos que el contenido de estos conceptos sean en realidad una cobertura de doctrinas de partido que todos deben aceptar.

Pero lo más importante es que por encima de todo destaca un punto: Dios ha desaparecido, quien actúa ahora es solamente el hombre. El respeto por las «tradiciones» religiosas es sólo aparente. En realidad, se las considera como una serie de costumbres que hay que dejar a la gente, aunque en el fondo no cuenten para nada. La fe, las religiones, son utilizadas para fines políticos. Cuenta sólo la organización del mundo. La religión interesa sólo en la medida en que puede ayudar a esto. La semejanza entre esta visión postcristiana de la fe y de la religión con la tercera tentación resulta inquietante.

Volvamos, pues, al Evangelio, al auténtico Jesús. Nuestra crítica principal a esta idea secular-utópica del reino era: Dios ha desaparecido. Ya no se le necesita e incluso estorba. Pero Jesús ha anunciado el Reino de Dios, no otro reino cualquiera. Es verdad que Mateo habla del «reino de los cielos», pero la palabra «cielo» es otro modo de nombrar a «Dios», palabra que en el judaísmo se trataba de evitar por respeto al misterio de Dios, en conformidad con el segundo mandamiento. Por tanto, con la expresión «reino de los cielos» no se anuncia sólo algo ultraterreno, sino que se habla de Dios, que está tanto aquí como allá, que trasciende infinitamente nuestro mundo, pero que también es íntimo a él.

Hay que tener en cuenta también una importante observación lingüística: la raíz hebrea *malkut* «es un *nomen actionis* y significa —como también la palabra griega *basileía*— el ejercicio de la soberanía, el ser soberano (del rey)» (Stuhlmacher I, p. 67). No se habla de un «reino» futuro o todavía por instaurar, sino de la soberanía de Dios sobre el mundo, que de un modo nuevo se hace realidad en la historia.

Podemos decirlo de un modo más explícito: hablando del Reino de Dios, Jesús anuncia simplemente a Dios, es decir, al Dios vivo, que es capaz de actuar en el mundo y en la historia de un modo concreto, y precisamente ahora lo está haciendo. Nos dice: Dios existe. Y además: Dios es realmente Dios, es decir, tiene en sus manos los hilos del mundo. En este sentido, el mensaje de Jesús resulta muy sencillo, enteramente teocéntrico. El aspecto nuevo y totalmente específico de su mensaje consiste en que Él nos dice: Dios actúa ahora; ésta es la hora en que Dios, de una manera que supera cualquier modalidad precedente, se manifiesta en la historia como su verdadero Señor, como el Dios vivo. En este sentido, la traducción «Reino de Dios» es inadecuada, sería mejor hablar del «ser soberano de Dios» o del reinado de Dios.

Pero ahora debemos intentar precisar algo más el contenido del mensaje de Jesús sobre el «reino» desde el punto de vista de su contexto histórico. El anuncio de la soberanía de Dios se funda —como todo el mensaje de Jesús— en el Antiguo Testamento, que Él lee en su movimiento progresivo que va desde los comienzos con Abraham hasta su hora como una totalidad, y que —precisamente cuando se capta la globalidad de este movimiento— lleva directamente a Jesús.

Tenemos en primer lugar los llamados Salmos de entronización, que proclaman la soberanía de Dios (YHWH), una soberanía entendida en sentido cósmico-universal y que Israel acepta con actitud de adoración (cf. *Sal* 47; 93; 96; 97; 98; 99). A partir del siglo VI, dadas las catástrofes de la historia de Israel, la realeza de Dios se convierte en expresión de la esperanza en el futuro. En el Libro de Daniel —estamos en el siglo II antes de Cristo— se habla del ser soberano de Dios en el presente, pero sobre todo nos anuncia una esperanza para el futuro, para la cual resulta ahora importante la figura del «hijo del hombre», que es quien debe establecer la soberanía. En el judaísmo de la época de Jesús encontramos el concepto de soberanía de Dios en el culto del templo de Jerusalén y en la liturgia de las sinagogas; lo encontramos en los escritos rabínicos y también en los manuscritos de Qumrán. El judío devoto reza diariamente el *Shemá Israel*: «Escucha, Israel: El Señor nuestro Dios es solamente uno. Amarás al Señor tu Dios con todo el corazón, con toda el alma y con todas las fuerzas...» (*Dt* 6, 4; 11, 13; cf. *Nm* 15, 37-41). El rezo de esta oración se interpretaba como el cargar con el yugo de la soberanía de Dios: no se trata sólo de palabras; quien la recita acepta el señorío de Dios que, de este modo, a través de la acción del orante, entra en el mundo, llevado también por él y determinando a través de la oración su modo de vivir, su vida diaria; es decir, se hace presente en ese lugar del mundo.

Vemos así que la señoría de Dios, su soberanía sobre el mundo y la historia, sobrepasa el momento, va más allá de la historia entera y la trasciende; su dinámica intrínseca lleva a la historia más allá de sí misma. Pero al mismo tiempo es algo absolutamente presente, presente en la liturgia, en el templo y en la sinagoga como anticipación del mundo venidero; presente como fuerza que da forma a la vida mediante la oración y la existencia del creyente, que carga con el yugo de Dios y así participa anticipadamente en el mundo futuro.

Precisamente en este punto se puede comprobar que Jesús fue un «israelita de verdad» (cf. *Jn* 1, 47) y, al mismo tiempo, que fue más allá del judaísmo, en el sentido de la dinámica interna de sus promesas. Nada se ha perdido de los contenidos que acabamos de ver. Sin embargo, hay algo nuevo que se expresa sobre todo en las palabras «está cerca el Reino de Dios» (*Mc* 1, 15), «ha llegado a vosotros» (*Mt* 12, 28), está «dentro de vosotros» (*Lc* 17, 21). Se hace referencia aquí a un proceso de «llegar» que se está actuando ahora y afecta a toda la historia. Son estas palabras las que inspiraron la tesis de la venida inminente, presentándola como lo específico de Jesús. Pero esta interpretación no es en modo alguno concluyente; más aún, si se considera todo el conjunto de las palabras de Jesús, hay incluso que descartarla de plano. Eso se ve ya en el hecho de que los defensores de la interpretación apocalíptica del anuncio del reino por parte de Jesús (en el sentido de una expectativa inminente) pasan por alto, siguiendo su propio criterio, una gran parte de sus palabras sobre este tema, mientras que en otras tienen que forzar su sentido para adaptarlas.

El mensaje de Jesús acerca del reino recoge —ya lo hemos visto— afirmaciones que expresan la escasa importancia de este reino en la historia: es como un grano de mostaza, la más pequeña de todas las semillas. Es como la levadura, una parte muy pequeña en comparación con toda la masa, pero determinante para el resultado final. Se compara repetidamente con la simiente que se echa en la tierra y allí sufre distintas suertes: la picotean los pájaros, la ahogan las zarzas o madura y da mucho fruto. Otra parábola habla de que la semilla del reino crece, pero un enemigo sembró en medio de ella cizaña que creció junto al trigo y sólo al final se la aparta (cf. *Mt* 13, 24-30).

Otro aspecto de esta misteriosa realidad de la «soberanía de Dios» aparece cuando Jesús la compara con un tesoro enterrado en el campo. Quien lo encuentra lo vuelve a enterrar y vende todo lo que tiene para poder comprar el campo, y así quedarse con el tesoro que puede satisfacer todos sus deseos. Una parábola paralela es la de la perla preciosa: quien la encuentra también vende todo para hacerse con ese bien, que vale más que todos los demás (cf. *Mt* 13, 44ss). Otro aspecto de la realidad de la «soberanía de Dios» (reino) se observa cuando Jesús, en unas palabras difíciles de explicar, dice que el «reino de los cielos» sufre violencia y que «los violentos pretenden apoderarse de él» (*Mt* 11, 12).

Metodológicamente es inadmisible reconocer como «propio de Jesús» sólo un aspecto del todo y, partiendo de una semejante afirmación arbitraria, doblegar a ella todo lo demás. Tenemos que decir más bien: lo que Jesús llama «Reino de Dios, reinado de Dios», es sumamente complejo y sólo aceptando todo el conjunto podemos acercarnos a su mensaje y dejarnos guiar por él.

Veamos con más detalle al menos un texto como ejemplo de la dificultad de entender el mensaje de Jesús, siempre tan lleno de claves secretas. Lucas 17, 20s nos dice: «A unos fariseos que le preguntaban cuándo iba a llegar el Reino de Dios, Jesús les contestó: "El Reino de Dios vendrá sin dejarse ver (¡como espectador neutral!), ni anunciarán que está aquí o está allí; porque mirad, el Reino de Dios está entre vosotros». En las interpretaciones de este texto encontramos nuevamente las diversas corrientes según las cuales se ha interpretado generalmente el «Reino de Dios», desde el punto de vista y la visión de fondo de la realidad propia de cada exegeta.

Hay una interpretación «idealista» que nos dice: el Reino de Dios no es una realidad exterior, sino algo que se encuentra en el interior del hombre. Pensemos en lo que antes oímos decir a Orígenes. En ello hay mucho de cierto, pero también desde el punto de vista lingüístico esta interpretación resulta insuficiente. Existe, además, la interpretación en el sentido de la venida inminente, que afirma: el Reino de Dios no llega lentamente, de forma que se le pueda observar, sino que irrumpe de pronto. Pero esta interpretación no tiene fundamento alguno en la literalidad del texto. Por ello ahora se tiende cada vez más a entender que con estas palabras Cristo se refiere a sí mismo: Él, que está entre nosotros, es el «Reino de Dios», sólo que no lo conocemos (cf. *Jn* 1, 31.33). Otra afirmación de Jesús apunta en esta misma dirección, si bien con un matiz algo distinto: «Si yo echo a los demonios con el dedo de Dios, entonces es que el Reino de Dios ha llegado a vosotros» (*Lc* 11, 20). Aquí (como en el texto anterior), el «reino» no consiste simplemente en la presencia física de Jesús, sino en su obrar en el Espíritu Santo. En este sentido, el Reino de Dios se hace presente aquí y ahora, «se acerca», en Él y a través de Él.

De un modo todavía provisional, y que habrá que desarrollar a lo largo de nuestro itinerario de escucha de la Escritura, se impone la respuesta: la nueva proximidad del reino de la que habla Jesús, y cuya proclamación es lo distintivo de su mensaje, esa proximidad del todo nueva reside en Él mismo. A través de su presencia y su actividad, Dios entra en la historia aquí y ahora de un modo totalmente nuevo, como Aquel que obra. Por eso ahora «se ha cumplido el plazo» (*Mc* 1, 15); por eso ahora es, de modo singular, el tiempo de la conversión y el arrepentimiento, pero también el tiempo del júbilo, pues en Jesús Dios viene a nuestro encuentro. En Él ahora es Dios quien actúa y reina, reina al modo divino, es decir, sin poder terrenal, a través del amor que llega «hasta el extremo» (*Jn* 13, 1), hasta la cruz. A partir de este punto central se engarzan los diversos aspectos, aparentemente contradictorios. A partir de aquí entendemos las afirmaciones sobre la humildad y sobre el reino que está oculto; de ahí la imagen de fondo de la semilla, de la que nos volveremos a ocupar; de ahí también la invitación al valor del seguimiento, que abandona todo lo demás. Él mismo es el tesoro, y la comunión con Él, la perla preciosa.

Así se aclara también la tensión entre *ethos* y gracia, entre el más estricto personalismo y la llamada a entrar en una nueva familia. Al reflexionar sobre la *Torá del Mesías* en el Sermón de la Montaña veremos cómo se enlazan ahora la libertad de la Ley, el don de la gracia, la «mayor justicia» exigida por Jesús a los discípulos y la «sobreabundancia» de justicia frente a la justicia de los fariseos y los escribas (cf. *Mt* 5, 20). Tomemos de momento un ejemplo: el relato del fariseo y el publicano que rezan ambos en el templo, pero de un modo muy diferente (cf. *Lc* 18, 9-14).

El fariseo se jacta de sus muchas virtudes; le habla a Dios tan sólo de sí mismo y, al alabarse a sí mismo, cree alabar a Dios. El publicano conoce sus pecados, sabe que no puede vanagloriarse ante Dios y, consciente de su culpa, pide gracia. ¿Significa esto que uno representa el *ethos* y el otro la gracia sin *ethos* o contra el *ethos*? En realidad no se trata de la cuestión *ethos* sí o *ethos* no, sino de dos modos de situarse ante Dios y ante sí mismo. Uno, en el fondo, ni siquiera mira a Dios, sino sólo a sí mismo; realmente no necesita a Dios, porque lo hace todo bien por sí mismo. No hay ninguna relación real con Dios, que a fin de cuentas resulta superfluo; basta con las propias obras. Aquel hombre se justifica por sí solo. El otro, en cambio, se ve en relación con Dios. Ha puesto su mirada en Dios y, con ello, se le abre la mirada hacia sí mismo. Sabe que tiene necesidad de Dios y que ha de vivir de su bondad, la cual no puede alcanzar por sí solo ni darla por descontada. Sabe que necesita misericordia, y así aprenderá de la misericordia de Dios a ser él mismo misericordioso y, por tanto, semejante a Dios. Él vive gracias a la relación con Dios, de ser agraciado con el don de Dios; siempre necesitará el don de la bondad, del perdón, pero también aprenderá con ello a transmitirlo a los demás. La gracia que implora no le exime del *ethos*. Sólo ella le capacita para hacer realmente el bien. Necesita a Dios, y como lo reconoce, gracias a la bondad de Dios comienza él mismo a ser bueno. No se niega el *ethos*, sólo se le libera de la estrechez del moralismo y se le sitúa en el contexto de una relación de amor, de la relación con Dios; así el *ethos* llega a ser verdaderamente él mismo.

El tema del «Reino de Dios» impregna toda la predicación de Jesús. Por eso sólo podemos entenderlo desde la totalidad de su mensaje. Al ocuparnos de uno de los pasajes centrales del anuncio de Jesús —el Sermón de la Montaña— podremos encontrar más profundamente desarrollados los temas que aquí sólo se han tratado de pasada. Veremos sobre todo que Jesús habla siempre como el Hijo, que en el fondo de su mensaje está siempre la relación entre Padre e Hijo. En este sentido, Dios ocupa siempre el centro de su predicación; pero precisamente porque el mismo Jesús es Dios, el Hijo, toda su predicación es un anuncio de su misterio, es cristología; es decir, es un discurso sobre la presencia de Dios en su obrar y en su ser. Veremos cómo éste es el aspecto que exige una decisión y cómo, por ello, el que conduce a la cruz y a la resurrección.

4

EL SERMÓN DE LA MONTAÑA

Después de la narración de las tentaciones de Jesús el Evangelio de Mateo ofrece un breve relato sobre la primera actuación de Jesús en la vida pública, en el que se habla expresamente de Galilea como «la Galilea de los paganos», como el lugar anunciado por los profetas (cf. *Is* 8, 23; 9, 1) en el que aparecerá una «gran luz» (cf. *Mt* 4, 15s). Mateo responde así a la sorpresa de que el Salvador no viniera de Jerusalén y Judea, sino de una región que ya se consideraba medio pagana: precisamente esto, que para muchos habla *en contra* del envío mesiánico de Jesús —su procedencia de Nazaret, de Galilea—, es en realidad la *prueba* de su misión divina. Desde el principio, Mateo recurre al Antiguo Testamento para conocer hasta los detalles aparentemente más insignificantes en favor de Jesús. Lo que el relato de Lucas dice sobre el camino de Jesús con los discípulos de Emaús, aunque en línea de principio sin descender a detalles (*Lc* 24, 25ss) —es decir, que todas las Escrituras se referían a Él—, Mateo intenta demostrarlo en cada uno de los pormenores de la vida de Jesús.

Más adelante tendremos que volver sobre tres elementos del primer sumario de Mateo acerca de la actividad de Jesús (cf. 4, 12-25). En primer lugar, está el resumen del contenido esencial de la predicación de Jesús, que quiere dar una indicación sintética de su mensaje: «Convertíos porque está cerca el reino (soberanía) de los cielos» (4, 17). Después viene la elección de los Doce, con la cual Jesús, en un gesto simbólico y al mismo tiempo con una acción muy concreta, anuncia y pone en marcha la renovación del pueblo de las doce tribus, la nueva convocación de Israel. Por último, ya aquí se aclara que Jesús no es sólo maestro, sino redentor del hombre en su totalidad: el Jesús que enseña es a la vez el Jesús que salva.

De este modo, Mateo en muy pocas líneas —catorce versículos (4, 12-25)— perfila ante sus oyentes una primera imagen de la figura y la obra de Jesús. Sigue después, en tres capítulos, el Sermón de la Montaña. ¿De qué se trata? Con esta gran composición en forma de sermón, Mateo nos presenta a Jesús como el nuevo Moisés, en el sentido profundo que precedentemente hemos visto a propósito de la promesa de un profeta que relata el Libro del Deuteronomio.

El versículo introductorio (*Mt* 5, 1) es mucho más que una ambientación más o menos casual: «Al ver Jesús el gentío, subió a la montaña, se sentó y se acercaron sus discípulos; y él se puso a hablar, enseñándoles…». Jesús se sienta: un gesto propio de la autoridad del maestro; se sienta en la «cátedra» del monte. Más adelante hablará de los rabinos que se sientan en la cátedra de Moisés y, por ello, tienen autoridad; por eso sus enseñanzas deben ser escuchadas y acogidas, aunque su vida las contradiga (cf. *Mt* 23, 2), y aunque ellos mismos no sean autoridad, sino que la reciben de otro. Jesús se sienta en la «cátedra» como maestro de Israel y como maestro de los hombres en general. Como veremos al examinar el texto, con la palabra «discípulos» Mateo no restringe el círculo de los destinatarios de la predicación, sino que lo amplía. Todo el que escucha y acoge la palabra puede ser «discípulo».

En el futuro, lo decisivo será la escucha y el seguimiento, no la procedencia. Cualquiera puede llegar a ser discípulo, todos están llamados a serlo: así, la actitud de ponerse a la escucha de la Palabra da lugar a un Israel más amplio, un Israel renovado que no excluye o anula al antiguo, sino que lo supera abriéndolo a lo universal.

Jesús se sienta en la «cátedra» de Moisés, pero no como los maestros que se forman para ello en las escuelas; se sienta allí como el Moisés más grande, que extiende la Alianza a todos los pueblos. De este modo se aclara también el significado del monte. El evangelista no nos dice de qué monte de Galilea se trata, pero como se refiere al lugar de la predicación de Jesús, es sencillamente «la montaña», el nuevo Sinaí. «La montaña» es el lugar de oración de Jesús, donde se encuentra cara a cara con el Padre; por eso es precisamente también el lugar en el que enseña su doctrina, que procede de su íntima relación con el Padre. «La montaña», por tanto, muestra por sí misma que es el nuevo, el definitivo Sinaí.

¡Qué diferente es este «monte» del macizo rocoso en el desierto! La tradición ha señalado una loma al norte del lago de Genesaret como el monte de las Bienaventuranzas: quien ha estado allí y tiene grabada en el espíritu la amplia vista sobre el agua del lago, el cielo y el sol, los árboles y los prados, las flores y el canto de los pájaros, no puede olvidar la maravillosa atmósfera de paz, de belleza de la creación, que encuentra en una tierra por desgracia tan atormentada.

Sea cual sea el lugar donde se encuentra el «monte de las Bienaventuranzas», éste se distingue por esta paz y esta belleza. La vivencia de Elías en el Sinaí, que no vio la presencia de Dios en el huracán, el fuego o el terremoto, sino en una brisa suave y silenciosa (cf. *1 Re* 19, 1-13), se cumple aquí. El poder de Dios se manifiesta ahora en su mansedumbre, su grandeza en su sencillez y cercanía. Pero no por ello resulta menos abismal. Lo que antes se expresaba en forma de huracán, fuego o terremoto, ahora toma la forma de la cruz, del Dios que sufre, que nos llama a entrar en ese fuego misterioso, en el fuego del amor crucificado: «Dichosos vosotros cuando os insulten, y os persigan…» (*Mt* 5, 11). El pueblo estaba tan asustado ante la fuerza de la revelación del Sinaí que dijo a Moisés: «Háblanos tú y te escucharemos. Pues si nos habla el Señor moriremos» (*Ex* 20, 19).

Ahora Dios habla muy de cerca, como hombre a los hombres. Ahora desciende a la profundidad de su sufrimiento, pero precisamente eso llevará y lleva siempre de nuevo a decir a quienes le escuchan, a los que,

94

con todo, creen ser sus discípulos: «Es duro este lenguaje. ¿Quién puede escucharlo?» (*Jn* 6, 60). Tampoco la nueva bondad del Señor es agua almibarada. Para muchos el escándalo de la cruz es más insoportable aún que el trueno del Sinaí para los israelitas. Sí, tenían razón cuando decían: Si Dios nos habla «moriremos» (*Ex* 20, 19). Sin un «morir», sin que naufrague lo que es sólo nuestro, no hay comunión con Dios ni redención. La meditación sobre el bautismo ya nos lo ha mostrado; el bautismo no se puede reducir a un simple rito.

Hemos anticipado lo que sólo cuando se reflexione sobre el texto se verá completamente. Debería haber quedado claro que el «Sermón de la Montaña» es la nueva *Torá* que Jesús trae. Moisés sólo había podido traer su *Torá* sumiéndose en la oscuridad de Dios en la montaña; también para la *Torá* de Jesús se requiere previamente la inmersión en la comunión con el Padre, la elevación íntima de su vida, que se continúa en el descenso en la comunión de vida y sufrimiento con los hombres.

El evangelista Lucas nos ha dejado una versión más breve del Sermón de la Montaña con otros matices. Él, que escribe para cristianos provenientes del paganismo, no tiene tanto interés en presentar a Jesús como el nuevo Moisés ni su palabra como la *Torá* definitiva. Así, ya el marco exterior se configura de otro modo. En Lucas, el Sermón de la Montaña está inmediatamente precedido por la elección de los doce Apóstoles, presentada como el fruto de una noche pasada en oración, y que Lucas sitúa en el monte, lugar habitual de oración de Jesús. Tras este suceso tan decisivo para el camino de Jesús, el Señor desciende de la montaña con los Doce recién elegidos y presentados con su nombre, y se detiene en pie en un llano. Para Lucas, el estar en pie expresa la majestad y la autoridad de Jesús; el lugar llano da a entender el dilatado horizonte al que Jesús dirige su palabra, algo que Lucas subraya luego cuando nos dice que, además de los Doce con los que había descendido del monte, «un grupo grande de discípulos y de pueblo, procedente de toda Judea, de Jerusalén y de la costa de Tiro y Sidón, venían a oírlo y a que los curara…» (6, 17s). Dentro del significado universal de la predicación que se aprecia en este escenario aparece, sin embargo, como un hecho específico el que Lucas —al igual que Mateo— diga luego: «Levantando los ojos hacia sus discípulos, les dijo…» (*Lc* 6, 20). Ambas cosas son ciertas: el Sermón de la Montaña está dirigido a todo el mundo, en el presente y en el futuro, pero exige ser discípulo y sólo se puede entender y vivir siguiendo a Jesús, caminando con Él.

Ciertamente, las siguientes reflexiones no tienen como objetivo interpretar el Sermón de la Montaña versículo por versículo; deseo escoger sólo tres elementos en los que, a mi parecer, el mensaje de Jesús y su figura se nos presentan con mayor claridad. En primer lugar las Bienaventuranzas. En segundo lugar quisiera reflexionar sobre la nueva versión de la *Torá* que Jesús nos ofrece; aquí Jesús entra en diálogo con Moisés y con las tradiciones de Israel. En un importante libro titulado *A Rabbi Talks with Jesus* [*Un rabino habla con Jesús*], el gran erudito judío Jacob Neusner se introduce, por así decirlo, entre los oyentes del Sermón de la Montaña e intenta entrar en conversación con Jesús. Este debate respetuoso y sincero del judío practicante con Jesús, el hijo de Abraham, me ha hecho ver, de un modo mucho más claro que otras interpretaciones del Sermón de la Montaña que conozco, la grandeza de la palabra de Jesús y la opción ante la que nos pone el Evangelio. Así, en un parágrafo me gustaría intervenir también yo como cristiano en la conversación del rabino con Jesús para entender mejor lo que es auténticamente judío y lo que constituye el misterio de Jesús. Por último, una parte importante del Sermón de la Montaña se dedica a la oración —no podía ser de otro modo— y culmina en el *Padrenuestro*, con el que Jesús quiere enseñar a los discípulos de todos los tiempos a rezar, a ponerlos ante el rostro de Dios, y así guiarlos por el camino de la vida.

1. LAS BIENAVENTURANZAS

Las Bienaventuranzas han sido consideradas con frecuencia como la antítesis neotestamentaria del Decálogo, como la ética superior de los cristianos, por así decirlo, frente a los mandamientos del Antiguo Testamento. Esta interpretación confunde por completo el sentido de las palabras de Jesús. Jesús ha dado siempre por descontada la validez del Decálogo (cf. p. ej. *Mc* 10, 19; *Lc* 16, 17); en el Sermón de la Montaña se recogen y profundizan los mandamientos de la segunda tabla de la Ley, pero no son abolidos (cf. *Mt* 5, 21-48); esto estaría en total contradicción con la afirmación fundamental que inicia esta enseñanza sobre el Decálogo: «No creáis que he venido a abolir la Ley o los profetas; no he venido a abolir, sino a dar plenitud. Os aseguro que antes pasarán el cielo y la tierra que deje de cumplirse hasta la última letra o tilde de la Ley» (*Mt* 5, 17s). Sobre esta frase, que sólo aparentemente parece contradecir el mensaje de Pablo, tendremos que volver tras el diálogo entre Jesús y el rabino. Por ahora baste notar que Jesús no piensa abolir el Decálogo, sino que, por el contrario, lo refuerza.

Pero entonces, ¿qué son las Bienaventuranzas? En primer lugar se insertan en una larga tradición de mensajes del Antiguo Testamento como los que encontramos, por ejemplo, en el Salmo 1 y en el texto paralelo de Jeremías 17, 7s: «Dichoso el hombre que confía en el Señor…». Son palabras de promesa que sirven al mismo tiempo como discernimiento de espíritus y que se convierten así en palabras orientadoras. El marco en el que Lucas sitúa el Sermón de la Montaña ilustra claramente a quién van destinadas en modo particular las Bienaventuranzas de Jesús: «Levantando los ojos hacia sus discípulos…». Cada una de las afirmaciones de las Bienaventuranzas nacen de la mirada dirigida a los discípulos; describen, por así decirlo, su situación fáctica: son pobres, están hambrientos, lloran, son odiados y perseguidos (cf. *Lc* 6, 20ss). Han de ser entendidas como calificaciones prácticas, pero también teológicas, de los discípulos, de aquellos que siguen a Jesús y se han convertido en su familia.

A pesar de la situación concreta de amenaza inminente en que Jesús ve a los suyos, ésta se convierte en promesa cuando se la mira con la luz que viene del Padre. Referidas a la comunidad de los discípulos de Jesús, las Bienaventuranzas son una paradoja: se invierten los criterios del mundo apenas se ven las cosas en la perspectiva correcta, esto es, desde la escala de valores de Dios, que es distinta de la del mundo. Precisamente los que según los criterios del mundo son considerados pobres y perdidos son los realmente felices, los bendecidos, y pueden alegrarse y regocijarse, no obstante todos sus sufrimientos. Las Bienaventuranzas son promesas en las que resplandece la nueva imagen del mundo y del hombre que Jesús inaugura, y en las que «se invierten los valores». Son promesas escatológicas, pero no debe entenderse como si el júbilo que anuncian deba trasladarse a un futuro infinitamente lejano o sólo al más allá. Cuando el hombre empieza a mirar y a vivir a través de Dios, cuando camina con Jesús, entonces vive con nuevos criterios y, por tanto, ya ahora algo del *éschaton*, de lo que está por venir, está presente. Con Jesús, entra alegría en la tribulación.

Las paradojas que Jesús presenta en las Bienaventuranzas expresan la auténtica situación del creyente en el mundo, tal como las ha descrito Pablo repetidas veces a la luz de su experiencia de vida y sufrimiento como apóstol: «Somos los impostores que dicen la verdad, los desconocidos conocidos de sobra, los moribundos que están bien vivos, los sentenciados nunca ajusticiados, los afligidos siempre alegres, los pobres que enriquecen a muchos, los necesitados que todo lo poseen» (*2 Co* 6, 8-10). «Nos aprietan por todos los lados, pero no nos aplastan; estamos apurados, pero no desesperados; acosados pero no abandonados; nos derriban pero no nos rematan...» (*2 Co* 4, 8-10). Lo que en las Bienaventuranzas del Evangelio de Lucas es consuelo y promesa, en Pablo es experiencia viva del Apóstol. Se siente «el último», como un condenado a muerte y convertido en espectáculo para el mundo, sin patria, insultado, denostado (cf. *1 Co* 4, 9-13). Y a pesar de todo experimenta una alegría sin límites; precisamente como quien se ha entregado, quien se ha dado a sí mismo para llevar a Cristo a los hombres, experimenta la íntima relación entre cruz y resurrección: estamos expuestos a la muerte «para que también la vida de Jesús se manifieste en nuestro cuerpo» (*2 Co* 4, 11). Cristo sigue sufriendo en sus enviados, su lugar sigue siendo la cruz. Sin embargo, Él es de manera definitiva el Resucitado. Y si el enviado de Jesús en este mundo está aún inmerso en la pasión de Jesús, ahí se puede percibir también la gloria de la resurrección, que da una alegría, una «beatitud» mayor que toda la dicha que se haya podido experimentar antes en el mundo. Sólo ahora sabe lo que es realmente la «felicidad», la auténtica «bienaventuranza», y al mismo tiempo se da cuenta de lo mísero que era lo que, según los criterios habituales, se consideraba como satisfacción y felicidad.

En las paradojas vividas por san Pablo, que se corresponden con las paradojas de las Bienaventuranzas, se manifiesta lo mismo que Juan había expresado de otro modo al describir la cruz del Señor como «elevación», como entronización en las alturas de Dios.

Juan reúne en una palabra cruz y resurrección, cruz y elevación, pues para él lo uno es inseparable de lo otro. La cruz es el acto del «éxodo», el acto del amor que se toma en serio y llega «hasta el extremo» (*Jn* 13, 1), y por ello es el lugar de la gloria, del auténtico contacto y unión con Dios, que es Amor (cf. *1 Jn* 4, 7.16). Así, esta visión de Juan condensa y nos hace comprensible en definitiva lo que significan las paradojas del Sermón de la Montaña.

Estas observaciones sobre Pablo y Juan nos han permitido ver dos cosas: las Bienaventuranzas expresan lo que significa ser discípulo. Se hacen más concretas y reales cuanto más se entregan los discípulos a su misión, como hemos podido comprobar de un modo ejemplar en Pablo. Lo que significan no se puede explicar de un modo puramente teórico; se proclama en la vida, en el sufrimiento y en la misteriosa alegría del discípulo que sigue plenamente al Señor. Esto deja claro un segundo aspecto: el carácter cristológico de las Bienaventuranzas. El discípulo está unido al misterio de Cristo y su vida está inmersa en la comunión con Él: «Vivo yo, pero no soy yo, es Cristo quien vive en mí (*Ga* 2, 20). Las Bienaventuranzas son la transposición de la cruz y la resurrección a la existencia del discípulo. Pero son válidas para los discípulos porque primero se han hecho realidad en Cristo como prototipo.

Esto resulta más claro si analizamos la versión de las Bienaventuranzas en Mateo (cf. *Mt* 5, 3-12). Quien lee atentamente el texto descubre que las Bienaventuranzas son como una velada biografía interior de Jesús, como un retrato de su figura. Él, que no tiene donde reclinar la cabeza (cf. *Mt* 8, 20), es el auténtico pobre; Él, que puede decir de sí mismo: Venid a mí, porque soy sencillo y humilde de corazón (cf. *Mt* 11, 29), es el realmente humilde; Él es verdaderamente puro de corazón y por eso contempla a Dios sin cesar. Es constructor de paz, es aquel que sufre por amor de Dios: en las Bienaventuranzas se manifiesta el misterio de Cristo mismo, y nos llama a entrar en comunión con Él. Pero precisamente por su oculto carácter cristológico las Bienaventuranzas son señales que indican el camino también a la Iglesia, que debe reconocer en ellas su modelo; orientaciones para el seguimiento que afectan a cada fiel, si bien de modo diferente, según las diversas vocaciones.

Analicemos más detenidamente las distintas partes de la serie de las Bienaventuranzas. Encontramos en primer lugar la expresión enigmática, de los «pobres de espíritu», que tantos han intentado descifrar. Esta expresión aparece en los rollos de Qumrán como autodefinición de los piadosos. Éstos se llamaban también «los pobres de la gracia», «los pobres de tu redención» o simplemente «los pobres» (Gnilka I, p. 121). Con estos nombres expresan su conciencia de ser el verdadero Israel; de hecho recogen con ello tradiciones profundamente enraizadas en la fe de Israel. En los tiempos de la conquista de Judea por los babilonios, el 90 por ciento de los habitantes de la región podía contarse entre los pobres; dada la política fiscal persa tras el exilio, se volvió a crear una dramática situación de pobreza. La antigua concepción de que al justo le va bien y que la pobreza es consecuencia de una mala vida (relación entre la conducta y la calidad de vida) ya no se podía sostener. Ahora, precisamente en su pobreza, Israel se siente cercano a Dios; reconoce que precisamente los pobres, en su humildad, están cerca del corazón de Dios, al contrario de los ricos con su arrogancia, que sólo confían en sí mismos.

En muchos Salmos se expresa la devoción de los pobres que de este modo fue madurando; ellos se reconocen como el verdadero Israel. En la piedad de estos Salmos, en ese profundo dirigirse a la bondad de Dios, en la bondad y en la humildad humanas que así se iban formando, en la vigilante espera del amor salvador de Dios, se desarrolla esa apertura del corazón que ha abierto las puertas a Cristo. María y José, Simeón y Ana, Zacarías e Isabel, los pastores de Belén, los Doce llamados por el Señor a formar el círculo más estrecho de los discípulos, todos pertenecen a estos ambientes que se distancian de los fariseos y saduceos, y también de Qumrán, no obstante una cierta proximidad espiritual; en ellos comienza el Nuevo Testamento, que se sabe en total armonía con la fe de Israel, y que se orienta hacia una pureza cada vez mayor.

Aquí también ha madurado calladamente esa actitud ante Dios que Pablo desarrolló después en su teología de la justificación: son hombres que no alardean de sus méritos ante Dios. No se presentan ante Él como si fueran socios en pie de igualdad, que reclaman la compensación correspondiente a su aportación. Son hombres que se saben pobres también en su interior, personas que aman, que aceptan con sencillez lo que Dios les da, y precisamente por eso viven en íntima conformidad con la esencia y la palabra de Dios. Las palabras de santa Teresa de Lisieux de que un día se presentaría ante Dios con las manos vacías y las tendería abiertas hacia Él, describen el espíritu de estos pobres de Dios: llegan con las manos vacías, no con manos que agarran y sujetan, sino con manos que se abren y dan, y así están preparadas para la bondad de Dios que da.

Estando así las cosas, no hay contradicción alguna entre Mateo —que habla de los pobres en espíritu— y Lucas, según el cual el Señor se dirige simplemente a los «pobres». Se ha dicho que Mateo ha espiritualizado el concepto de pobreza, entendido por Lucas originalmente en sentido exclusivamente material y real, y que de ese modo lo ha privado de su radicalidad. Quien lee el Evangelio de Lucas sabe perfectamente que es él precisamente quien nos presenta a los «pobres en espíritu», que eran, por así decirlo, el grupo sociológico en el que pudo comenzar el camino terreno de Jesús y de su mensaje. Y, al contrario, está claro que Mateo se mantiene totalmente en la tradición de la piedad de los Salmos y, por tanto, en la visión del verdadero Israel que en ellos había hallado expresión.

La pobreza de que se habla nunca es un simple fenómeno material. La pobreza puramente material no salva, aun cuando sea cierto que los más perjudicados de este mundo pueden contar de un modo especial con la bondad de Dios. Pero el corazón de los que no poseen nada puede endurecerse, envenenarse, ser malvado, estar por dentro lleno de afán de poseer, olvidando a Dios y codiciando sólo bienes materiales.

Por otro lado, la pobreza de que se habla aquí tampoco es simplemente una actitud espiritual. Ciertamente, la radicalidad que se nos propone en la vida de tantos cristianos auténticos, desde el padre del monacato Antonio hasta Francisco de Asís y los pobres ejemplares de nuestro siglo, no es para todos. Pero la Iglesia, para ser comunidad de los pobres de Jesús, necesita siempre figuras capaces de grandes renuncias; necesita comunidades que le sigan, que vivan la pobreza y la sencillez, y con ello muestren la verdad de las Bienaventuranzas para despertar la conciencia de todos, a fin de que entiendan el poseer sólo como servicio y, frente a la cultura del tener, contrapongan la cultura de la libertad interior, creando así las condiciones de la justicia social.

El Sermón de la Montaña como tal no es un programa social, eso es cierto. Pero sólo donde la gran orientación que nos da se mantiene viva en el sentimiento y en la acción, sólo donde la fuerza de la renuncia y la responsabilidad por el prójimo y por toda la sociedad surge como fruto de la fe, sólo allí puede crecer también la justicia social. Y la Iglesia en su conjunto debe ser consciente de que ha de seguir siendo reconocible como la comunidad de los pobres de Dios. Igual que el Antiguo Testamento se ha abierto a la renovación con respecto a la Nueva Alianza a partir de los pobres de Dios, toda nueva renovación de la Iglesia puede partir sólo de aquellos en los que vive la misma humildad decidida y la misma bondad dispuesta al servicio.

Con todo, hasta ahora sólo nos hemos ocupado de la primera mitad de la primera Bienaventuranza: «Bienaventurados los pobres de espíritu»; tanto en Lucas como en Mateo la correspondiente promesa es: «Vuestro (de ellos) es el Reino de Dios (el reino de los cielos)» (*Lc* 6, 20; *Mt* 5, 3). El «Reino de Dios» es la categoría fundamental del mensaje de Jesús; aquí se introduce en las Bienaventuranzas: este contexto resulta importante para entender correctamente una expresión tan debatida. Lo hemos visto ya al examinar más de cerca el significado de la expresión «Reino de Dios», y tendremos que recordarlo alguna vez más en las reflexiones siguientes.

Pero quizás sea bueno que, antes de avanzar en la meditación del texto, nos centremos un momento en esa figura de la historia de la fe que de manera intensa ha traducido esta Bienaventuranza en la existencia humana: Francisco de Asís. Los santos son los verdaderos intérpretes de la Sagrada Escritura. El significado de una expresión resulta mucho más comprensible en aquellas personas que se han dejado ganar por ella y la han puesto en práctica en su vida. La interpretación de la Escritura no puede ser un asunto meramente académico ni se puede relegar a un ámbito exclusivamente histórico. Cada paso de la Escritura lleva en sí un potencial de futuro que se abre sólo cuando se viven y se sufren a fondo sus palabras. Francisco de Asís entendió la promesa de esta bienaventuranza en su máxima radicalidad; hasta el punto de despojarse de sus vestiduras y hacerse proporcionar otra por el obispo como representante de la bondad paterna de Dios, que viste a los lirios del campo con más esplendor que Salomón con todas sus galas (cf. *Mt* 6, 28s). Esta humildad extrema era para Francisco sobre todo libertad para servir, libertad para la misión, confianza extrema en Dios, que se ocupa no sólo de las flores del campo, sino sobre todo de sus hijos; significaba un correctivo para la Iglesia de su tiempo, que con el sistema feudal había perdido la libertad y el dinamismo del impulso misionero; significaba una íntima apertura a Cristo, con quien, mediante la llaga de los estigmas, se identifica plenamente, de modo que ya no vivía para sí mismo, sino que como persona renacida vivía totalmente por Cristo y en Cristo. Francisco no tenía intención de fundar ninguna orden religiosa, sino simplemente reunir de nuevo al pueblo de Dios para escuchar la Palabra sin que los comentarios eruditos quitaran rigor a la llamada. No obstante, con la fundación de la Tercera Orden aceptó luego la distinción entre el compromiso radical y la necesidad de vivir en el mundo. Tercera Orden significa aceptar en humildad la propia tarea de la profesión secular y sus exigencias, allí donde cada uno se encuentre, pero aspirando al mismo tiempo a la más íntima comunión con Cristo, como la que el santo de Asís alcanzó. «Tener como si no se tuviera» (cf. *1 Co* 7, 29ss): aprender esta tensión interior como la exigencia quizás más difícil y poder revivirla siempre, apoyándose en quienes han decidido seguir a Cristo de manera radical, éste es el sentido de la Tercera Orden, y ahí se descubre lo que la Bienaventuranza puede significar para *todos*. En Francisco se ve claramente también lo que «Reino de Dios» significa. Francisco pertenecía de lleno a la Iglesia y, al mismo tiempo, figuras como él despiertan en ella la tensión hacia su meta futura, aunque ya presente: el Reino de Dios está cerca...

Pasemos por alto, de momento, la segunda Bienaventuranza del Evangelio de Mateo y vayamos directamente a la tercera [según el orden de la Vulgata], que está estrechamente relacionada con la primera: «Dichosos los sufridos (mansos) porque heredarán la tierra» (5, 4). La traducción alemana de la Sagrada Escritura de la palabra griega *praeîs* (de *praýs*) es: «los que no utilizan la violencia». Se trata de una restricción del término griego, que encierra una rica carga de tradición. Esta afirmación es prácticamente la cita de un Salmo: «Los humildes (mansos) heredarán la tierra» (*Sal* 37, 11). La expresión «los humildes», en la Biblia griega, traduce la palabra hebrea *anawim*, con la que se designaba a los pobres de Dios, de los que hemos hablado en la primera Bienaventuranza. Así pues, la primera y la tercera Bienaventuranza en gran medida coinciden; la tercera vuelve a poner de manifiesto un aspecto esencial de lo que significa vivir la pobreza a partir de Dios y en la perspectiva de Dios.

Sin embargo, el espectro se amplía más si consideramos otros textos en los que aparece la misma palabra. En el Libro de los Números se dice: «Moisés era un hombre muy humilde, el hombre más humilde sobre la tierra» (12, 3). ¿Cómo no pensar a este respecto en las palabras de Jesús: «Cargad con mi yugo y aprended de mí, que soy manso y humilde de corazón»? (*Mt* 11, 29). Cristo es el nuevo, el verdadero Moisés (ésta es la idea fundamental que recorre todo el Sermón de la Montaña); en Él se hace presente esa bondad pura que corresponde precisamente a Aquel que es grande, al que tiene el dominio.

Podemos profundizar todavía un poco más considerando una ulterior relación entre el Antiguo y el Nuevo Testamento basada en la palabra *praÿs*, humilde, manso. En el profeta Zacarías encontramos la siguiente promesa de salvación: «Alégrate, hija de Sión; canta, hija de Jerusalén; mira a tu rey que viene a ti justo y victorioso, modesto y cabalgando en un asno, en un pollino de borrica. Destruirá los carros... Romperá los arcos guerreros, dictará la paz a las naciones. Dominará de mar a mar...» (9, 9s). Se anuncia un rey pobre, un rey que no gobierna con poder político y militar. Su naturaleza más íntima es la humildad, la mansedumbre ante Dios y ante los hombres. Esa esencia, que lo contrapone a los grandes reyes del mundo, se manifiesta en el hecho de que llega montado en un asno, la cabalgadura de los pobres, imagen que contrasta con los carros de guerra que él rechaza. Es el rey de la paz, y lo es gracias al poder de Dios, no al suyo propio.

Y hay que añadir otro aspecto: su reinado es universal, abarca toda la tierra. «De mar a mar»: detrás de esta expresión está la imagen del disco terrestre circundado por las aguas, que nos hace intuir la extensión universal de su reinado. Con razón, pues, afirma Karl Elliger que para nosotros «a través de la niebla se hace visible con sorprendente nitidez la figura de Aquel... que ha traído realmente la paz a todo el mundo, de Aquel que está por encima de toda razón, al renunciar en su obediencia filial a todo uso de la violencia y padeciendo hasta que fue rescatado del sufrimiento por el Padre, y que ahora construye continuamente su reino solamente mediante la palabra de la paz...» (ATD 25, 151). Sólo así comprendemos todo el alcance del relato del Domingo de Ramos, entendemos a Lucas cuando nos dice (cf. 19, 30) —de modo parecido a Juan— que Jesús mandó a sus discípulos que le llevaran una borrica con su pollino: «Eso ocurrió para que se cumpliera lo que los profetas habían anunciado. Decid a la hija Sión: "Mira a tu rey que viene a ti, humilde, montado en un asno…"» (*Mt* 21, 5; cf. *Jn* 12, 15).

Por desgracia, la traducción alemana de estos pasajes ha oscurecido esta conexión al utilizar diferentes palabras para el término *praÿs*. En un amplio arco de textos —que van desde el Libro de los Números (cap. 12), pasando por Zacarías (cap. 9), hasta las Bienaventuranzas y el relato del Domingo de Ramos— se puede reconocer esta visión de Jesús como rey de la paz que rompe las fronteras que separan a los pueblos y crea un espacio de paz «de mar a mar». Con su obediencia nos llama a entrar en esa paz, la establece en nosotros. Por un lado la palabra «manso, humilde» forma parte del vocabulario del pueblo de Dios, del Israel que en Cristo se ha hecho universal, pero al mismo tiempo es una palabra regia, que nos descubre la esencia de la nueva realeza de Cristo. En este sentido, podríamos decir que es una palabra tanto cristológica como eclesiológica; en cualquier caso, nos llama a seguir a Aquel que en su entrada en Jerusalén a lomos de una borrica nos manifiesta toda la esencia de su reinado.

En el texto del Evangelio de Mateo, esta tercera Bienaventuranza va unida a la promesa de la tierra: «Dichosos los humildes porque heredarán la tierra». ¿Qué quiere decir? La esperanza de una tierra es parte del núcleo original de la promesa a Abraham. Cuando el pueblo de Israel peregrina por el desierto, tiene como meta la tierra prometida. En el exilio, Israel espera regresar a su tierra. Pero no debemos pasar por alto ni por un instante que la promesa de la tierra va claramente más allá de la simple idea de poseer un trozo de tierra o un territorio nacional, como corresponde a todo pueblo.

En la lucha de liberación del pueblo de Israel para salir de Egipto aparece en primer plano sobre todo el derecho a la libertad de adorar, a la libertad de un culto propio y, a medida que avanza la historia del pueblo elegido, la promesa de la tierra adquiere de un modo cada vez más claro el siguiente sentido: la tierra se concede para que ésta sea un lugar de obediencia, un espacio abierto a Dios y para que el país se libere de la abominación de la idolatría. Un contenido esencial del concepto de libertad y de tierra es la idea de la obediencia a Dios y del modo correcto de tratar el mundo. En esta perspectiva se puede también entender el exilio, la privación de la tierra: se había convertido en un espacio de culto a los ídolos, de desobediencia y, así, la posesión de la tierra contradecía su razón de ser.

A partir de aquí se pudo ir desarrollando un modo nuevo, positivo, de entender la diáspora: Israel estaba diseminada por el mundo para crear por doquier espacio para Dios y, con ello, dar a la creación el sentido indicado en el primer relato del Génesis (cf. *Gn* 1, 1-2, 4). El sábado es el fin de la creación, indica su razón de ser: ésta existe porque Dios quería crear un espacio de respuesta a su amor, un lugar de obediencia y libertad. Así, de esta manera, en la sufrida aceptación de la historia de Israel con Dios se ha ido desarrollando gradualmente una ampliación y profundización de la idea de la tierra relacionada cada vez menos con la posesión nacional y cada vez más con el derecho universal de Dios sobre el mundo.

Naturalmente, en un primer momento, se puede ver en la relación entre «humildad» y promesa de la tierra una normalísima sabiduría histórica: los conquistadores van y vienen. Quedan los sencillos, los humildes, los que cultivan la tierra y continúan con la siembra y la cosecha entre penas y alegrías. Los humildes, los sencillos, son también desde el punto de vista puramente histórico más estables que los que usan la violencia. Pero hay algo más. La progresiva universalización del concepto de tierra a partir de los fundamentos teológicos de la esperanza se corresponde también con el horizonte universal que hemos encontrado en la promesa de Zacarías: la tierra del Rey de la paz no es un Estado nacional, se extiende «de mar a mar». La paz tiende a la superación de las fronteras y a un mundo nuevo, renovado por la paz que procede de Dios. El mundo pertenece al final a los «humildes», a los pacíficos, nos dice el Señor. Debe ser la «tierra del rey de la paz». La tercera Bienaventuranza nos invita a vivir en esta perspectiva.

Para nosotros los cristianos, cada reunión eucarística es un lugar donde reina el Rey de la paz. De este modo, la comunidad universal de la Iglesia de Jesucristo es un proyecto anticipador de la «tierra» de mañana, que deberá llegar a ser una tierra en la que reina la paz de Jesucristo. También aquí se ve la gran consonancia entre la tercera Bienaventuranza y la primera: nos permite ver algo mejor lo que significa el «Reino de Dios», aun cuando esta expresión va más allá de la promesa de la tierra.

Con esto hemos anticipado ya la séptima Bienaventuranza: «Dichosos los que trabajan por la paz, porque ellos serán llamados hijos de Dios» (*Mt* 5, 9). Un par de breves indicaciones bastarán para explicar estas palabras fundamentales de Jesús. Ante todo, permiten entrever el trasfondo de la historia universal. En el relato de la infancia de Jesús, Lucas había dejado ver el contraste entre este niño y el todopoderoso emperador Augusto, ensalzado como «salvador de todo el género humano» y el gran portador de paz. César ya había pretendido antes el título de «pacificador de la ecumene». En los creyentes de Israel salta a la memoria Salomón, cuyo nombre incluye el vocablo *shalom*, «paz». El Señor había prometido a David: «En sus días concederé paz y tranquilidad a Israel... Será para mí un hijo y yo seré para él un padre» (*1 Cro* 22, 9s). Con ello se pone en evidencia la relación entre filiación divina y realeza de la paz: Jesús es el Hijo, y lo es realmente. Por eso sólo Él es el verdadero «Salomón», el que trae la paz. Establecer la paz es inherente a la naturaleza del ser Hijo. La séptima Bienaventuranza, pues, invita a ser y a realizar lo que el Hijo hace, para así llegar a ser «hijos de Dios».

Esto vale en primer lugar en el ámbito restringido de la vida de cada uno. Comienza con esa decisión fundamental que Pablo apasionadamente nos pide en nombre de Dios: «En nombre de Cristo os pedimos que os reconciliéis con Dios» (*2 Co* 5, 20). La enemistad con Dios es el punto de partida de toda corrupción del hombre; superarla, es el presupuesto fundamental para la paz en el mundo. Sólo el hombre reconciliado con Dios puede estar también reconciliado y en armonía consigo mismo, y sólo el hombre reconciliado con Dios y consigo mismo puede crear paz a su alrededor y en todo el mundo. Pero la resonancia política que se percibe tanto en el relato lucano de la infancia de Jesús como aquí, en las Bienaventuranzas de Mateo, muestra todo el alcance de esta palabra. Que haya paz en la tierra (cf. *Lc* 2, 14) es voluntad de Dios y, por tanto, también una tarea encomendada al hombre. El cristiano sabe que el perdurar de la paz va unido a que el hombre se mantenga en la *eudokía* de Dios, en su «beneplácito». El empeño de estar en paz con Dios es una parte esencial del propósito por alcanzar la «paz en la tierra»; de ahí proceden los criterios y las fuerzas necesarias para realizar este compromiso. Cuando el hombre pierde de vista a Dios fracasa la paz y predomina la violencia, con atrocidades antes impensables, como lo vemos hoy de manera sobradamente clara.

Volvamos a la segunda Bienaventuranza: «Dichosos los afligidos, porque ellos serán consolados». ¿Es bueno estar afligidos y llamar bienaventurada a la aflicción? Hay dos tipos de aflicción: una, que ha perdido la esperanza, que ya no confía en el amor y la verdad, y por ello abate y destruye al hombre por dentro; pero también existe la aflicción provocada por la conmoción ante la verdad y que lleva al hombre a la conversión, a oponerse al mal. Esta tristeza regenera, porque enseña a los hombres a esperar y amar de nuevo. Un ejemplo de la primera aflicción es Judas, quien —profundamente abatido por su caída— pierde la esperanza y lleno de desesperación se ahorca. Un ejemplo del segundo tipo de aflicción es Pedro que, conmovido ante la mirada del Señor, prorrumpe en un llanto salvador: las lágrimas labran la tierra de su alma. Comienza de nuevo y se transforma en un hombre nuevo.

Este tipo positivo de aflicción, que se convierte en fuerza para combatir el poder del mal, queda reflejado de modo impresionante en Ezequiel 9, 4. Seis hombres reciben el encargo de castigar a Jerusalén, el país que estaba cubierto de sangre, la ciudad llena de violencia (cf. 9, 9). Pero antes, un hombre vestido de lino debe trazar una «*tau*» (una especie de cruz) en la frente de los «hombres que gimen y lloran por todas las abominaciones que se cometen en la ciudad» (9, 4), y los marcados quedan excluidos del castigo. Son personas que no siguen la manada, que no se dejan llevar por el espíritu gregario para participar en una injusticia que se ha convertido en algo normal, sino que sufren por ello. Aunque no está en sus manos cambiar la situación en su conjunto, se enfrentan al dominio del mal mediante la resistencia pasiva del sufrimiento: la aflicción que pone límites al poder del mal.

La tradición nos ha dejado otro ejemplo de aflicción salvadora: María, al pie de la cruz junto con su hermana, la esposa de Cleofás, y con María Magdalena y Juan. En un mundo plagado de crueldad, de cinismo o de connivencia provocada por el miedo, encontramos de nuevo —como en la visión de Ezequiel— un pequeño grupo de personas que se mantienen fieles; no pueden cambiar la desgracia, pero compartiendo el sufrimiento se ponen del lado del condenado, y con su amor compartido se ponen del lado de Dios, que es Amor. Este sufrimiento compartido nos hace pensar en las palabras sublimes de san Bernardo de Claraval en su comentario al Cantar de los Cantares (*Serm*. 26, n.5): «*impassibilis est Deus, sed non incompassibilis*», Dios no puede padecer, pero puede compadecerse. A los pies de la cruz de Jesús es donde mejor se entienden estas palabras: «Dichosos los afligidos, porque ellos serán consolados». Quien no endurece su corazón ante el dolor, ante la necesidad de los demás, quien no abre su alma al mal, sino que sufre bajo su opresión, dando razón así a la verdad, a Dios, ése abre la ventana del mundo de par en par para que entre la luz. A estos afligidos se les promete la gran consolación. En este sentido, la segunda Bienaventuranza guarda una estrecha relación con la octava: «Dichosos los perseguidos a causa de la justicia, porque de ellos es el reino de los cielos».

La aflicción de la que habla el Señor es el inconformismo con el mal, una forma de oponerse a lo que hacen todos y que se le impone al individuo como pauta de comportamiento. El mundo no soporta este tipo de resistencia, exige colaboracionismo. Esta aflicción le parece como una denuncia que se opone al aturdimiento de las conciencias, y lo es realmente. Por eso los afligidos son perseguidos a causa de la justicia. A los afligidos se les promete consuelo, a los perseguidos, el Reino de Dios; es la misma promesa que se hace a los pobres de espíritu. Las dos promesas son muy afines: el Reino de Dios, vivir bajo la protección del poder de Dios y cobijado en su amor, éste es el verdadero consuelo.

Y a la inversa: sólo entonces será consolado el que sufre; cuando ninguna violencia homicida pueda ya amenazar a los hombres de este mundo que no tienen poder, sólo entonces se secarán sus lágrimas completamente; el consuelo será total sólo cuando también el sufrimiento incomprendido del pasado reciba la luz de Dios y adquiera por su bondad un significado de reconciliación; el verdadero consuelo se manifestará sólo cuando «el último enemigo», la muerte (cf. *1 Co* 15, 26), sea aniquilado con todos sus cómplices. Así, la palabra sobre el consuelo nos ayuda a entender lo que significa el «Reino de Dios» (de los cielos) y, viceversa, el «Reino de Dios» nos da una idea del tipo de consuelo que el Señor tiene reservado a todos los que están afligidos o sufren en este mundo.

Llegados hasta aquí, debemos añadir algo más: para Mateo, para sus lectores y oyentes, la expresión «los perseguidos a causa de la justicia» tenía un significado profético. Para ellos se trataba de una alusión previa que el Señor hizo sobre la situación de la Iglesia en que estaban viviendo. Se había convertido en una Iglesia perseguida, perseguida «a causa de la justicia». En el lenguaje del Antiguo Testamento «justicia» expresa la fidelidad a la *Torá*, la fidelidad a la palabra de Dios, como habían reclamado siempre los profetas. Se trata del perseverar en la vía recta indicada por Dios, cuyo núcleo esta formado por los Diez Mandamientos. En el Nuevo Testamento, el concepto equivalente al de justicia en el Antiguo Testamento es el de la «fe»: el creyente es el «justo», el que sigue los caminos de Dios (cf. *Sal* 1; *Jr* 17, 5-8). Pues la fe es caminar con Cristo, en el cual se cumple toda la Ley; ella nos une a la justicia de Cristo mismo.

Los hombres perseguidos a causa de la justicia son los que viven de la justicia de Dios, de la fe. Como la aspiración del hombre tiende siempre a emanciparse de la voluntad de Dios y a seguirse sólo a sí mismo, la fe aparecerá siempre como algo que se contrapone al «mundo» —a los poderes dominantes en cada momento—, y por eso habrá persecución a causa de la justicia en todos los periodos de la historia. A la Iglesia perseguida de todos los tiempos se le dirige esta palabra de consuelo. En su falta de poder y en su sufrimiento, la Iglesia es consciente de que se encuentra allí donde llega el Reino de Dios.

Si, como ocurrió antes con las Bienaventuranzas precedentes, podemos encontrar en la promesa una dimensión eclesiológica, una explicación de la naturaleza de la Iglesia, también aquí nos podemos encontrar de nuevo con el fundamento cristológico de estas palabras: Cristo crucificado es el justo perseguido del que hablan las profecías del Antiguo Testamento, especialmente los cantos del siervo de Dios, y del que también Platón había tenido ya una vaga intuición (*La república*, II 361e-362a). Y así, Cristo mismo es la llegada del Reino de Dios. La Bienaventuranza supone una invitación a seguir al Crucificado, dirigida tanto al individuo como a la Iglesia en su conjunto.

La Bienaventuranza de los perseguidos contiene en la frase con que se concluyen los *macarismos* una variante que nos permite entrever algo nuevo. Jesús promete alegría, júbilo, una gran recompensa a los que por causa suya sean insultados, perseguidos o calumniados de cualquier modo (cf. *Mt* 5, 11). Entonces su Yo, el estar de su parte, se convierte en criterio de la justicia y de la salvación. Si bien en las otras Bienaventuranzas la cristología está presente de un modo velado, por así decirlo, aquí el anuncio de Cristo aparece claramente como el punto central del relato. Jesús da a su Yo un carácter normativo que ningún maestro de Israel ni ningún doctor de la Iglesia puede pretender para sí. El que habla así ya no es un profeta en el sentido hasta entonces conocido, mensajero y representante de otro; Él mismo es el punto de referencia de la vida recta, Él mismo es el fin y el centro.

A lo largo de las próximas meditaciones podremos apreciar cómo esta cristología directa es un elemento constitutivo del Sermón de la Montaña en su conjunto. Lo que hasta ahora sólo se ha insinuado, se irá desarrollando a medida que avancemos.

Escuchemos ahora la penúltima Bienaventuranza, que no hemos tratado todavía: «Dichosos los que tienen hambre y sed de justicia porque ellos serán saciados» (*Mt* 5, 6). Esta palabra es profundamente afín a la que se refiere a los afligidos que serán consolados: de la misma manera que en aquella reciben una promesa los que no se doblegan a la dictadura de las opiniones y costumbres dominantes, sino que se resisten en el sufrimiento, también aquí se trata de personas que miran en torno a sí en busca de lo que es grande, de la verdadera justicia, del bien verdadero. Para la tradición, esta actitud se encuentra resumida en una expresión que se halla en un estrato del Libro de Daniel. Allí se describe a Daniel como *vir desideriorum*, el hombre de deseos (9, 23 Vlg). La mirada se dirige a las personas que no se conforman con la realidad existente ni sofocan la inquietud del corazón, esa inquietud que remite al hombre a algo más grande y lo impulsa a emprender un camino interior, como los Magos de Oriente que buscan a Jesús, la estrella que muestra el camino hacia la verdad, hacia el amor, hacia Dios. Son personas con una sensibilidad interior que les permite oír y ver las señales sutiles que Dios envía al mundo y que así quebrantan la dictadura de lo acostumbrado.

¿Quién no pensaría aquí en los santos humildes en los que la Antigua Alianza se abre hacia la Nueva y se transforma en ella? ¿En Zacarías e Isabel, en María y José, en Simeón y Ana, quienes, cada uno a su modo, esperan con espíritu vigilante la salvación de Israel y, con su piedad humilde, con la paciencia de su espera y de su deseo, «preparan los caminos» al Señor? Pero, ¿cómo no pensar también en los doce Apóstoles, en hombres (como ya veremos) de procedencias espirituales y sociales muy distintas, que sin embargo en medio de su trabajo y su vida cotidiana mantuvieron el corazón abierto, dispuesto a escuchar la llamada de Aquel que es más grande? ¿O en el celo apasionado de san Pablo por la justicia, que aunque mal encaminado lo prepara para ser derribado por Dios y llevado hacia una nueva clarividencia? Podríamos recorrer así toda la historia. Edith Stein dijo en cierta ocasión que quien busca con sinceridad y apasionadamente la verdad está en el camino de Cristo. De esas personas habla la Bienaventuranza, de esa hambre y esa sed que son dichosas porque llevan a los hombres a Dios, a Cristo, y por eso abren el mundo al Reino de Dios.

Me parece que éste es el punto en el que habría que decir algo, a partir del Nuevo Testamento, sobre la salvación de los que no conocen a Cristo. El pensamiento contemporáneo tiende a sostener que cada uno debe vivir su religión, o quizás también el ateísmo en que se encuentra. De ese modo alcanzará la salvación. Semejante opinión presupone una imagen de Dios muy extraña y una extraña idea sobre el hombre y el modo correcto de ser hombre. Intentemos explicarlo mediante un par de preguntas prácticas. ¿Se salvará alguien y será reconocido por Dios como un hombre recto, porque ha respetado en conciencia el deber de la venganza sangrienta? ¿Porque se ha comprometido firmemente *con* y *en la* «guerra santa»? ¿O porque ha ofrecido en sacrificio determinados animales? ¿O porque ha respetado las abluciones rituales u otras observancias religiosas? ¿Porque ha convertido sus opiniones y deseos en norma de su conciencia y se ha erigido a sí mismo en el criterio a seguir? No, Dios pide lo contrario: exige mantener nuestro espíritu despierto para poder escuchar su hablarnos silencioso, que está en nosotros y nos rescata de la simple rutina conduciéndonos por el camino de la verdad; exige personas que tengan «hambre y sed de justicia»: ése es el camino que se abre para todos; es el camino que finaliza en Jesucristo.

Queda aún el *Macarismo*: «Dichosos los limpios de corazón, porque ellos verán a Dios» (*Mt* 5, 8). A Dios se le puede ver con el corazón: la simple razón no basta. Para que el hombre sea capaz de percibir a Dios han de estar en armonía todas las fuerzas de su existencia.

La voluntad debe ser pura y, ya antes, debe serlo también la base afectiva del alma, que indica a la razón y a la voluntad la dirección a seguir. La palabra «corazón» se refiere precisamente a esta interrelación interna de las capacidades perceptivas del hombre, en la que también entra en juego la correcta unión de cuerpo y alma, como corresponde a la totalidad de la criatura llamada «hombre». La disposición afectiva fundamental del hombre depende precisamente también de esta unidad de alma y cuerpo, así como del hecho de que acepte a la vez su ser cuerpo y su ser espíritu; de que someta el cuerpo a la disciplina del espíritu, pero sin aislar la razón o la voluntad sino que, aceptando de Dios su propio ser, reconozca y viva también la corporeidad de su existencia como riqueza para el espíritu. El corazón, la totalidad del hombre, ha de ser pura, profundamente abierta y libre para que pueda ver a Dios. Teófilo de Antioquía († c. 180) lo expresó del siguiente modo en un debate: «Si tú me dices: "muéstrame a tu Dios", yo te diré a mi vez: "muéstrame tú al hombre que hay en ti"… En efecto, ven a Dios los que son capaces de mirarlo, porque tienen abiertos los ojos del espíritu… El alma del hombre tiene que ser pura, como un espejo reluciente…» (*Ad Autolycum*, I, 2.7: *PG*, VI, 1025.1028).

Así surge la pregunta: ¿cómo se vuelve puro el ojo interior del hombre? ¿Cómo se puede retirar la catarata que nubla su mirada o al final la ciega por completo? La tradición mística del «camino de purificación», que asciende hasta la «unión», ha intentado dar una respuesta a esta pregunta. Ante todo, debemos leer las Bienaventuranzas en el contexto bíblico. Allí encontramos el tema, sobre todo en el Salmo 24, expresión de una antigua liturgia de entrada en el santuario: «¿Quién puede subir al monte del Señor? ¿Quién puede estar en su recinto sacro? El hombre de manos inocentes y puro corazón, que no confía en los ídolos, ni jura contra el prójimo en falso» (v. 3s). Ante la puerta del templo surge la pregunta de quién puede estar allí, cerca del Dios vivo: las condiciones son «manos inocentes y puro corazón».

El Salmo explica de varios modos el contenido de estas condiciones para entrar en la morada de Dios. Una condición indispensable es que las personas que quieran llegar a la casa de Dios pregunten por Él, busquen su rostro (v. 6): por tanto, como requisito fundamental vuelve a aparecer la misma actitud que hemos encontrado descrita antes en las palabras «hambre y sed de justicia». Preguntar por Dios, buscar su rostro: ésa es la primera condición para subir al encuentro con Dios. Pero ya antes, como contenido del concepto de manos inocentes y puro corazón, se ha indicado la exigencia de que el hombre no jure en falso contra el prójimo: esto es, la honradez, la sinceridad, la justicia con el prójimo y con la sociedad, eso que podríamos denominar el *ethos* social, pero que en realidad llega hasta lo más hondo del corazón.

El Salmo 15 lo desarrolla aún más, de forma que se puede decir que la condición para llegar a Dios es simplemente el contenido esencial del Decálogo, poniendo el acento en la búsqueda interior de Dios, en el caminar hacia Él (primera tabla) y en el amor al prójimo, en la justicia para con el individuo y la comunidad (segunda tabla). No se mencionan condiciones basadas específicamente en el conocimiento que procede de la revelación, sino el «preguntar por Dios» y los fundamentos de la justicia que una conciencia atenta —despierta precisamente gracias a la búsqueda de Dios— le dice a cada uno. Las consideraciones que hemos hecho precedentemente sobre la cuestión de la salvación tienen aquí una ulterior confirmación.

Sin embargo, en boca de Jesús la palabra adquiere una nueva profundidad. Es propio de su naturaleza específica el ver a Dios, el estar cara a cara delante de Él, en un continuo intercambio interior con Él, viviendo su existencia como Hijo. Así la expresión adquiere un valor profundamente cristológico. Veremos a Dios cuando entremos en los mismos «sentimientos de Cristo» (*Flp* 2, 5). La purificación del corazón se produce al seguir a Cristo, al ser uno con Él. «Vivo yo, pero no soy yo, es Cristo quien vive en mí» (*Ga* 2, 20). Y aquí surge algo nuevo: el ascenso a Dios se produce precisamente en el descenso del servicio humilde, en el descenso del amor, que es la esencia de Dios y, por eso, la verdadera fuerza purificadora que capacita al hombre para percibir y ver a Dios. En Jesucristo Dios mismo se manifiesta en ese descenso: «El cual, a pesar de su condición divina, no hizo alarde de su categoría de Dios; al contrario, se despojó de su rango y tomó la condición de esclavo, pasando por uno de tantos... se rebajó hasta someterse incluso a la muerte, y una muerte de cruz. Por eso Dios lo exaltó...» (*Flp* 2, 6-9).

Estas palabras marcan un cambio decisivo en la historia de la mística. Muestran la novedad de la mística cristiana, que procede de la novedad de la revelación en Cristo Jesús. Dios desciende hasta la muerte en la cruz. Y precisamente así se revela en su verdadero carácter divino. El ascenso a Dios se produce cuando se le acompaña en ese descenso. La liturgia de entrada en el santuario del Salmo 24 adquiere así un nuevo significado: el corazón puro es el corazón que ama, que entra en comunión de servicio y de obediencia con Jesucristo. El amor es el fuego que purifica y une razón, voluntad y sentimiento, que unifica al hombre en sí mismo gracias a la acción unificadora de Dios, de forma que se convierte en siervo de la unificación de quienes estaban divididos: así entra el hombre en la morada de Dios y puede verlo. Y eso significa precisamente ser bienaventurado.

Tras este intento de profundizar algo más en la visión interior de las Bienaventuranzas —no tratamos aquí el tema de los «misericordiosos» del que nos ocuparemos en el contexto de la parábola del buen samaritano— hemos de plantearnos todavía brevemente un par de preguntas más con el fin de entender el conjunto. En Lucas, tras las Bienaventuranzas siguen cuatro invectivas: «Ay de vosotros, los ricos... Ay de vosotros, los que estáis saciados... Ay de los que ahora reís... Ay si todo el mundo habla bien de vosotros...» (*Lc* 6, 24-26). Estas palabras nos asustan. ¿Qué debemos pensar?

En primer lugar, se puede constatar que de esta manera Jesús sigue el esquema que encontramos también en Jeremías 17 y en el Salmo 1: a la descripción del recto camino, que lleva al hombre a la salvación, se contrapone la señal de peligro que desenmascara las promesas y ofertas falsas, con el fin de evitar que el hombre tome un camino que le llevaría fatalmente a un precipicio mortal. Esto mismo lo volveremos a encontrar en la parábola del rico epulón y del pobre Lázaro.

Quien comprende correctamente los signos de esperanza que se nos ofrecen en las Bienaventuranzas, reconoce aquí fácilmente las actitudes contrarias que atan al hombre a lo aparente, lo provisional, y que llevándolo a la pérdida de su grandeza y profundidad, y con esto a la pérdida de Dios y del prójimo, lo encaminan a la ruina. De esta manera, sin embargo, se hace comprensible también la verdadera intención de estas señales de peligro: las invectivas no son condenas, no son expresión de odio, envidia o enemistad. No se trata de una condena, sino de una advertencia que quiere salvar.

Pero ahora se plantea la cuestión fundamental: ¿es correcta la orientación que el Señor nos da en las Bienaventuranzas y en las advertencias contrarias? ¿Es realmente malo ser rico, estar satisfecho, reír, que hablen bien de nosotros? Friedrich Nietzsche se apoyó precisamente en este punto para su iracunda crítica al cristianismo. No sería la doctrina cristiana lo que habría que criticar: se debería censurar la moral del cristianismo como un «crimen capital contra la vida». Y con «moral del cristianismo» quería referirse exactamente al camino que nos señala el Sermón de la Montaña.

«¿Cuál había sido hasta hoy el mayor pecado sobre la tierra? ¿No había sido quizás la palabra de quien dijo: "Ay de los que ríen"?». Y contra las promesas de Cristo dice: no queremos en absoluto el reino de los cielos. «Nosotros hemos llegado a ser hombres, y por tanto queremos el reino de la tierra».

La visión del Sermón de la Montaña aparece como una religión del resentimiento, como la envidia de los cobardes e incapaces, que no están a la altura de la vida, y quieren vengarse con las Bienaventuranzas, exaltando su fracaso e injuriando a los fuertes, a los que tienen éxito, a los que son afortunados. A la amplitud de miras de Jesús se le opone una concentración angosta en las realidades de aquí abajo, la voluntad de aprovechar ahora el mundo y lo que la vida ofrece, de buscar el cielo aquí abajo y no dejarse inhibir por ningún tipo de escrúpulo.

Muchas de estas ideas han penetrado en la conciencia moderna y determinan en gran medida el modo actual de ver la vida. De esta manera, el Sermón de la Montaña plantea la cuestión de la opción de fondo del cristianismo, y como hijos de este tiempo sentimos la resistencia interior contra esta opción, aunque a pesar de todo nos haga mella el elogio de los mansos, de los compasivos, de quienes trabajan por la paz, de las personas íntegras. Después de las experiencias de los regímenes totalitarios, del modo brutal en que han pisoteado a los hombres, humillado, avasallado, golpeado a los débiles, comprendemos también de nuevo a los que tienen hambre y sed de justicia; redescubrimos el alma de los afligidos y su derecho a ser consolados. Ante el abuso del poder económico, de las crueldades del capitalismo que degrada al hombre a la categoría de mercancía, hemos comenzado a comprender mejor el peligro que supone la riqueza y entendemos de manera nueva lo que Jesús quería decir al prevenirnos ante ella, ante el dios Mammon que destruye al hombre, estrangulando despiadadamente con sus manos una gran parte del mundo. Sí, las Bienaventuranzas se oponen a nuestro gusto espontáneo por la vida, a nuestra hambre y sed de vida. Exigen «conversión», un cambio de marcha interior respecto a la dirección que tomaríamos espontáneamente. Pero esta conversión saca a la luz lo que es puro y más elevado, dispone nuestra existencia de manera correcta.

El mundo griego, cuya alegría de vivir se refleja tan maravillosamente en las epopeyas de Homero, sabía muy bien que el verdadero pecado del hombre, su mayor peligro, es la *hýbris*, la arrogante autosuficiencia con la que el hombre se erige en divinidad: quiere ser él mismo su propio dios, para ser dueño absoluto de su vida y sacar provecho así de todo lo que ella le puede ofrecer. Esta conciencia de que la verdadera amenaza para el hombre es la conciencia de autosuficiencia de la que se ufana, que en principio parece tan evidente, se desarrolla con toda profundidad en el Sermón de la Montaña a partir de la figura de Cristo.

Hemos visto que el Sermón de la Montaña es una cristología encubierta. Tras ella está la figura de Cristo, de ese hombre que es Dios, pero que precisamente por eso desciende, se despoja de su grandeza hasta la muerte en la cruz. Los santos, desde Pablo hasta la madre Teresa pasando por Francisco de Asís, han vivido esta opción y con ello nos han mostrado la imagen correcta del hombre y de su felicidad. En una palabra: la verdadera «moral» del cristianismo es el amor. Y éste, obviamente, se opone al egoísmo; es un salir de uno mismo, pero es precisamente de este modo como el hombre se encuentra consigo mismo. Frente al tentador brillo de la imagen del hombre que da Nietzsche, este camino parece en principio miserable, incluso poco razonable. Pero es el verdadero «camino de alta montaña» de la vida; sólo por la vía del amor, cuyas sendas se describen en el Sermón de la Montaña, se descubre la riqueza de la vida, la grandiosidad de la vocación del hombre.

2. LA *TORÁ* DEL MESÍAS

Se ha dicho – pero yo os digo

Del Mesías se esperaba que trajera una nueva *Torá*, su *Torá*. Es posible que Pablo aluda precisamente a esto cuando en la Carta a los Gálatas habla de la «ley de Cristo» (6, 2): su apasionada y gran defensa de la libertad de la Ley culmina en el quinto capítulo con las palabras siguientes: «Para que seamos libres nos ha liberado Cristo. Permaneced, pues, firmes y no os dejéis someter de nuevo al yugo de la esclavitud» (5, 1s). Pero luego, cuando en 5, 13, repite de nuevo la idea «Habéis sido llamados a la libertad», añade: «Pero no toméis la libertad como pretexto para vuestros apetitos desordenados, antes bien, haceos esclavos los unos de los otros por amor». Y entonces explica qué es la libertad: es libertad para el bien, libertad que se deja guiar por el espíritu de Dios, y es precisamente dejándose guiar por el espíritu de Dios como se encuentra la forma de liberarse de la Ley. Inmediatamente después Pablo nos explica el contenido de la libertad del Espíritu y lo que es incompatible con ella.

La «ley de Cristo» es la libertad: ésa es la paradoja del mensaje de la Carta a los Gálatas. Esa libertad, por tanto, tiene un contenido, una orientación, y por ello está en contradicción con todo lo que aparentemente libera al hombre, mientras que en realidad lo esclaviza. La «*Torá* del Mesías» es totalmente nueva, diferente, pero precisamente por eso «da cumplimiento» a la *Torá* de Moisés.

La mayor parte del Sermón de la Montaña (cf. *Mt* 5, 17-7, 27) está dedicada al mismo tema: tras una introducción programática, que son las Bienaventuranzas, nos presenta, por así decirlo, la *Torá* del Mesías. También si tenemos en cuenta los destinatarios y los propósitos, hay una analogía con la Carta a los Gálatas: Pablo escribe a judeocristianos que habían comenzado a dudar sobre si no sería una obligación seguir observando toda la *Torá*, tal como ésta se había comprendido hasta entonces.

Esta incertidumbre se refería sobre todo a la circuncisión, a los preceptos sobre los alimentos, a todo lo concerniente a la purificación y a la forma de observar el sábado. Pablo ve en esto un retroceso respecto a la novedad mesiánica, con el cual se pierde lo fundamental del cambio que se ha producido: la universalización del pueblo de Dios, en virtud de la cual Israel puede abarcar ahora a todos los pueblos del mundo y el Dios de Israel ha sido llevado realmente —según las promesas— a todos los pueblos, se manifiesta como el Dios de todos ellos, como el único Dios.

Ya no es decisiva la «carne» —la descendencia física de Abraham—, sino el «espíritu»: el participar en la herencia de fe y de vida de Israel mediante la comunión con Jesucristo, el cual «espiritualiza» la Ley convirtiéndola así en camino de vida abierto a todos. En el Sermón de la Montaña Jesús habla a su pueblo, a Israel, en cuanto primer portador de la promesa. Pero al entregarle la nueva *Torá* lo amplía, de modo que ahora, tanto de Israel como de los demás pueblos, pueda nacer una nueva gran familia de Dios.

Mateo escribió su Evangelio para judeocristianos y pensando en el mundo judío, para dar nuevo vigor al gran impulso que había llegado con Jesús. A través de su Evangelio, Jesús habla de modo nuevo y de continuo a Israel. En el momento histórico de Mateo, habla muy especialmente a los judeocristianos, que reconocen así la novedad y la continuidad de la historia de Dios con la humanidad, comenzada con Abraham, y del cambio profundo introducido en ella por Jesús; así deben encontrar el camino de la vida.

Pero, ¿cómo es esa *Torá* del Mesías? Al comienzo, y como encabezamiento y clave de interpretación, nos encontramos, por así decirlo, con unas palabras siempre sorprendentes y que aclaran de modo inequívoco la fidelidad de Dios a sí mismo y la lealtad de Jesús a la fe de Israel: «No creáis que he venido a abolir la Ley o los Profetas: no he venido a abolir, sino a dar plenitud. Os aseguro que antes pasarán el cielo y la tierra que deje de cumplirse hasta la última letra o tilde de la Ley. El que se salte uno solo de los preceptos menos importantes, y se lo enseñe así a los hombres, será el menos importante en el reino de los cielos. Pero quien los cumpla y enseñe será grande en el reino de los cielos» (*Mt* 5, 17-19).

No se trata de abolir, sino de llevar a cumplimiento, y este cumplimiento exige algo más y no algo menos de justicia, como Jesús dice a continuación: «Os lo aseguro: si no sois mejores que los letrados y los fariseos, no entraréis en el reino de los cielos» (5, 20). ¿Se trata, pues, tan sólo de un mayor rigorismo en la obediencia de la Ley? ¿Qué es si no esta justicia mayor?

Si al comienzo de la «*relecture*» —de la nueva lectura de partes esenciales de la *Torá*— se pone el acento en la máxima fidelidad, en la continuidad inquebrantable, al seguir leyendo llama la atención que Jesús presenta la relación de la *Torá* de Moisés con la *Torá* del Mesías mediante una serie de antítesis: a los antiguos se les ha dicho, pero yo os digo. El Yo de Jesús destaca de un modo como ningún maestro de la Ley se lo puede permitir. La multitud lo nota; Mateo nos dice claramente que el pueblo «estaba espantado» de su forma de enseñar. No enseñaba como lo hacen los rabinos, sino como alguien que tiene «autoridad» (7, 28; cf. *Mc* 1, 22; *Lc* 4, 32). Naturalmente, con estas expresiones no se hace referencia a la calidad retórica de las palabras de Jesús, sino a la reivindicación evidente de estar al mismo nivel que el Legislador, a la misma altura que Dios. El «espanto» (término que normalmente se ha suavizado traduciéndolo por «asombro») es precisamente el miedo ante una persona que se atreve a hablar con la autoridad de Dios. De esta manera, o bien atenta contra la majestad de Dios, lo que sería terrible, o bien —lo que parece prácticamente inconcebible— está realmente a la misma altura de Dios

¿Cómo debemos entender entonces esta *Torá* del Mesías? ¿Qué camino nos indica? ¿Qué nos dice sobre Jesús, sobre Israel, sobre la Iglesia, sobre nosotros mismos y a nosotros mismos? En la búsqueda de una respuesta a estas preguntas me ha sido de gran ayuda el libro ya citado del erudito judío Jacob Neusner: *A Rabbi talks with Jesus* [*Un rabino habla con Jesús*].

Neusner, judío observante y rabino, creció siendo amigo de cristianos católicos y evangélicos, enseña junto a teólogos cristianos en la Universidad y siente un profundo respeto por la fe de sus colegas cristianos, aunque por supuesto está totalmente convencido de la validez de la interpretación judía de las Sagradas Escrituras. Su profundo respeto hacia la fe cristiana y su fidelidad al judaísmo le han llevado a buscar el diálogo con Jesús.

En este libro, el autor se mezcla con el grupo de los discípulos en el «monte» de Galilea. Escucha a Jesús, compara sus palabras con las del Antiguo Testamento y con las tradiciones rabínicas fijadas en la *Misná* y el *Talmud*. Ve en estas obras la presencia de tradiciones orales que se remontan a los comienzos y que le dan la clave para interpretar la *Torá*. Escucha, compara y habla con el mismo Jesús. Está emocionado por la grandeza y la pureza de sus palabras pero, al mismo tiempo, inquieto ante esa incompatibilidad que en definitiva encuentra en el núcleo del Sermón de la Montaña. Luego acompaña a Jesús en su camino hacia Jerusalén, se percata de que en sus palabras vuelve a aparecer el mismo tema y que va poco a poco desarrollándolo. Intenta continuamente comprender, continuamente le conmueve la grandeza de Jesús, y vuelve siempre a hablar con Él. Pero al final decide no seguirle. Permanece fiel a lo que él llama el «Israel eterno» (p. 143).

El diálogo del rabino con Jesús muestra cómo la fe en la palabra de Dios que se encuentra en las Sagradas Escrituras resulta actual en todos los tiempos: a través de la Escritura el rabino puede penetrar en el hoy de Jesús y, a partir de la Escritura Jesús llega a nuestro hoy. Este diálogo se produce con gran sinceridad y deja ver toda la dureza de las diferencias; pero también transcurre en un clima de gran amor: el rabino acepta que el mensaje de Jesús es otro y se despide con una separación que no conoce el odio y, no obstante todo el rigor de la verdad, tiene presente siempre la fuerza conciliadora del amor.

Intentemos retomar lo esencial de esta conversación para comprender mejor a Jesús y entender más a fondo a nuestros hermanos judíos. El punto central se ve claramente —a mi parecer— en una de las escenas más impresionantes que Neusner imagina en su libro. En su diálogo interior, Neusner había seguido todo el día a Jesús; por fin se retira a orar y a estudiar la *Torá* con los judíos de una pequeña ciudad, para después comentar lo escuchado con el rabino de allí, siempre en la idea de la contemporaneidad a través de los siglos. El rabino toma una cita del *Talmud* babilónico: «El rabino Simlaj expuso: 613 (prescripciones) fueron dadas a Moisés; 365 prohibiciones corresponden a los días del año solar, y 248 preceptos corresponden a las partes del cuerpo humano. Entonces vino David y los redujo a 11... Luego vino Isaías y los redujo a 6... Luego vino Isaías de nuevo y los redujo a dos... Más aún: vino luego Habacuc y los redujo a uno sólo, pues se dice: "El justo vivirá por su fe" (*Ha* 2, 4)» (p. 95s).

En el libro de Neusner se incluye a continuación la siguiente conversación: «"¿Y así —pregunta el maestro— es esto todo lo que ha dicho el sabio Jesús?". Yo: "No exactamente, pero aproximadamente sí". Él: "¿Qué ha dejado fuera?". Yo: "Nada". Él: "¿Qué ha añadido?". Yo: "A sí mismo"» (p. 96). Éste es el núcleo del «espanto» del judío observante Neusner ante el mensaje de Jesús, y el motivo central por el que no quiere seguir a Jesús y permanece fiel al «Israel eterno»: la centralidad del Yo de Jesús en su mensaje, que da a todo una nueva orientación. Neusner, como prueba de esta «añadidura», cita aquí las palabras de Jesús al joven rico: «Si quieres ser perfecto, ve, vende lo que tienes y sígue*me*» (cf. *Mt* 19, 21; p. 97). La perfección, el ser santo como lo es Dios, exigida por la *Torá* (cf. *Lv* 19, 2; 11, 44), consiste ahora en seguir a Jesús.

Neusner, con gran respeto y temor, se limita a tratar esta misteriosa equiparación de Jesús con Dios como se refleja en las palabras del Sermón de la Montaña, pero sus análisis muestran que éste es el punto en el que el mensaje de Jesús se diferencia fundamentalmente de la fe del «Israel eterno». Lo hace a partir de tres preceptos esenciales, examinando el comportamiento de Jesús respecto a ellos: el cuarto mandamiento, el amor a los padres; el tercer mandamiento, la observancia del sábado; y, por último, el precepto de ser santo del que ya hemos hablado. Llega así a la conclusión, para él inquietante, de que evidentemente Jesús no quiere que se sigan estos tres preceptos fundamentales de Dios, sino que se le siga a Él.

La disputa sobre el sábado

Sigamos el diálogo de Neusner, el judío creyente, con Jesús y comencemos con el sábado, cuya observancia escrupulosa es para Israel la expresión central de su existencia como vida en la Alianza con Dios. Incluso quien lee los Evangelios superficialmente sabe que el debate sobre lo que es o no propio del sábado está en el centro del contraste de Jesús con el pueblo de Israel de su tiempo. La interpretación habitual dice que Jesús acabó con una práctica legalista restrictiva introduciendo en su lugar una visión más generosa y liberal, que abría las puertas a una forma de actuar razonable, adaptada a cada situación. Como prueba se utiliza la frase: «El sábado ha sido hecho para el hombre, y no el hombre para el sábado» (*Mc* 2, 27), y que muestra una visión antropocéntrica de toda la realidad, de la cual resultaría obvia una interpretación «liberal» de los mandamientos. Así, precisamente del conflicto en torno al sábado, se ha sacado la imagen del Jesús liberal. Su crítica al judaísmo de su tiempo sería la crítica del hombre de sentimientos liberales y razonables a un legalismo anquilosado, en el fondo hipócrita, que degradaba la religión a un sistema servil de preceptos a fin de cuentas poco razonables, que serían un impedimento para el desarrollo de la actuación del hombre y de su libertad. Es obvio que una concepción semejante no podía generar una imagen muy atrayente del judaísmo; sin embargo, la crítica moderna —a partir de la Reforma— ha visto representado en el catolicismo este elemento «judío», así concebido.

En cualquier caso, aquí se plantea la cuestión de Jesús —quién era realmente y qué es lo que de verdad quería— y también toda la cuestión sobre judaísmo y el cristianismo: ¿fue Jesús en realidad un rabino liberal, un precursor del liberalismo cristiano? ¿Es el Cristo de la fe y, por consiguiente, toda la fe de la Iglesia, un gran error?

Con sorprendente rapidez, Neusner deja a un lado este tipo de interpretación; puede hacerlo porque pone al descubierto de un modo convincente el verdadero punto central de la controversia. Con respecto a la discusión con los discípulos que arrancaban las espigas tan sólo afirma: «Lo que me inquieta no es que los discípulos incumplan el precepto de respetar el sábado. Eso sería irrelevante y pasaría por alto el núcleo de la cuestión» (p. 69). Sin duda, cuando leemos la controversia sobre las curaciones en el sábado, y los relatos sobre el dolor lleno de indignación del Señor por la dureza de corazón de los partidarios de la interpretación dominante del sábado, podemos ver que en estos conflictos están en juego las preguntas más profundas sobre el hombre y el modo correcto de honrar a Dios. Por tanto, tampoco este aspecto del conflicto es algo simplemente «trivial». Pero Neusner tiene razón cuando ve el núcleo de la controversia en la respuesta de Jesús a quien le reprochaba que los discípulos recogieran las espigas en sábado.

Jesús defiende el modo con el cual sus discípulos sacian su hambre, primero con la referencia a David, que con sus compañeros comió en la casa del Señor los panes de la ofrenda «que ni a él ni a los suyos les estaba permitido comer, sino sólo a los sacerdotes». Luego añade: «¿Y no habéis leído en la Ley que los sacerdotes pueden violar el sábado en el templo sin incurrir en culpa? Pues os digo que aquí hay uno que es más grande que el templo. Si comprendierais lo que significa "quiero misericordia y no sacrificio" (cf. *Os* 6, 6; *1 S* 15, 22), no condenaríais a los que no tienen culpa. Porque el hijo del hombre es señor del sábado» (*Mt* 12, 4-8). Neusner añade: «Él [Jesús] y sus discípulos pueden hacer en sábado lo que hacen, porque se han puesto en el lugar de los sacerdotes en el templo: el lugar sagrado se ha trasladado. Ahora está en el círculo del maestro con sus discípulos» (p. 68s).

Aquí nos tenemos que detener un momento para ver lo que significaba el sábado para Israel y entender así lo que está en juego en esta disputa. En el relato de la creación, se dice que Dios descansó el séptimo día. «En ese día celebramos la creación», deduce Neusner con razón (p. 59). Y continúa: «No trabajar en sábado significa algo más que cumplir escrupulosamente un rito. Es un modo de imitar a Dios» (p. 60). Por tanto, del sábado forma parte no sólo el aspecto negativo de no realizar actividades externas, sino también lo positivo del «descanso», que implica además una dimensión espacial: «Para respetar el sábado hay que quedarse en casa. No basta con abstenerse de realizar cualquier tipo de trabajo, también hay que descansar, restablecer en un día de la semana el círculo de la familia y el hogar, cada uno en su casa y en su sitio» (p. 66). El sábado no es sólo un asunto de religiosidad individual, sino el núcleo de un orden social: «Ese día convierte al Israel eterno en lo que es, en el pueblo que, al igual que Dios después de la creación, descansa al séptimo día de su creación» (p. 59).

Aquí podríamos reflexionar sobre lo saludable que sería también para nuestra sociedad actual que las familias pasaran un día juntas, que la casa se convirtiera en hogar y realización de la comunión en el descanso de Dios. Pero dejemos esta idea de momento y sigamos en el diálogo entre Jesús e Israel, que es también inevitablemente un diálogo entre Jesús y nosotros, así como nuestro diálogo con el pueblo judío de hoy.

El tema del «descanso» como elemento constitutivo del sábado permite a Neusner ponerse en relación con el grito de júbilo de Jesús, que en el Evangelio de Mateo precede a la narración de la recogida de espigas por parte de los discípulos. Es el llamado grito de júbilo mesiánico, que comienza: «Te doy gracias, Padre, Señor del cielo y de la tierra, porque has escondido estas cosas a los sabios y entendidos, y se las has revelado a la gente sencilla...» (*Mt* 11, 25-30). En nuestra interpretación habitual, éstos aparecen como dos textos evangélicos muy diferentes entre sí: uno habla de la divinidad de Jesús, el otro de la disputa en torno al sábado. Neusner deja claro que ambos textos están estrechamente relacionados, pues en los dos casos se trata del misterio de Jesús, del «Hijo del hombre», del «Hijo» por excelencia.

Las frases inmediatamente precedentes a la narración sobre el sábado son: «Venid a mí todos los que estáis cansados y agobiados y yo os aliviaré. Cargad con mi yugo y aprended de mí, que soy manso y humilde de corazón, y encontraréis vuestro descanso. Porque mi yugo es llevadero y mi carga ligera» (*Mt* 11, 28-30). Generalmente estas palabras son interpretadas desde la idea del Jesús liberal, es decir, desde un punto de vista moralista: la interpretación liberal de la Ley que hace Jesús facilita la vida frente al «legalismo judío». Sin embargo, en la práctica, esta lectura no resulta muy convincente, pues seguir a Jesús no resulta cómodo, y además Jesús nunca dijo nada parecido. ¿Pero entonces qué?

Neusner nos muestra que no se trata de una forma de moralismo, sino de un texto de alto contenido teológico, o digámoslo con mayor exactitud, de un texto cristológico. A través del tema del descanso, y el que está relacionado con el de la fatiga y la opresión, el texto se conecta con la cuestión del sábado. El descanso del que se trata ahora tiene que ver con Jesús. Las enseñanzas de Jesús sobre el sábado aparecen ahora en perfecta consonancia con este grito de júbilo y con las palabras del Hijo del hombre como señor del sábado. Neusner resume del siguiente modo el contenido de toda la cuestión: «Mi yugo es ligero, yo os doy descanso. El Hijo del hombre es el verdadero señor del sábado. Pues el Hijo del hombre es ahora el sábado de Israel; es nuestro modo de comportarnos como Dios» (p. 72).

Ahora Neusner puede decir con más claridad que antes: «¡No es de extrañar, por tanto, que el Hijo del hombre sea señor del sábado! No es porque haya interpretado de un modo liberal las restricciones del sábado... Jesús no fue simplemente un rabino reformador que quería hacer la vida "más fácil" a los hombres... No, aquí no se trata de aligerar una carga... Está en juego la reivindicación de autoridad por parte de Jesús...» (p. 71). «Ahora Jesús está en la montaña y ocupa el lugar de la *Torá*» (p. 73). El diálogo del judío observante con Jesús llega aquí al punto decisivo. Ahora, desde su exquisito respeto, el rabino no pregunta directamente a Jesús, sino que se dirige al discípulo de Jesús: «"¿Es realmente cierto que tu maestro, el Hijo del hombre, es el señor del sábado?". Y como lo hacía antes, vuelvo a preguntar: "Tu maestro ¿es Dios?"» (p. 74).

Con ello se pone al descubierto el auténtico núcleo del conflicto. Jesús se ve a sí mismo como la *Torá*, como la palabra de Dios en persona. El grandioso Prólogo del Evangelio de Juan —«En el principio ya existía la Palabra, y la Palabra estaba junto a Dios, y la Palabra era Dios»— no dice otra cosa que lo que dice el Jesús del Sermón de la Montaña y el Jesús de los Evangelios sinópticos. El Jesús del cuarto Evangelio y el Jesús de los Evangelios sinópticos es la misma e idéntica persona: el verdadero Jesús «histórico».

El núcleo de las disputas sobre el sábado es la cuestión sobre el Hijo del hombre, la cuestión referente a Jesucristo mismo. Volvemos a ver cuánto se equivocaban Harnack y la exegesis liberal que le siguió con la idea de que en el Evangelio de Jesús no tiene cabida el Hijo, no tiene cabida Cristo: en realidad, Él es siempre su centro.

Pero ahora tenemos que fijarnos en otro aspecto de la cuestión que encontraremos más claramente al tratar el cuarto mandamiento: lo que al rabino Neusner le inquieta del mensaje de Jesús sobre el sábado no es sólo la centralidad de Jesús mismo; la expone claramente pero, con todo, no es eso lo que objeta, sino sus consecuencias para la vida concreta de Israel: el sábado pierde su gran función social. Es uno de los elementos primordiales que mantienen unido al pueblo de Israel como tal. El hacer de Jesús el centro rompe esta estructura sacra y pone en peligro un elemento esencial para la cohesión del pueblo.

La reivindicación de Jesús comporta que la comunidad de los discípulos de Jesús es el nuevo Israel. ¿Acaso no debe inquietar esto a quien lleva en el corazón al «Israel eterno»? También se encuentra relacionada con la cuestión sobre la pretensión de Jesús de ser Él mismo la *Torá* y el templo en persona, el tema de Israel, la cuestión de la comunidad viva del pueblo, en el cual se realiza la palabra de Dios. Neusner ha destacado precisamente este segundo aspecto en la parte más extensa de su libro, como veremos a continuación.

Ahora se plantea también para el cristiano la siguiente cuestión: ¿era justo poner en peligro la gran función social del sábado, romper el orden sacro de Israel en favor de una comunidad de discípulos que sólo se pueden definir, por así decirlo, a partir de la figura de Jesús? Esta cuestión se podría y se puede aclarar sólo en la comunidad de discípulos que se ha ido formando: la Iglesia. Pero no podemos seguir aquí su desarrollo. La resurrección de Jesús «el primer día de la semana» hizo que, para los cristianos, ese «primer día» —el comienzo de la creación— se convirtiera en el «día del Señor», en el cual confluyeron por sí mismos —mediante la comunión de la mesa con Jesús— los elementos esenciales del sábado veterotestamentario.

Que en el curso de este proceso la Iglesia haya asumido así de modo nuevo la función social del sábado —orientada siempre al «Hijo del hombre»— se vio claramente cuando Constantino, en su reforma jurídica de inspiración cristiana, asoció también a este día algunas libertades para los esclavos e introdujo así en el sistema legal basado en principios cristianos el día del Señor como el día de la libertad y el descanso. A mí me parece sumamente preocupante que los modernos liturgistas quieran dejar de nuevo a un lado esta función social del domingo, que está en continuidad con la *Torá* de Israel, considerándola una desviación de

Constantino. Pero aquí se plantea todo el problema de las relaciones entre fe y orden social, entre fe y política. A esto prestaremos atención en el próximo parágrafo.

El cuarto mandamiento: la familia, el pueblo y la comunidad de los discípulos de Jesús

«Honra a tu padre y a tu madre: así se prolongarán tus días en la tierra, que el Señor, tu Dios, te va a dar». Así reza el cuarto mandamiento en la versión del Libro del Éxodo (20, 12). El precepto va dirigido a los hijos y habla de los padres; refuerza, por tanto, la relación entre generaciones y la comunión de la familia como un orden querido y protegido por Dios. Habla del país y de la continuidad de la vida en el país, es decir, establece una relación estrecha entre el país, como espacio vital del pueblo, y el orden fundamental de la familia, y vincula la existencia de pueblo y de país a la comunión de generaciones que se crea en la estructura familiar.

Tiene razón el rabino Neusner cuando ve en este mandamiento el núcleo más íntimo del orden social, la cohesión del «Israel eterno», esta familia real, viva y presente, de Abraham y Sara, Isaac y Rebeca, Jacob, Lea y Raquel (pp. 42s; 55). Precisamente esta familia de Israel es la que Neusner ve amenazada por el mensaje de Jesús, ve que la primacía de su persona comporta dejar a un lado los fundamentos del orden social: «Rezamos al Dios que conocemos ante todo a través del testimonio de nuestra familia, al Dios de Abraham

144

y Sara, de Isaac y Rebeca, de Jacob, de Lea y de Raquel. Para explicar quiénes somos, el Israel eterno, los sabios recurren a la metáfora de la genealogía…, a los lazos de la carne, a la familia como fundamento lógico de la existencia social de Israel» (p. 42).

Jesús pone en cuestión precisamente esta relación. Cuando le dicen que su madre y sus hermanos están fuera y quieren hablarle, Él responde: «¿"Quién es mi madre, y quiénes son mis hermanos?"». Y señalando con la mano a los discípulos, dijo: "Éstos son mi madre y mis hermanos. El que cumple la voluntad de mi Padre del cielo, ése es mi hermano, mi hermana y mi madre"» (*Mt* 12, 46-50).

A la vista de este texto Neusner pregunta: «¿Acaso no me enseña Jesús a violar uno de los dos preceptos que se refieren al orden social?» (cf. p. 43). El reproche es doble: en primer lugar, se trata del aparente individualismo del mensaje de Jesús. Mientras que la *Torá* presenta un orden social preciso, y le da al pueblo su forma jurídica y social, válida para los tiempos de paz o de guerra, para la política justa y para la vida diaria, nada de eso en cambio encontramos en Jesús. El seguir a Jesús no comporta una estructura social que se pueda realizar concretamente en el plano político. A partir del Sermón de la Montaña, se repite siempre con razón, no se puede construir ningún Estado u orden social. Su mensaje parece estar a otro nivel. Se dejan a un lado los ordenamientos de Israel, que han garantizado su existencia a lo largo de milenios y a través de todos los avatares de la historia. Esta nueva interpretación del

cuarto mandamiento no afecta sólo a la relación padres-
hijos, sino a todo el conjunto de la estructura social
del pueblo de Israel.

Esta subversión en el ámbito social tiene su fundamento y su justificación en la pretensión de Jesús de ser, junto
con la comunidad de sus discípulos, origen y centro de
un nuevo Israel: estamos de nuevo ante el Yo de Jesús, que habla al mismo nivel que la *Torá*, al mismo
nivel de Dios. Ambas esferas —el cambio de la estructura social, es decir, la transformación del «Israel
eterno» en una nueva comunidad y la reivindicación
de Jesús de ser Dios— están directamente relacionadas entre sí.

Neusner no elige el camino fácil para su crítica. Recuerda que también los discípulos de la *Torá* eran in-
vitados por sus maestros a dejar su casa y su familia, y
durante largos periodos de tiempo debían volver la
espalda a su mujer y a sus hijos para dedicarse por entero al estudio de la *Torá* (cf. p. 44). «La *Torá* se pone
entonces en el puesto de la genealogía y el maestro de
la *Torá* adquiere un nuevo linaje» (p. 48). Así, la exigencia de Jesús de fundar una nueva familia parece moverse absolutamente en el marco de lo que es posible
en las escuelas de la *Torá*, dentro del «Israel eterno».

Sin embargo, hay una diferencia fundamental. En
el caso de Jesús no es la adhesión a la *Torá* la que, unien-
do a todos, forma una nueva familia, sino que se trata
de la adhesión a Jesús mismo, a su *Torá*. En el caso de
los rabinos, todos quedan vinculados por las mismas
relaciones a un orden social duradero; mediante la su-

misión a la *Torá*, todos permanecen en la igualdad de todo Israel. Así constata Neusner al final: «... ahora me doy cuenta de que lo que Jesús me exige, sólo me lo puede pedir Dios» (p. 53).

Aparece aquí el mismo resultado al que habíamos llegado antes al analizar el precepto del sábado. El tema cristológico (teológico) y el social están indisolublemente relacionados entre sí. Si Jesús es Dios, tiene el poder y el título para tratar la *Torá* como Él lo hace. Sólo en este caso puede reinterpretar el ordenamiento mosaico de los mandamientos de Dios de un modo tan radical, como sólo Dios mismo, el Legislador, puede hacerlo.

Pero entonces se plantea la pregunta: ¿Fue bueno y justo crear una nueva comunidad de discípulos fundada totalmente en Él? ¿Era justo dejar de lado el orden social del «Israel eterno» que desde Abraham, Isaac y Jacob se funda sobre los lazos de la carne y existe gracias a ellos, declarándolo —como dirá Pablo— «el Israel según la carne»? ¿Qué sentido se podría reconocer en todo esto?

Ahora bien, si leemos la *Torá* junto con todo el canon del Antiguo Testamento, los Profetas, los Salmos y los Libros Sapienciales, resulta muy claro algo que objetivamente ya se anuncia en la *Torá*: Israel no existe simplemente para sí mismo, para vivir en las disposiciones «eternas» de la Ley, existe para ser luz de los pueblos: tanto en los Salmos como en los Libros proféticos oímos cada vez con mayor claridad la promesa de que la salvación de Dios llegará a todos los pueblos. Oímos cada vez más claramente que el Dios de Israel, que es el mismo único Dios, el verdadero Dios, el creador del cielo y de la tierra, el Dios de todos los pueblos y de todos los hombres, en cuyas manos está su destino, en definitiva que ese Dios no quiere abandonar a los pueblos a su suerte. Oímos que todos lo reconocerán, que Egipto y Babilonia —las dos potencias mundiales opuestas a Israel— tenderán la mano a Israel y con él adorarán a un solo Dios. Oímos que caerán las fronteras y que el Dios de Israel será reconocido y adorado por todos los pueblos como su Dios, como el único Dios.

Precisamente por parte judía, y con buenas razones, se pregunta una y otra vez: ¿Qué es lo que ha traído Jesús vuestro «Mesías»? No ha traído la paz universal ni ha acabado con la miseria en el mundo. Por eso no puede ser el verdadero Mesías del que se esperaba todo esto. Entonces, ¿qué ha traído Jesús? Nos hemos encontrado ya antes con esta pregunta y conocemos también la respuesta: ha llevado el Dios de Israel a los pueblos, de forma que ahora todos los pueblos lo invocan a Él y reconocen en las Escrituras de Israel su palabra, la palabra del Dios vivo. Ha traído la universalidad, que es la grande y característica promesa para Israel y para el mundo. La universalidad, la fe en el único Dios de Abraham, Isaac y Jacob, acogida en la nueva familia de Jesús que se expande por todos los pueblos superando los lazos carnales de la descendencia: éste es el fruto de la obra de Jesús. Esto es lo que le acredita como el «Mesías» y da a la promesa mesiánica una explicación, que se fundamenta en Moisés y los profetas, pero que da también a éstos una apertura completamente nueva.

El vehículo de esta universalización es la nueva familia, cuya única condición previa es la comunión con Jesús, la comunión en la voluntad de Dios. Pues el Yo de Jesús no es un ego caprichoso que gira en torno a sí mismo. «El que cumple la voluntad de mi padre, ése es mi hermano y mi hermana y mi madre» (*Mc* 3, 35): el Yo de Jesús personifica la comunión de voluntad del Hijo con el Padre. Es un Yo que escucha y obedece. La comunión con Él es comunión filial con el Padre, es un decir sí al cuarto mandamiento sobre una nueva base y a un nivel más elevado. Es entrar en la familia de los que llaman Padre a Dios y pueden decírselo en el nosotros de quienes con Jesús, y mediante la escucha a Él están unidos a la voluntad del Padre y se encuentran así en el núcleo de esa obediencia a la que tiende la *Torá*.

Esta unidad con la voluntad de Dios Padre a través de la comunión con Jesús, cuyo alimento es hacer la voluntad del Padre (cf. *Jn* 4, 34), abre también ahora una nueva perspectiva a cada una de las disposiciones de la *Torá*. En efecto, la *Torá* tenía el cometido de dar un ordenamiento jurídico y social concreto a Israel, a este pueblo específico que, por un lado, es un pueblo bien definido, íntimamente unido por la genealogía y la sucesión de generaciones, pero que, por otro lado, es desde el principio y por su misma naturaleza, portador de una promesa universal. En la nueva familia de Jesús, a la que más tarde se llamará «Iglesia», estas disposiciones sociales y jurídicas concretas no pueden ser universalmente válidas en su literalidad histórica: ésta fue precisamente la cuestión al comienzo de «la Iglesia de los gentiles» y el objeto de la disputa entre Pablo y los de-

nominados judaizantes. Aplicar literalmente el orden
social de Israel a los hombres de todos los pueblos habría significado negar de hecho la universalidad de la
creciente comunidad de Dios. Pablo lo vio con toda
claridad. Ésa no podía ser la *Torá* del Mesías. Y no lo
es, como nos lo demuestran el Sermón de la Montaña
y todo el diálogo del rabino observante Neusner, que
escucha a Jesús con verdadera atención.

Aquí se produce un proceso muy importante que ha
sido captado en todo su alcance sólo en la edad moderna, aunque poco después se ha entendido también
de un modo unilateral y falseado. Las formas jurídicas
y sociales concretas, los ordenamientos políticos, ya no
se fijan literalmente como un derecho sagrado para todos los tiempos y, por tanto, para todos los pueblos. Resulta decisiva la fundamental comunión de voluntad con
Dios, que se nos da por medio de Jesús. A partir de ella,
los hombres y los pueblos son ahora libres de reconocer lo que, en el ordenamiento político y social, se ajusta a esa comunión de voluntad, para que ellos mismos
den forma a los ordenamientos jurídicos. La ausencia
de toda la dimensión social en la predicación de Jesús
—una carencia que, desde el punto de vista judío, Neusner critica de manera totalmente comprensible— entraña y al mismo tiempo esconde un proceso que afecta a
la historia universal y que, como tal, no se ha producido en ningún otro ámbito cultural: los ordenamientos
políticos y sociales concretos se liberan de la sacrali-
dad inmediata, de la legislación basada en el derecho divino, y se confían a la libertad del hombre, que a través
de Jesús está enraizado en la voluntad del Padre y, a partir de Él, aprende a discernir lo justo y lo bueno.

Y así llegamos de nuevo a la *Torá* del Mesías, a la Carta a los Gálatas: «Habéis sido llamados a la libertad» (*Ga* 5, 13), no a una libertad ciega y arbitraria, a una «libertad según la carne», como diría Pablo, sino a una libertad iluminada, que tiene su fundamento en la comunión de voluntad con Jesús y, por tanto, con Dios mismo; a una libertad, pues, que partiendo de un nuevo modo de ver edifica precisamente aquello que es la intención más profunda de la *Torá*, con Jesús la universaliza desde su interior, y así, verdaderamente, la «lleva a su cumplimiento».

Mientras tanto, sin embargo, esta libertad se ha ido sustrayendo totalmente a la mirada de Dios y a la comunión con Jesús. La libertad para la universalidad y, con ello, la justa laicidad del Estado se ha transformado en algo absolutamente profano —en «laicismo»— cuyos elementos constitutivos parecen ser el olvido de Dios y la búsqueda en exclusiva del éxito. Para el cristiano creyente las disposiciones de la *Torá* siguen siendo un punto decisivo de referencia hacia el que siempre dirige la mirada; para él la búsqueda de la voluntad de Dios en la comunión con Jesús sigue siendo como una señal de orientación para su razón, sin la cual corre siempre el peligro de quedar ofuscado, ciego.

Hay todavía otra observación esencial. La universalización de la fe y de la esperanza de Israel, la consiguiente liberación de la letra hacia la nueva comunión con Jesús, está vinculada a la autoridad de Jesús y a su reivindicación como Hijo. Esta liberación pierde su importancia histórica y la base que la sustenta si se interpreta a Jesús simplemente como un rabino reformista liberal. Una interpretación liberal de la *Torá* sería una opinión meramente personal de un maestro, no podría tener un valor determinante para la historia. Con ello, además, se daría un carácter relativo también a la *Torá*, a su procedencia de la voluntad de Dios; como fundamento de todo lo que se dice sólo quedaría una autoridad humana: la autoridad de un erudito. De esto no surge una nueva comunidad de fe. El salto a la universalidad, la nueva libertad necesaria para llevarlo a cabo, sólo es posible a través de una mayor obediencia. Sólo puede ser eficaz como fuerza capaz de transformar la historia si la autoridad de esta nueva interpretación no es inferior a la del texto original: ha de ser una autoridad divina. La familia nueva, universal, es el objetivo de la misión de Jesús, pero su autoridad divina —su ser Hijo en la comunión con el Padre— es el presupuesto para que ese salto hacia la novedad y la mayor amplitud sea posible sin traición ni arbitrariedad.

Hemos oído que Neusner pregunta a Jesús: ¿Quieres inducirme a que incumpla dos o tres mandamientos de Dios? Si Jesús no habla con la autoridad del Hijo, si su interpretación no es el comienzo de una nueva comunidad fundada en una nueva y libre obediencia, no cabe otra conclusión: en este caso, Jesús induciría a desobedecer el precepto de Dios.

Para el cristianismo de todos los tiempos es fundamental tener muy presente la relación entre la superación (*Überschreitung*) —que no es transgresión (*Übertre-*

tung)— y el cumplimiento. Neusner critica con determinación, si bien con gran respeto por Jesús —ya lo hemos visto—, la disolución de la familia que ve presente en la exigencia de Jesús de «violar» el cuarto mandamiento; lo mismo vale para la amenaza al sábado, que representa un eje del ordenamiento social de Israel. Ahora bien, Jesús no quiere suprimir la familia ni la finalidad del sábado de acuerdo con la creación, pero tiene que establecer para ambos un espacio nuevo, más amplio. Es cierto que, con su invitación a ser junto a Él, a través de la obediencia común al Padre, miembros de una familia nueva, universal, rompe en un primer momento el orden social de Israel. Pero tanto para la Iglesia naciente, como para la Iglesia sucesiva, ha sido esencial desde el principio defender la familia como corazón de todo ordenamiento social, y comprometerse por la puesta en práctica del cuarto mandamiento en toda la extensión de su significado: vemos cómo en la actualidad la lucha de la Iglesia sigue también centrada sobre este punto. Y de la misma manera, se vio también enseguida con claridad que el contenido esencial del sábado debía ser valorado de nuevo en el día del Señor. También la lucha en defensa del domingo es uno de los grandes retos de la Iglesia en el momento actual, caracterizado por tantas disgregaciones del ritmo del tiempo por el que se rige la comunidad.

La correcta conexión entre el Antiguo y el Nuevo Testamento ha sido y es un elemento constitutivo para la Iglesia: precisamente las palabras del Resucitado dan importancia al hecho de que Jesús sólo puede ser entendido en el contexto de «la Ley y los Profetas» y de que su comunidad sólo puede vivir en este contexto que ha de ser comprendido de modo adecuado. Con respecto a esto, dos peligros contrapuestos han amenazado a la Iglesia desde el principio y la amenazarán siempre. Por una parte, un falso legalismo contra el que lucha Pablo y que en toda la historia aparece por desgracia bajo el desafortunado nombre de «judaísmo». Por otro lado, está el rechazo de Moisés y los Profetas, del «Antiguo Testamento», formulado por primera vez por Marción en el siglo II; es una de las grandes tentaciones de la época moderna. No es casual que Harnack, como principal representante de la teología liberal, exigiera que diera cumplimiento finalmente a la herencia de Marción para liberar así al cristianismo del lastre del Antiguo Testamento. También va en esa dirección la tentación, tan extendida hoy en día, de interpretar el Nuevo Testamento de un modo puramente espiritual, privándolo de toda relevancia social y política.

Por el contrario, las teologías políticas de todo tipo constituyen la teologización de una única solución política oponiéndose de este modo a la novedad y a la amplitud del mensaje de Jesús. No obstante, sería erróneo considerar estas tendencias como una «judaización» del cristianismo, pues Israel relaciona su obediencia a las disposiciones concretas de orden social de la *Torá* con la pertenencia a la comunidad genealógica del «Israel eterno» y no la proclama como receta política universal. En síntesis, será bueno para el cristianismo considerar con respeto esa obediencia de Israel para entender así mejor los grandes imperativos del Decálogo, que el cristianismo debe traducir en el ámbito de la familia universal de Dios y que Jesús, como el «nuevo Moisés», nos ha dado. En Él vemos realizada la promesa hecha por Moisés: «El Señor tu Dios suscitará en medio de tus hermanos un profeta como yo...» (*Dt* 18, 15).

Compromiso y radicalidad profética

Participando con nuestras reflexiones y argumentaciones en el diálogo del rabino judío con Jesús hemos ido más allá del Sermón de la Montaña acompañando a Jesús en su camino hacia Jerusalén; pero debemos volver a las antítesis del Sermón de la Montaña, en las que Jesús retoma algunas cuestiones pertenecientes al ámbito de la segunda tabla del Decálogo, contraponiendo a las antiguas disposiciones de la *Torá* una nueva radicalidad de la justicia ante Dios: no sólo no matar, sino salir al encuentro del hermano con el que se está enfrentado para buscar la reconciliación. No más divorcios; no sólo igualdad en el derecho (ojo por ojo, diente por diente), sino dejarse pegar sin devolver el golpe; amar no sólo al prójimo, sino también al enemigo.

Lo sublime del *ethos* que aquí se manifiesta seguirá conmoviendo siempre a hombres de cualquier procedencia, impresionándolos como el culmen de la grandeza moral; pensemos sólo en la simpatía por Jesús del Mahatma Gandhi, basada precisamente en estos textos. Pero todo lo que se ha dicho, ¿es realista? ¿Se debe, más aún, es legítimo actuar realmente así? Ciertos aspectos particulares de cuanto se ha dicho, ¿acaso no destruyen —como alega Neusner— cualquier orden social concreto? ¿Se puede crear así una comunidad, un pueblo?

La investigación exegética reciente ha conseguido importantes avances sobre esta cuestión al estudiar minuciosamente la estructura interna de la *Torá* y los preceptos que contiene. Para nuestra cuestión resulta especialmente importante el análisis del denominado Código de la Alianza de Éxodo 20, 22-23, 19. En este código de leyes pueden distinguirse dos tipos de derecho: el denominado derecho casuístico y el apodíctico.

El derecho casuístico comporta normas que regulan cuestiones muy concretas: disposiciones jurídicas sobre la posesión y liberación de esclavos, lesiones físicas producidas por hombres o animales, reparaciones en caso de robo, etc. Aquí no se dan motivaciones teológicas, sino que se establecen sanciones concretas, proporcionadas al daño causado. Estas normas jurídicas constituyen un derecho basado en la praxis y referido a ella, que sirve para la constitución de un ordenamiento social realista y se adapta a las posibilidades concretas de una sociedad en una situación histórica y cultural concreta.

En este sentido, es también un derecho históricamente condicionado, sin duda susceptible de crítica e incluso —desde nuestra concepción ética— necesitado frecuentemente de ser sometido a crítica. Más aún, en el ámbito mismo de la legislación veterotestamentaria se ha ido desarrollando ulteriormente: normas más recientes se oponen a otras más antiguas sobre la misma materia. Las disposiciones de este tipo, aun permaneciendo en el contexto fundamental de la fe en el Dios que se revela hablando en el Sinaí, no son directamente derecho divino, sino un derecho elaborado a partir del criterio fundamental del derecho divino y que, por ello, es susceptible de ulterior desarrollo y de correcciones.

En efecto, un ordenamiento social también puede evolucionar: tiene que adaptarse a distintas situaciones históricas y orientarse a lo que es posible, aunque sin perder de vista el criterio ético como tal, que da al derecho su carácter de derecho. La crítica profética de Isaías, Oseas, Amós, Miqueas, concierne también en cierto sentido —como ha mostrado por ejemplo Olivier Artus— al derecho casuístico que aparece en la *Torá*, pero que en la práctica se ha convertido en injusto, y en situaciones económicas concretas de Israel ya no sirve para proteger a los pobres, a las viudas y a los huérfanos: una defensa que los profetas consideraban el objetivo más elevado de la legislación proveniente de Dios.

Pero esta crítica profética coincide también con algunas partes del Código de la Alianza que son calificadas como «derecho apodíctico» (*Ex* 22, 20; 23, 9-12). Este derecho apodíctico se pronuncia en nombre de Dios mismo; en él no hay sanciones concretas. «No maltrates ni oprimas al forastero, porque vosotros también fuisteis forasteros en Egipto. No maltrates a la viuda y al huérfano» (*Ex* 22, 20s). La crítica de los profetas se ha apoyado en estas grandes normas y a partir de ellas ha puesto repetidamente en discusión prácticas jurídicas concretas para hacer valer el núcleo divino esencial del derecho como criterio y línea de orientación de cualquier desarrollo del derecho y de todo orden social.

Frank Crüsemann, a quien debemos nociones fundamentales en esta materia, ha dado a las disposiciones del derecho apodíctico el nombre de «metanormas», que representan una instancia crítica frente a las normas del derecho casuístico. La relación entre derecho casuístico y derecho apodíctico podría definirse, según Crüsemann, con el concepto de «reglas» y «principios».

Así, dentro de la *Torá* hay diferentes niveles de autoridad netamente diferenciados; en ella se da —como dice Artus— un diálogo continuo entre normas condicionadas por la historia y metanormas. Estas últimas expresan lo que la Alianza exige permanentemente. La opción fundamental de las metanormas es la garantía que Dios ofrece en favor de los pobres, a los que fácilmente se les priva de sus derechos y que no pueden hacerse justicia por sí mismos.

Hay otro aspecto relacionado con todo esto: en la *Torá* aparece en primer lugar como norma fundamental, de la que todo depende, la proclamación de la fe en el único Dios: sólo Él, YHWH, puede ser adorado. Pero después, en la evolución profética, la responsabilidad por los pobres, las viudas y los huérfanos se eleva cada vez más al mismo rango que la exclusividad de la adoración al único Dios: se funde con la imagen de Dios, la define de un modo concreto. La guía social es una guía teológica, y la guía teológica tiene carácter social. El amor a Dios y el amor al prójimo son inseparables, y el amor al prójimo adquiere aquí, como percepción de la presencia directa de Dios en los pobres y los débiles, una definición muy práctica.

Todo esto es fundamental para entender correctamente el Sermón de la Montaña. En el interior de la *Torá* misma y después, en el diálogo entre Ley y Profetas, vemos ya la contraposición entre un derecho casuístico susceptible de cambio, que forma a su vez la correspondiente estructura social en cada caso, y los principios esenciales del derecho divino mismo, con los que las normas prácticas deben confrontarse, desarrollarse y corregirse.

Jesús no hace nada inaudito o totalmente nuevo cuando contrapone las normas casuísticas prácticas desarrolladas en la *Torá* a la pura voluntad de Dios como la «mayor justicia» (*Mt* 5, 20) que cabe esperar de los hijos de Dios. Él retoma la dinámica intrínseca de la misma *Torá* desarrollada ulteriormente por los profetas y, como el Elegido, como el profeta que se encuentra con Dios mismo «cara a cara» (*Dt* 18, 15), le da su forma radical. Así, se comprende por sí mismo que en estas palabras no se formula un ordenamiento social, pero se da ciertamente a los ordenamientos sociales los criterios fundamentales que, sin embargo, no pueden realizarse plenamente como tales en ningún ordenamiento social. La dinamización de los ordenamientos jurídicos y sociales concretos que Jesús aporta, el arrancarlos del inmediato ámbito divino y trasladar la responsabilidad a una razón capaz de discernir, forma parte de la estructura intrínseca de la *Torá* misma.

En las antítesis del Sermón de la Montaña Jesús se nos presenta no como un rebelde ni como un liberal, sino como el intérprete profético de la *Torá*, que Él no suprime, sino que le da cumplimiento, y la cumple precisamente dando a la razón que actúa en la historia el espacio de su responsabilidad. Así, también el cristianismo deberá reelaborar y reformular constantemente los ordenamientos sociales, una «doctrina social cristiana». Ante nuevas situaciones, corregirá lo que se había propuesto anteriormente. En la estructura intrínseca de la *Torá*, en su evolución a través de la crítica profética y en el mensaje de Jesús que engloba a ambos, ella encuentra al mismo tiempo el espacio para los desarrollos históricos necesarios y la base estable que garantiza la dignidad del hombre a partir de la dignidad de Dios.

5

LA ORACIÓN DEL SEÑOR

Como hemos visto, el Sermón de la Montaña traza un cuadro completo de la humanidad auténtica. Nos quiere mostrar cómo se llega a ser hombre. Sus ideas fundamentales se podrían resumir en la afirmación: el hombre sólo se puede comprender a partir de Dios, y sólo viviendo en relación con Dios su vida será verdadera. Sin embargo, Dios no es alguien desconocido y lejano. Nos muestra su rostro en Jesús; en su obrar y en su voluntad reconocemos los pensamientos y la voluntad de Dios mismo.

Puesto que ser hombre significa esencialmente relación con Dios, está claro que incluye también el hablar con Dios y el escuchar a Dios. Por ello, el Sermón de la Montaña comprende también una enseñanza sobre la oración; el Señor nos dice cómo hemos de orar.

En Mateo, la oración del Señor está precedida por una breve catequesis sobre la oración que, ante todo, nos quiere prevenir contra las formas erróneas de rezar. La oración no ha de ser una exhibición ante los hombres; requiere esa discreción que es esencial en una relación de amor. Nos dice la Escritura que Dios se dirige a cada uno llamándolo por su nombre, que ningún otro conoce (cf. *Ap 2, 17*). El amor de Dios por cada uno de nosotros es totalmente personal y lleva en sí ese misterio de lo que es único y no se puede divulgar ante los hombres.

Esta discreción esencial de la oración no excluye la dimensión comunitaria: el mismo Padrenuestro es una oración en primera persona del plural, y sólo entrando a formar parte del «nosotros» de los hijos de Dios podemos traspasar los límites de este mundo y elevarnos hasta Dios. No obstante, este «nosotros» reaviva lo más íntimo de mi persona; al rezar, siempre han de compenetrarse el aspecto exclusivamente personal y el comunitario, como veremos más de cerca en la explicación del Padrenuestro. Así como en la relación entre hombre y mujer existe la esfera totalmente personal, que necesita el abrigo protector de la discreción, pero que en la relación matrimonial y familiar comporta también por su naturaleza una responsabilidad pública, lo mismo sucede en la relación con Dios: el «nosotros» de la comunidad que ora y la dimensión personalísima de lo que sólo se comparte con Dios se compenetran mutuamente.

Otra forma equivocada de rezar ante la cual el Señor nos pone en guardia es la palabrería, la verborrea con la que se ahoga el espíritu. Todos nosotros conocemos el peligro de recitar fórmulas resabidas mientras el espíritu parece estar ocupado en otras cosas. Estamos mucho más atentos cuando pedimos algo a Dios aquejados por una pena interior o cuando le agradecemos con corazón jubiloso un bien recibido. Pero lo más importante, por encima de tales situaciones momentáneas, es que la relación con Dios permanezca en el fondo de nuestra alma. Para que esto ocurra, hay que avivar continuamente dicha relación y referir siempre a ella los asuntos de la vida cotidiana. Rezaremos tanto mejor cuanto más profundamente esté enraizada en nuestra alma la orientación hacia Dios. Cuanto más sea ésta el fundamento de nuestra existencia, más seremos hombres de paz. Seremos más capaces de soportar el dolor, de comprender a los demás y de abrirnos a ellos. Esta orientación que impregna toda nuestra conciencia, a la presencia silenciosa de Dios en el fondo de nuestro pensar, meditar y ser, nosotros la llamamos «oración continua». Al fin y al cabo, esto es también lo que queremos decir cuando hablamos de «amor de Dios»; al mismo tiempo, es la condición más profunda y la fuerza motriz del amor al prójimo.

Esta oración verdadera, este estar interiormente con Dios de manera silenciosa, necesita un sustento y para ello, sirve la oración que se expresa con palabras, imágenes y pensamientos. Cuanto más presente está Dios en nosotros, más podemos estar verdaderamente con Él en la oración vocal. Pero puede decirse también a la inversa: la oración activa hace realidad y profundiza nuestro estar con Dios. Esta oración puede y debe brotar sobre todo de nuestro corazón, de nuestras penas, esperanzas, alegrías, sufrimientos; de la vergüenza por el pecado, así como de la gratitud por el bien, siendo así una oración totalmente personal. Pero nosotros siempre necesitamos también el apoyo de esas plegarias en las que ha tomado forma el encuentro con Dios de toda la Iglesia, y de cada persona dentro de ella. En efecto, sin estas ayudas para la oración, nuestra plegaria personal y nuestra imagen de Dios se hacen subjetivas y terminan por reflejar más a nosotros que al Dios vivo. En las fórmulas de oración que han surgido primero de la fe de Israel y después de la fe de los que oran como miembros de la Iglesia, aprendemos a conocer a Dios y a conocernos a nosotros mismos. Son una escuela de oración y, por tanto, un estímulo para cambiar y abrir nuestra vida.

San Benito lo formuló en su Regla: «*Mens nostra concordet voci nostrae*», que nuestro espíritu concuerde con nuestra voz (*Reg.*, 19, 7). Normalmente, el pensamiento se adelanta a la palabra, busca y conforma la palabra. Pero en la oración de los Salmos, en la oración litúrgica en general, sucede al revés: la palabra, la voz, nos precede, y nuestro espíritu tiene que adaptarse a ella. En efecto, los hombres, por nosotros mismos, no sabemos «pedir lo que nos conviene» (*Rm* 8, 26): estamos muy distantes de Dios y Él es demasiado grande y misterioso para nosotros. Por eso Dios ha venido en nuestra ayuda: Él mismo nos sugiere las palabras para la oración y nos enseña a rezar; con las palabras de oración que nos ha dejado, nos permite ponernos en camino hacia Él, conocerlo poco a poco a través de la oración con los hermanos que nos ha dado y, en definitiva, acercarnos a Él.

En Benito, la frase antes citada se refiere directamente a los Salmos, el gran libro de oración del pueblo de Dios en la Antigua y en la Nueva Alianza: éstas son palabras que el Espíritu Santo ha dado a los hombres, son Espíritu de Dios que se ha hecho palabra. De esta manera, rezamos «en el Espíritu», con el Espíritu Santo. Naturalmente, esto se puede decir con mayor razón aún del Padrenuestro: san Cipriano dice que, cuando lo rezamos, rezamos a Dios con las palabras que Dios mismo nos ha transmitido. Y añade: cuando recitamos el Padrenuestro se cumple en nosotros la promesa de Jesús respecto a los verdaderos adoradores, a los que adoran al Padre «en espíritu y en verdad» (*Jn* 4, 23). Cristo, que es la Verdad, nos ha dado estas palabras y en ellas nos da el Espíritu Santo (*De dom. or.*, 2). De esta manera se destaca un elemento propio de la mística cristiana. Ésta no es en primer lugar un sumergirse en sí mismo, sino un encuentro con el Espíritu de Dios en la palabra que nos precede, un encuentro con el Hijo y con el Espíritu Santo y, así, un entrar en unión con el Dios vivo, que está siempre tanto en nosotros como por encima de nosotros.

Mientras Mateo introduce el Padrenuestro con una pequeña catequesis sobre la oración en general, en Lucas lo encontramos en otro contexto: en el camino de Jesús hacia Jerusalén. Lucas presenta la oración del Señor con la siguiente observación: «Un día estaba Jesús orando en cierto lugar. Cuando terminó, uno de sus discípulos le dijo: "Señor, enséñanos a orar..."» (11, 1).

El contexto, pues, es el encuentro con la oración de Jesús, que despierta en los discípulos el deseo de aprender de Él cómo se debe orar. Esto es bastante característico de Lucas, que reserva un lugar muy destacado en su Evangelio a la oración de Jesús. Toda la obra de

Jesús brota de su oración, es su soporte. Así, acontecimientos esenciales de su vida, en los que se va desvelando poco a poco su misterio, aparecen como acontecimientos de oración. La confesión en la que Pedro reconoce a Jesús como el Mesías de Dios está relacionada con el encuentro con Jesús en oración (cf. *Lc* 9, 19ss); la transfiguración de Jesús es un acontecimiento de oración (cf. *Lc* 9, 28s).

Resulta significativo, pues, que Lucas ponga el Padrenuestro en relación con la oración personal de Jesús mismo. Él nos hace partícipes de su propia oración, nos introduce en el diálogo interior del Amor trinitario, eleva, por así decirlo, nuestras necesidades humanas hasta el corazón de Dios. Pero esto significa también que las palabras del Padrenuestro indican la vía hacia la oración interior, son orientaciones fundamentales para nuestra existencia, pretenden conformarnos a imagen del Hijo. El significado del Padrenuestro va más allá de la comunicación de palabras para rezar. Quiere formar nuestro ser, quiere ejercitarnos en los mismos sentimientos de Jesús (cf. *Flp* 2, 5).

Para la interpretación del Padrenuestro esto tiene un doble significado. Por un lado, es muy importante escuchar lo más atentamente posible la palabra de Jesús tal como se nos ha transmitido a través de las Escrituras. Debemos intentar descubrir realmente, lo mejor que podamos, lo que Jesús pensaba, lo que nos quería transmitir con esas palabras. Pero debemos tener presente también que el Padrenuestro procede de su oración personal, del diálogo del Hijo con el Padre. Esto quiere decir que tiene una profundidad que va mucho más allá de las palabras. Comprende la existencia humana de todos los tiempos en toda su amplitud y, por tanto, no se puede sopesar con una interpretación meramente histórica, por más importante que sea.

Por su íntima unión con el Señor, los grandes orantes de todos los tiempos han llegado hasta profundidades que están más allá de la palabra, siendo así capaces de desvelar ulteriormente las ocultas riquezas de la oración. Y cada uno de nosotros, en su relación totalmente personal con Dios, puede sentirse acogido y resguardado en esa oración. Ha de ir siempre de nuevo con su *mens*, con su propio espíritu, al encuentro de la *vox*, de la palabra que nos llega desde el Hijo, abrirse a ella y dejarse guiar por ella. De este modo se abrirá también su propio corazón y hará conocer a cada uno cómo el Señor desea orar precisamente con él.

Mientras Mateo nos ha transmitido el Padrenuestro en la forma con que la Iglesia lo ha aceptado y utilizado en su oración, Lucas nos ha dejado una versión más breve. La discusión sobre cuál sea el texto más original no es superflua, pero tampoco decisiva. Tanto en una como en otra versión oramos con Jesús, y estamos agradecidos de que en la forma de las siete peticiones de Mateo esté más claramente desarrollado lo que en Lucas parece estar sólo bosquejado.

Antes de entrar en la explicación de cada parte, veamos brevemente la estructura del Padrenuestro tal como nos lo ha transmitido Mateo. Consta de una invocación inicial y siete peticiones. Tres de éstas se articulan en torno al «Tú» y cuatro en torno al «nosotros». Las tres primeras se refieren a la causa misma de Dios en la tierra; las cuatro siguientes tratan de nuestras esperanzas, necesidades y dificultades. Se podría comparar la relación entre los dos tipos de peticiones del Padrenuestro con la relación entre las dos tablas del Decálogo, que en el fondo son explicaciones de las dos partes del mandamiento principal —el amor a Dios y el amor al prójimo—, palabras clave que nos guían por el camino del amor.

De este modo, también en el Padrenuestro se afirma en primer lugar la primacía de Dios, de la que se deriva por sí misma la preocupación por el modo recto de ser hombre. También aquí se trata ante todo del camino del amor, que es al mismo tiempo un camino de conversión. Para que el hombre pueda presentar sus peticiones adecuadamente tiene que estar en la verdad. Y la verdad es: «Primero Dios, el Reino de Dios» (cf. *Mt* 6, 33). Antes de nada hemos de salir de nosotros mismos y abrirnos a Dios. Nada puede llegar a ser correcto si no estamos en el recto orden con Dios. Por eso, el Padrenuestro comienza con Dios y, a partir de Él, nos lleva por los caminos del ser hombres. Finalmente, llegamos hasta la última amenaza con la cual el Maligno acecha al hombre: se nos puede hacer presente la imagen del dragón apocalíptico, que lucha contra los hombres «que guardan los mandatos de Dios y mantienen el testimonio de Jesús» (*Ap* 12, 17).

Pero siempre permanece la invocación inicial: Padrenuestro. Sabemos que Él está con nosotros, que nos lleva de la mano y nos salva. En su libro de Ejercicios espirituales, el padre Hans-Peter Kolvenbach habla de un *staretz* ortodoxo que insistía en «hacer entonar el Padrenuestro siempre con las últimas palabras, para ser dignos de finalizar la oración con las palabras del comienzo: "Padre nuestro"». De este modo —explicaba el *staretz*—, se recorre el camino pascual: «Se comienza en el desierto con las tentaciones, se vuelve a Egipto, luego se recorre la vía del éxodo con las estaciones del perdón y del maná de Dios y, gracias a la voluntad de Dios, se llega a la tierra prometida, el Reino de Dios, donde Él nos comunica el misterio de su Nombre: «Padre nuestro» (p. 65s).

Ojalá que ambos caminos, el ascendente y el descendente, nos recuerden que el Padrenuestro es siempre una oración de Jesús, que se entiende a partir de la comunión con Él. Rezamos al Padre celestial, que conocemos a través del Hijo; y así, en el trasfondo de las peticiones aparece siempre Jesús, como veremos al comentarlas en detalle. Por último, dado que el Padrenuestro es una oración de Jesús, se trata de una oración trinitaria: con Cristo mediante el Espíritu Santo oramos al Padre.

Padre nuestro, que estás en el cielo

Comenzamos con la invocación «Padre». Reinhold Schneider escribe a este propósito en su explicación del Padrenuestro: «El Padrenuestro comienza con un gran consuelo; podemos decir Padre. En una sola palabra como ésta se contiene toda la historia de la redención. Podemos decir Padre porque el Hijo es nuestro hermano y nos ha revelado al Padre; porque gracias a Cristo hemos vuelto a ser hijos de Dios» (p. 10). Pero el hombre de hoy no percibe inmediatamente el gran consuelo de la palabra «padre», pues muchas veces la experiencia del padre o no se tiene, o se ve oscurecida por las deficiencias de los padres.

Por eso, a partir de Jesús, lo primero que tenemos que aprender es qué significa precisamente la palabra «padre». En la predicación de Jesús el Padre aparece como fuente de todo bien, como la medida del hombre recto («perfecto»): «Pero yo os digo: Amad a vuestros enemigos, haced el bien a los que os aborrecen. Así seréis hijos de vuestro Padre que está en cielo, que hace salir el sol sobre buenos y malos...» (*Mt* 5, 44s). El «amor que llega hasta el extremo» (cf. *Jn* 13, 1), que el Señor ha consumado en la cruz orando por sus enemigos, nos muestra la naturaleza del Padre: este amor es Él. Puesto que Jesús lo pone en práctica, Él es totalmente «Hijo» y, a partir de este criterio, nos invita a que también nosotros seamos «hijos».

Veamos otro texto más. El Señor recuerda que los padres no dan una piedra a sus hijos que piden pan, y prosigue: «Pues si vosotros, que sois malos, sabéis dar cosas buenas a vuestros hijos, ¿cuánto más vuestro Padre del cielo dará cosas buenas a los que le piden?» (*Mt* 7, 11). Lucas especifica las «cosas buenas» que da el Padre cuando dice: «... ¿cuánto más vuestro Padre celestial dará el Espíritu Santo a quienes se lo piden?» (*Lc* 11, 13). Esto quiere decir: el don de Dios es Dios mismo. La «cosa buena» que nos da es Él mismo. En este punto resulta sorprendentemente claro que lo verdaderamente importante en la oración no es esto o aquello, sino que Dios se nos quiere dar. Éste es el don de todos los dones, lo «único necesario» (cf. *Lc* 10, 42). La oración es un camino para purificar poco a poco nuestros deseos, corregirlos e ir sabiendo lo que necesitamos de verdad: a Dios y a su Espíritu.

Cuando el Señor enseña a conocer la naturaleza de Dios Padre a partir del amor a los enemigos y a encontrar en eso la propia «perfección», para así convertirnos también nosotros en «hijos», entonces resulta perfectamente manifiesta la relación entre Padre e Hijo. Se hace patente que en el espejo de la figura de Jesús reconocemos quién es y cómo es Dios: a través del Hijo encontramos al Padre. «El que me ve a mí, ve al Padre», dice Jesús en el Cenáculo ante la petición de Felipe: «Muéstranos al Padre» (*Jn* 14, 8s). «Señor, muéstranos al Padre», le decimos constantemente a Jesús, y la respuesta, una y otra vez, es el Hijo: a través de Él, sólo a través de Él, aprendemos a conocer al Padre. Y así resulta evidente el criterio de la verdadera paternidad. El Padrenuestro no proyecta una imagen humana en el cielo, sino que nos muestra a partir del cielo —desde Jesús— cómo deberíamos y cómo podemos llegar a ser hombres.

Pero ahora debemos observar aún mejor para darnos cuenta de que, según el mensaje de Jesús, el hecho de que Dios sea Padre tiene para nosotros dos dimensiones: por un lado, Dios es ante todo nuestro Padre puesto que es nuestro Creador. Y, si nos ha creado, le pertenecemos: el ser como tal procede de Él y, por ello, es bueno, porque es participación de Dios. Esto vale especialmente para el ser humano. El Salmo 33, 15 dice en su traducción latina: «Él modeló cada corazón y comprende todas sus acciones». La idea de que Dios ha creado a cada ser humano forma parte de la imagen bíblica del hombre. Cada hombre, individualmente y por sí mismo, es querido por Dios. Él conoce a cada uno. En este sentido, en virtud de la creación, el ser humano es ya de un modo especial «hijo» de Dios. Dios es su verdadero Padre: que el hombre sea imagen de Dios es otra forma de expresar esta idea.

Esto nos lleva a la segunda dimensión de Dios como Padre. Cristo es de modo único «imagen de Dios» (cf. *2 Co* 4, 4; *Col* 1, 15). Basándose en esto, los Padres de la Iglesia dicen que Dios, cuando creó al hombre «a su imagen», estaba prefigurando a Cristo y creó al hombre según la imagen del «nuevo Adán», del Hombre que es la medida de la humanidad. Pero, sobre todo, Jesús es «el Hijo» en sentido propio, es de la misma sustancia del Padre. Nos quiere acoger a todos en su ser hombre y, de este modo, en su ser Hijo, en la total pertenencia a Dios.

Así, la filiación se convierte en un concepto dinámico: todavía no somos plenamente hijos de Dios, sino que hemos de llegar a serlo más y más mediante nuestra comunión cada vez más profunda con Cristo. Ser hijos equivale a seguir a Jesús. La palabra Padre aplicada a Dios comporta un llamamiento para nosotros: a vivir como «hijo» e «hija». «Todo lo mío es tuyo», dice Jesús al Padre en la oración sacerdotal (*Jn* 17, 10), y lo mismo le dice el padre al hermano mayor en la parábola del hijo pródigo (cf. *Lc* 15, 31). La palabra «Padre» nos invita a vivir siendo conscientes de esto. Así se supera también el afán de la falsa emancipación que había al comienzo de la historia del pecado de la humanidad. Adán, en efecto, ante las palabras de la serpiente, quería él mismo ser dios y no necesitar más de Dios. Es evidente que «ser hijo» no significa dependencia, sino permanecer en esa relación de amor que sustenta la existencia humana y le da sentido y grandeza.

Por último queda aún una pregunta: ¿es Dios también madre? Se ha comparado el amor de Dios con el amor de una madre: «Como a un niño a quien su madre consuela, así os consolaré yo» (*Is* 66, 13). «¿Puede una madre olvidarse de su criatura, no conmoverse por el hijo de sus entrañas? Pues aunque ella se olvide, yo no te olvidaré» (*Is* 49, 15). El misterio del amor maternal de Dios aparece reflejado de un modo especialmente conmovedor en el término hebreo *rahamim*, que originalmente significa «seno materno», pero después se usará para designar el *con*-padecer de Dios con el hombre, la misericordia de Dios. En el Antiguo Testamento se hace referencia con frecuencia a órganos del cuerpo humano para designar actitudes fundamentales del hombre o sentimientos de Dios, como aún hoy en día se dice «corazón» o «cerebro» para expresar algún aspecto de nuestra existencia. De este modo, el Antiguo Testamento no describe las actitudes fundamentales de la existencia de un modo abstracto, sino con el lenguaje de imágenes tomadas del cuerpo. El seno materno es la expresión más concreta del íntimo entrelazarse de dos existencias y de las atenciones a la criatura débil y dependiente que, en cuerpo y alma, vive totalmente custodiada en el seno de la madre. El lenguaje figurado del cuerpo nos permite comprender los sentimientos de Dios hacia el hombre de un modo más profundo de lo que permitiría cualquier lenguaje conceptual.

No obstante, aunque en el lenguaje plasmado a partir del cuerpo el amor de madre se aplique a la imagen de Dios, hay que decir también que nunca, ni en el Antiguo ni en el Nuevo Testamento, se califica o se invoca a Dios como madre. En la Biblia, «Madre» es una imagen, pero no un título para Dios. ¿Por qué? Sólo podemos intentar comprenderlo a tientas. Naturalmente, Dios no es ni hombre ni mujer, sino justamente eso, Dios, el Creador del hombre y de la mujer. Las deidades femeninas que rodeaban al pueblo de Israel y a la Iglesia del Nuevo Testamento mostraban una imagen de la relación entre Dios y el mundo claramente antitética a la imagen de Dios en la Biblia. Contenían siempre, y tal vez inevitablemente, concepciones panteístas, en las que desaparece la diferencia entre Creador y criatura. Partiendo de este presupuesto, la esencia de las cosas y los hombres aparece necesariamente como una emanación del seno materno del Ser que, al entrar en contacto con la dimensión del tiempo, se concreta en la multiplicidad de lo existente.

Por el contrario, la imagen del padre era y es más adecuada para expresar la alteridad entre Creador y criatura, la soberanía de su acto creativo. Sólo dejando aparte las deidades femeninas podía el Antiguo Testamento llegar a madurar su imagen de Dios, es decir, la pura trascendencia de Dios. Pero aunque no podemos dar razonamientos absolutamente concluyentes, la norma para nosotros sigue siendo el lenguaje de oración de toda la Biblia, en la que, como hemos dicho, a pesar de las grandes imágenes del amor maternal, «madre» no es un título de Dios, no es un apelativo con el que podamos dirigirnos a Dios. Rezamos como Jesús nos ha enseñado a orar, sobre la base de las Sagradas Escrituras, no como a nosotros se nos ocurra o nos guste. Sólo así oramos de modo correcto.

Por último, hemos de ocuparnos aún de la palabra «nuestro». Sólo Jesús podía decir con pleno derecho «Padre mío», porque realmente sólo Él es el Hijo unigénito de Dios, de la misma sustancia del Padre. En cambio, todos nosotros tenemos que decir: «Padre nuestro». Sólo en el «nosotros» de los discípulos podemos llamar «Padre» a Dios, pues sólo en la comunión con Cristo Jesús nos convertimos verdaderamente en «hijos de Dios». Así, la palabra «nuestro» resulta muy exigente: nos exige salir del recinto cerrado de nuestro «yo». Nos exige entrar en la comunidad de los demás hijos de Dios. Nos exige abandonar lo meramente propio, lo que separa. Nos exige aceptar al otro, a los otros, abrirles nuestros oídos y nuestro corazón. Con la palabra «nosotros» decimos «sí» a la Iglesia viva, en la que el Señor quiso reunir a su nueva familia. Así, el Padrenuestro es una oración muy personal y al mismo tiempo plenamente eclesial. Al rezar el Padrenuestro rezamos con todo nuestro corazón, pero a la vez en comunión con toda la familia de Dios, con los vivos y con los difuntos, con personas de toda condición, cultura o raza. El Padrenuestro nos convierte en una familia más allá de todo confín.

A partir de este «nuestro» entendemos también la segunda parte de la invocación: «... que estás en el cielo». Con estas palabras no situamos a Dios Padre en una lejana galaxia, sino que afirmamos que nosotros, aun teniendo padres terrenos diversos, procedemos todos de un único Padre, que es la medida y el origen de toda paternidad. «Por eso doblo las rodillas ante el Padre, de quien toma nombre toda familia en el cielo y en la tierra», dice san Pablo (*Ef* 3, 14s). Como trasfondo, escuchamos las palabras del Señor: «No llaméis padre vuestro a nadie en la tierra, porque uno solo es vuestro Padre, el del cielo» (*Mt* 23, 9).

La paternidad de Dios es más real que la paternidad humana, porque en última instancia nuestro ser viene de Él; porque Él nos ha pensado y querido desde la eternidad; porque es Él quien nos da la auténtica, la eterna casa del Padre. Y si la paternidad terrenal separa, la celestial une: cielo significa, pues, esa otra altura de Dios de la que todos venimos y hacia la que todos debemos encaminarnos. La paternidad «en los cielos» nos remite a ese «nosotros» más grande que supera toda frontera, derriba todos los muros y crea la paz.

Santificado sea tu nombre

La primera petición del Padrenuestro nos recuerda el segundo mandamiento del Decálogo: «No pronunciarás el nombre del Señor, tu Dios, en falso» (*Ex* 20, 7; cf. *Dt* 5, 11). Pero, ¿qué es el «nombre de Dios»? Cuando hablamos de ello pensamos en la imagen de Moisés viendo en el desierto una zarza que ardía sin consumirse. En un primer momento, llevado por la curiosidad se acerca para ver ese misterioso fenómeno, pero he aquí que una voz le llama desde la zarza y le dice: «Yo soy el Dios de tus padres, el Dios de Abraham, el Dios de Isaac, el Dios de Jacob» (Ex 3, 6). Este Dios le manda de vuelta a Egipto con el encargo de sacar de allí al pueblo de Israel y llevarlo a la tierra prometida. Moisés deberá pedir al faraón la liberación de Israel en nombre de Dios.

Pero en el mundo de entonces había muchos dioses; así pues, Moisés pregunta a Dios cuál es su nombre, el nombre con el que este Dios demuestra su mayor autoridad frente a los otros dioses. En este sentido, la idea del nombre de Dios pertenece en principio al mundo politeísta; en él, este Dios ha de tener también un nombre. Pero el Dios que llama a Moisés es realmente Dios. Dios en sentido propio y verdadero no existe en pluralidad con otros dioses. Dios es, por definición, uno solo. Por eso no puede entrar en el mundo de los dioses como uno de tantos, no puede tener un nombre entre los demás.

Así, la respuesta de Dios es al mismo tiempo negación y afirmación. Dice simplemente de sí: «Yo soy el que soy», Él *es*, y basta. Esta afirmación es al mismo tiempo nombre y no-nombre. Por eso, era del todo correcto que en Israel no se pronunciara esta autodefinición de Dios que se percibe en la palabra YHWH, que no la degradaran a una especie de nombre idolátrico. Y por ello no es del todo correcto que en las nuevas traducciones de la Biblia se escriba como un nombre más este nombre, que para Israel es siempre misterioso e impronunciable, rebajando así el misterio de Dios, del que no existen ni imágenes ni nombres pronunciables, al nivel ordinario de una historia genérica de las religiones.

No obstante, sigue siendo cierto que Dios no rechazó simplemente la petición de Moisés y, para entender este singular entrelazarse de nombre y no-nombre, hemos de tener claro lo que significa realmente un nombre. Podríamos decir sencillamente: el nombre crea la posibilidad de dirigirse a alguien, de invocarle. Establece una relación. Cuando Adán da nombre a los animales no significa que describa su naturaleza, sino que los incluye en su mundo humano, les da la posibilidad que ser llamados por él. A partir de ahí podemos entender de manera positiva lo que se quiere decir al hablar del nombre de Dios: Dios establece una relación entre Él y nosotros. Hace que lo podamos invocar. Él entra en relación con nosotros y da la posibilidad de que nosotros nos relacionemos con Él. Pero eso comporta que de algún modo se entrega a nuestro mundo humano. Se ha hecho accesible y, por ello, también vulnerable. Asume el riesgo de la relación, del estar con nosotros.

Lo que llega a su cumplimiento con la encarnación ha comenzado con la entrega del nombre. De hecho, al reflexionar sobre la oración sacerdotal de Jesús veremos que allí Él se presenta como el nuevo Moisés: «He

manifestado tu nombre a los hombres...» (*Jn* 17, 6).
Lo que comenzó en la zarza que ardía en el desierto del
Sinaí se cumple en la zarza ardiente de la cruz. Ahora
Dios se ha hecho verdaderamente accesible en su Hijo hecho hombre. Él forma parte de nuestro mundo, se
ha puesto, por decirlo así, en nuestras manos.

De esto podemos entender lo que significa la exigencia de santificar el nombre de Dios. Ahora se puede
abusar del nombre de Dios y, con ello, manchar a Dios
mismo. Podemos apoderarnos del nombre de Dios para nuestros fines y desfigurar así la imagen de Dios.
Cuanto más se entrega Él en nuestras manos, tanto más
podemos oscurecer nosotros su luz; cuanto más cercano sea, tanto más nuestro abuso puede hacerlo irreconocible. Martin Buber dijo en cierta ocasión que, con
tanto abuso infame como se ha hecho del nombre de
Dios, podríamos perder el valor de pronunciarlo. Pero silenciarlo sería un rechazo todavía mayor del amor
que viene a nuestro encuentro. Buber dice entonces que
sólo con gran respeto se podrían recoger de nuevo los
fragmentos del nombre enfangado e intentar limpiarlos. Pero no podemos hacerlo solos. Únicamente podemos pedirle a Él mismo que no deje que la luz de su
nombre se apague en este mundo.

Y esta súplica de que sea Él mismo quien tome en
sus manos la santificación de su nombre, de que proteja el maravilloso misterio de ser accesible para nosotros y de que, una y otra vez, aparezca en su verdadera identidad librándose de las deformaciones que le
causamos, es una súplica que comporta siempre para

nosotros un gran examen de conciencia: ¿cómo trato yo el santo nombre de Dios? ¿Me sitúo con respeto ante el misterio de la zarza que arde, ante lo inexplicable de su cercanía y ante su presencia en la Eucaristía, en la que se entrega totalmente en nuestras manos? ¿Me preocupo de que la santa cohabitación de Dios con nosotros no lo arrastre a la inmundicia, sino que nos eleve a su pureza y santidad?

Venga a nosotros tu reino

Al reflexionar sobre esta petición acerca del Reino de Dios, recordaremos lo que hemos considerado antes acerca de la expresión «Reino de Dios». Con esta petición reconocemos en primer lugar la primacía de Dios: donde Él no está, nada puede ser bueno. Donde no se ve a Dios, el hombre decae y decae también el mundo. En este sentido, el Señor nos dice: «Buscad ante todo el Reino de Dios y su justicia; lo demás se os dará por añadidura» (*Mt* 6, 33). Con estas palabras se establece un orden de prioridades para el obrar humano, para nuestra actitud en la vida diaria.

En modo alguno se nos promete un mundo utópico en el caso de que seamos devotos y de algún modo deseosos del Reino de Dios. No se nos presenta automáticamente un mundo que funciona como lo propuso la utopía de la sociedad sin clases, en la que todo debía salir bien sólo porque no existía la propiedad privada. Jesús no nos da recetas tan simples, pero establece —como se ha dicho— una prioridad determinante para todo: «Reino de Dios» quiere decir «soberanía de Dios», y eso significa asumir su voluntad como criterio. Esa voluntad crea justicia, lo que implica que reconocemos a Dios su derecho y en él encontramos el criterio para medir el derecho entre los hombres.

El orden de prioridades que Jesús nos indica aquí nos recuerda el relato veterotestamentario de la primera oración de Salomón tras ser entronizado. En él se narra que el Señor se apareció al joven rey en sueños, asegurándole que le concedería lo que le pidiera. ¡Un tema clásico en los sueños de la humanidad! ¿Qué pidió Salomón? «Da a tu siervo un corazón dócil para gobernar a tu pueblo, para discernir el bien y el mal» (*1 R* 3, 9). Dios lo alaba porque no ha pedido —como hubiera sido más natural— riqueza, bienes, honores o la muerte de sus enemigos, ni siquiera una vida más larga (cf. *2 Cr* 1, 11), sino algo verdaderamente esencial: un corazón dócil, la capacidad de distinguir entre el bien y el mal. Y por eso Salomón recibió también todo lo demás como añadidura.

Con la petición «venga tu reino» (¡no el nuestro!), el Señor nos quiere llevar precisamente a este modo de orar y de establecer las prioridades de nuestro obrar. Lo primero y esencial es un corazón dócil, para que sea Dios quien reine y no nosotros. El Reino de Dios llega a través del corazón que escucha. Ése es su camino. Y por eso nosotros hemos de rezar siempre.

A partir del encuentro con Cristo esta petición asume un valor aún más profundo, se hace aún más concreta. Hemos visto que Jesús es el Reino de Dios en persona; donde Él está, está el «Reino de Dios». Así, la petición de un corazón dócil se ha convertido en petición de la comunión con Jesucristo, la petición de que cada vez seamos más «uno» con Él (cf. *Ga* 3, 28). Es la petición del seguimiento verdadero, que se convierte en comunión y nos hace un solo cuerpo con Él. Reinhold Schneider lo ha expresado de modo penetrante: «La vida en este reino es la continuación de la vida de Cristo en los suyos; en el corazón que ya no es alimentado por la fuerza vital de Cristo se acaba el reino; en el corazón tocado y transformado por esa fuerza, comienza... Las raíces del árbol que no se puede arrancar buscan penetrar en cada corazón. El reino es uno; subsiste sólo por el Señor, que es su vida, su fuerza, su centro...» (pp. 31s). Rezar por el Reino de Dios significa decir a Jesús: ¡Déjanos ser tuyos, Señor! Empápanos, vive en nosotros; reúne en tu cuerpo a la humanidad dispersa para que en ti todo quede sometido a Dios y Tú puedas entregar el universo al Padre, para que «Dios sea todo para todos» (*1 Co* 15, 28).

Hágase tu voluntad en la tierra como en el cielo

En las palabras de esta petición aparecen inmediatamente claras dos cosas: existe una voluntad de Dios con nosotros y para nosotros que debe convertirse en el criterio de nuestro querer y de nuestro ser. Y también: la característica del «cielo» es que allí se cumple indefectiblemente la voluntad de Dios o, con otras palabras, que allí donde se cumple la voluntad de Dios, está el cielo. La esencia del cielo es ser una sola cosa con la voluntad de Dios, la unión entre voluntad y verdad. La tierra se convierte en «cielo» si y en la medida en que en ella se cumple la voluntad de Dios, mientras que es solamente «tierra», polo opuesto del cielo, si y en la medida en que se sustrae a la voluntad de Dios. Por eso pedimos que las cosas vayan en la tierra como van en el cielo, que la tierra se convierta en «cielo».

Pero, ¿qué significa «voluntad de Dios»? ¿Cómo la reconocemos? ¿Cómo podemos cumplirla? Las Sagradas Escrituras parten del presupuesto de que el hombre, en lo más íntimo, conoce la voluntad de Dios, que hay una comunión de saber con Dios profundamente inscrita en nosotros, que llamamos conciencia (cf. p. ej., *Rm* 2, 15). Pero las Escrituras saben también que esta comunión en el saber con el Creador, que Él mismo nos ha dado al crearnos «a su imagen», ha sido enterrada en el curso de la historia; que aunque nunca se ha extinguido del todo, ha quedado cubierta de muchos modos; que ha quedado como una débil llama tremulante, con demasiada frecuencia amenazada de ser sofocada bajo las cenizas de todos los prejuicios que han entrado en nosotros. Y por eso Dios nos ha hablado de nuevo en la historia con palabras que nos llegan desde el exterior, ayudando a nuestro conocimiento interior que se había nublado demasiado.

El núcleo de estas «clases de apoyo» de la historia, en la revelación bíblica, es el Decálogo del monte Sinaí que, como hemos visto en el Sermón de la Montaña, no queda abolido o convertido en «ley vieja», sino que, ulteriormente desarrollado, resplandece con mayor claridad en toda su profundidad y grandeza. Estas palabras, como hemos visto, no son algo impuesto al hombre desde fuera. Son —en la medida en que somos capaces de percibirlas— la revelación de la naturaleza misma de Dios y, con ello, la explicación de la verdad de nuestro ser: se nos revelan las claves de nuestra existencia, de modo que podamos entenderlas y convertirlas en vida. La voluntad de Dios se deriva del ser de Dios y, por tanto, nos introduce en la verdad de nuestro ser, nos salva de la autodestrucción producida por la mentira.

Como nuestro ser proviene de Dios, podemos ponernos en camino hacia la voluntad de Dios a pesar de todas las inmundicias que nos lo impiden. Esto es precisamente lo que indicaba el Antiguo Testamento con el concepto de «justo»: vivir de la palabra de Dios y, así, de la voluntad de Dios, entrando progresivamente en sintonía con esta voluntad.

Pero cuando Jesús nos habla de la voluntad de Dios y del cielo, en el que se cumple la voluntad de Dios, todo esto tiene que ver con algo central de su misión personal. En el pozo de Jacob dice a los discípulos que le llevan de comer: «Mi alimento es hacer la voluntad del que me envió» (*Jn* 4, 34). Eso significa: ser una sola cosa con la voluntad del Padre es la fuente de la vida de Jesús. La unidad de voluntad con el Padre es el núcleo de su ser en absoluto. En la petición del Padrenuestro percibimos en el fondo, sobre todo, la apasionada lucha interior de Jesús durante su diálogo en el monte de los Olivos: «Padre mío, si es posible, que pase de mí este cáliz; pero no sea como yo quiero, sino como quieres tú». «Padre, si no es posible que pase sin que yo lo beba, hágase tu voluntad» (*Mt* 26, 39.42). Sobre esta oración de Jesús, en la que Él nos deja mirar en su alma humana y en su hacerse «una» con la voluntad de Dios, tendremos que volver todavía cuando tratemos de la pasión de Jesús.

Para el autor de la Carta a los Hebreos, en la lucha interior en el monte de los Olivos se desvela el núcleo del misterio de Jesús (cf. 5, 7) y —partiendo de esta mirada sobre el alma de Jesús— interpreta este misterio a la luz del Salmo 40. Lee el Salmo de la siguiente manera: «"No quieres ni aceptas sacrificios ni ofrendas, pero me has formado un cuerpo"... Después añade: "Aquí estoy para hacer tu voluntad", como está escrito en mi libro» (*Hb* 10, 5ss; cf. *Sal* 40, 7-9). Toda la existencia de Jesús se resume en las palabras: «Aquí estoy para hacer tu voluntad». Sólo así entendemos plenamente la expresión: «Mi alimento es hacer la voluntad del que me envió».

Si tenemos esto en cuenta, entendemos por qué Jesús mismo es «el cielo» en el sentido más profundo y más auténtico; Él es precisamente en quien, y a través de quien, se cumple plenamente la voluntad de Dios. Mirándole a Él, aprendemos que por nosotros mismos no podemos ser enteramente «justos»: nuestra voluntad nos arrastra continuamente como una fuerza de gravedad lejos de la voluntad de Dios, para convertirnos en mera «tierra». Él, en cambio, nos eleva hacia sí, nos acoge dentro de Él y, en la comunión con Él, aprendemos también la voluntad de Dios. Así, en esta tercera petición del Padrenuestro pedimos en última instancia acercarnos cada vez más a Él, a fin de que la voluntad de Dios prevalezca sobre la fuerza de nuestro egoísmo y nos haga capaces de alcanzar la altura a la que hemos sido llamados.

Danos hoy nuestro pan de cada día

La cuarta petición del Padrenuestro nos parece la más «humana» de todas: el Señor, que orienta nuestra mirada hacia lo esencial, a lo «único necesario», sabe también de nuestras necesidades terrenales y las tiene en cuenta. Él, que dice a sus Apóstoles: «No estéis agobiados por la vida pensando qué vais a comer» (*Mt* 6, 25), nos invita no obstante a pedir nuestra comida y a transmitir a Dios esta preocupación nuestra. El pan es «fruto de la tierra y del trabajo del hombre», pero la tierra no da fruto si no recibe desde arriba el sol y la lluvia. Esta combinación de las fuerzas cósmicas que escapa de nuestras manos se contrapone a la tentación de nuestro orgullo, de pensar que podemos darnos la vida por nosotros mismos o sólo con nuestras fuerzas. Este orgullo nos hace violentos y fríos. Termina por destruir la tierra; no puede ser de otro modo, pues contrasta con la verdad, es decir, que los seres humanos estamos llamados a superarnos y que sólo abriéndonos a Dios nos hacemos grandes y libres, llegamos a ser nosotros mismos. Podemos y debemos pedir. Ya lo sabemos: si los padres terrenales dan cosas buenas a los hijos cuando las piden, Dios no nos va a negar los bienes que sólo Él puede dar (cf. *Lc* 11, 9-13).

En su explicación de la oración del Señor, san Cipriano llama la atención sobre dos aspectos importantes de esta petición. Así como en la invocación «Padre nuestro» había subrayado la palabra «nuestro» en todo su alcance, también aquí destaca que se habla de «nuestro» pan. También aquí oramos en la comunión de los discípulos, en la comunión de los hijos de Dios, y por eso nadie puede pensar sólo en sí mismo. De esto se deriva un segundo aspecto: nosotros pedimos nuestro pan, es decir, también el pan de los demás. El que tiene pan abundante está llamado a compartir. San Juan Crisóstomo, en su comentario a la Primera Carta a los Corintios —a propósito del escándalo que daban los cristianos en Corinto—, subraya «que cada pedazo de pan es de algún modo un trozo del pan que es de todos, del pan del mundo». El padre Kolvenbach añade: «¿Cómo puede alguien, invocando al Padre nuestro en la mesa del Señor, y durante la celebración eucarística en su conjunto, eximirse de manifestar su firme voluntad de ayudar a todos los hombres, sus hermanos, a obtener el pan de cada día?» (p. 98). Cuando pedimos «nuestro» pan, el Señor nos dice también: «Dadles vosotros de comer» (*Mc* 6, 37).

También es importante una segunda observación de Cipriano. El que pide el pan para hoy es pobre. La oración presupone la pobreza de los discípulos. Da por sentado que son personas que a causa de la fe han renunciado al mundo, a sus riquezas y a sus halagos, y ya sólo piden lo necesario para vivir. «Con razón pide el discípulo lo necesario para vivir un solo día, pues le está prohibido preocuparse por el mañana. Para él sería una contradicción querer vivir mucho tiempo en este mundo, pues nosotros pedimos precisamente que el Reino de Dios llegue pronto» (*De dom. or.,* 19). En la Iglesia ha de haber siempre personas que lo abandonan todo para seguir al Señor; personas que confían radicalmente en Dios, en su bondad que nos alimenta; personas que de esta manera ofrecen un testimonio de fe que nos rescata de la frivolidad y de la debilidad de nuestro modo de creer.

Las personas que confían en Dios hasta el punto de no buscar ninguna otra seguridad también nos interpelan. Nos alientan a confiar en Dios, a contar con Él en los grandes retos de la vida. Al mismo tiempo, esa pobreza motivada totalmente por la dedicación a Dios y a su reino es un gesto de solidaridad con los pobres del mundo, un gesto que ha creado en la historia nuevos modos de valorar las cosas y una nueva disposición para servir y para comprometerse en favor de los demás.

Pero la petición de pan, del pan sólo para hoy, nos recuerda también los cuarenta años de marcha por el desierto, en los que el pueblo de Israel vivió del maná, del pan que Dios le mandaba del cielo. Cada uno podía recoger sólo lo que necesitaba para cada día; sólo al sexto día podía acumular una cantidad suficiente para dos días, para respetar así el precepto del sábado (cf. *Ex* 16, 16-22). La comunidad de discípulos, que vive cada día de la bondad del Señor, renueva la experiencia del pueblo de Dios en camino, que era alimentado por Dios también en el desierto.

De este modo, la petición de pan sólo para hoy abre nuevas perspectivas que van más allá del horizonte del necesario alimento cotidiano. Presupone el seguimiento radical de la comunidad más restringida de los discípulos, que renuncia a los bienes de este mundo y se une al camino de quienes estimaban «el oprobio de Cristo como una riqueza mayor que todos los tesoros de Egipto» (*Hb* 11, 26). Aparece el horizonte escatológico, las realidades futuras, que son más importantes y reales que las presentes.

Con esto llegamos ahora a una expresión de esta petición que en nuestras traducciones habituales parece inocua: danos hoy nuestro pan «de cada día». El «cada día» traduce la palabra griega *epioúsios* que, según uno de los grandes maestros de la lengua griega —el teólogo Orígenes († *c.* 254)—, no existía antes en el griego, sino que fue creada por los evangelistas. Es cierto que, entretanto, se ha encontrado un testimonio de esta palabra en un papiro del s. V d.C. Pero por sí solo tampoco puede explicar con certeza el significado de esta palabra, en cualquier caso extraña y poco habitual. Por tanto, hay que recurrir a las etimologías y al estudio del contexto.

Hoy existen dos interpretaciones principales. Una sostiene que la palabra significa «[el pan] necesario para la existencia», con lo que la petición diría: Danos hoy el pan que necesitamos para poder vivir. La otra interpretación defiende que la traducción correcta sería «[el pan] futuro», el del día siguiente. Pero la petición de recibir hoy el pan para mañana no parece tener mucho sentido, dado el modo de vivir de los discípulos. La referencia al futuro sería más comprensible si se pidiera el pan realmente futuro: el verdadero maná de Dios. Entonces sería una petición escatológica, la petición de una anticipación del mundo que va a venir, es decir, que el Señor nos dé «hoy» el pan futuro, el pan del mundo nuevo, Él mismo. Entonces la petición tendría un sentido escatológico. Algunas traducciones antiguas apuntan en esta dirección, como la Vulgata de san Jerónimo, por ejemplo, que traduce la misteriosa palabra con *supersubstantialis*, interpretándola en el sentido de la «sustancia» nueva, superior, que el Señor nos da en el santísimo Sacramento como verdadero pan de nuestra vida.

De hecho, los Padres de la Iglesia han interpretado casi unánimemente la cuarta petición del Padrenuestro como la petición de la Eucaristía; en este sentido, la oración del Señor aparece en la liturgia de la santa Misa como si fuera en cierto modo la bendición de la mesa eucarística. Esto no quiere decir que con ello se reduzca en la petición de los discípulos el sentido simplemente terrenal, que antes hemos explicado como el significado inmediato del texto. Los Padres piensan en las diversas dimensiones de una expresión que parte de la petición de los pobres del pan para ese día, pero precisamente de ese modo —mirando al Padre celestial que nos alimenta— recuerda al pueblo de Dios errante, al que Dios mismo alimentaba. El milagro del maná, a la luz del gran sermón de Jesús sobre el pan, remitía a los cristianos casi automáticamente más allá, al nuevo mundo en el que el *Logos* —la palabra eterna de Dios— será nuestro pan, el alimento del banquete de bodas eterno.

¿Se puede pensar en estas dimensiones o es una «teologización» errónea de una palabra que tan sólo tiene un sentido terrenal? Estas «teologizaciones» provocan hoy un cierto temor que no resulta del todo infundado, aunque tampoco se debe exagerar. Pienso que en la interpretación de la petición del pan hay que tener en cuenta todo el contexto de las palabras y obras de Jesús, en el que desempeñan un papel muy importante ciertos contenidos esenciales de la vida humana: el agua, el pan y —como signo del júbilo y belleza del mundo— la vid y el vino. El tema del pan ocupa un lugar importante en el mensaje de Jesús, desde la tentación en el desierto, pasando por la multiplicación de los panes, hasta la Última Cena.

El gran sermón sobre el pan, en el sexto capítulo del Evangelio de Juan, revela el amplio espectro del significado de este tema. Inicialmente se describe el hambre de las gentes que han escuchado a Jesús y a las que no despide sin darles antes de comer, esto es, sin el «pan necesario» para vivir. Pero Jesús no permite que todo se quede en esto, no permite que la necesidad del hombre se reduzca al pan, a las necesidades biológicas y materiales. «No sólo de pan vive el hombre, sino de toda palabra que sale de la boca de Dios» (*Mt* 4, 4; *Dt* 8, 3). El pan multiplicado milagrosamente recuerda de nuevo el milagro del maná en el desierto y, rebasándolo, señala al mismo tiempo que el verdadero alimento del hombre es el *Logos*, la Palabra eterna, el sentido eterno del que provenimos y en espera del cual vivimos. Si esta primera superación del mero ámbito físico se refiere inicialmente a lo que también ha descubierto y puede descubrir la gran filosofía, inmediatamente después llega la siguiente superación: el *Logos* eterno se convierte concretamente en pan para el hombre sólo porque Él «se ha hecho carne» y nos habla con palabras humanas.

A esto se añade la tercera y esencial superación, pero que ahora constituye un escándalo para la gente de Cafarnaún: Aquel que se ha hecho hombre se nos da en el Sacramento, y sólo así la Palabra eterna se convierte plenamente en maná, el don ya hoy del pan futuro. Después, el Señor reúne todos los aspectos una vez más: esta extrema materialización es precisamente la verdadera espiritualización: «El Espíritu es quien da vida: la carne no sirve de nada» (*Jn* 6, 63). ¿Habría que suponer que en la petición del pan Jesús ha excluido todo lo que nos dice sobre el pan y lo que quería darnos como pan? Si tomamos el mensaje de Jesús en su totalidad, no se puede descartar la dimensión eucarística de la cuarta petición del Padrenuestro. La petición del pan de cada día para todos es fundamental precisamente en su concreción terrenal. Pero nos ayuda igualmente a superar también el aspecto meramente material y a pedir ya ahora lo que pertenece al «mañana», el nuevo pan. Y, rogando hoy por las cosas del «mañana», se nos exhorta a vivir ya ahora del «mañana», del amor de Dios que nos llama a todos a ser responsables unos de otros.

Llegados a este punto, quisiera volver a dar la palabra una vez más a Cipriano, el cual subraya el doble sentido de la petición. Sin embargo, él relaciona la palabra «nuestro», de la que hablábamos antes, precisamente también con la Eucaristía, que en un sentido especial es pan «nuestro», el pan de los discípulos de Jesucristo. Dice: nosotros, que podemos recibir la Eucaristía como pan nuestro, tenemos que pedir también que nadie quede fuera, excluido del Cuerpo de Cristo. «Por eso pedimos que "nuestro" pan, es decir, Cristo, nos sea dado cada día, para que quienes permanecemos y vivimos en Cristo no nos alejemos de su fuerza santificadora de su Cuerpo» (*De dom. or.*, 18).

Perdona nuestras ofensas, como también nosotros perdonamos a los que nos ofenden

La quinta petición del Padrenuestro presupone un mundo en el que existen ofensas: ofensas entre los hombres, ofensas a Dios. Toda ofensa entre los hombres encierra de algún modo una vulneración de la verdad y del amor y así se opone a Dios, que es la Verdad y el Amor. La superación de la culpa es una cuestión central de toda existencia humana; la historia de las religiones gira en torno a ella. La ofensa provoca represalia; se forma así una cadena de agravios en la que el mal de la culpa crece de continuo y se hace cada vez más difícil superar. Con esta petición el Señor nos dice: la ofensa sólo se puede superar mediante el perdón, no a través de la venganza. Dios es un Dios que perdona porque ama a sus criaturas; pero el perdón sólo puede penetrar, sólo puede ser efectivo, en quien a su vez perdona.

El tema del «perdón» aparece continuamente en todo el Evangelio. Lo encontramos al comienzo del Sermón de la Montaña, en la nueva interpretación del quinto mandamiento, cuando el Señor nos dice: «Si cuando vas a poner tu ofrenda sobre el altar te acuerdas allí mismo de que tu hermano tiene quejas contra ti, deja allí tu ofrenda ante el altar y vete primero a reconciliarte con tu hermano, y entonces vuelve a presentar tu ofrenda» (*Mt* 5, 23s). No se puede presentar ante Dios quien no se ha reconciliado con el hermano; adelantarse con un gesto de reconciliación, salir a su encuentro, es una condición previa para dar culto a Dios correctamente. A este respecto, podemos pensar que Dios mismo, sabiendo que los hombres estábamos enfrentados con Él como rebeldes, se ha puesto en camino desde su divinidad para venir a nuestro encuentro, para reconciliarnos. Recordaremos que, antes del don de la Eucaristía, se arrodilló ante sus discípulos y les lavó los pies sucios, los purificó con su amor humilde. A mitad del Evangelio de Mateo (cf. 18, 23-35) se encuentra la parábola del siervo despiadado: a él, que era un alto mandatario del rey, le había sido perdonada la increíble deuda de diez mil talentos; pero luego él no estuvo dispuesto a perdonar la deuda, ridícula en comparación, de cien denarios que le debían: cualquier cosa que debamos perdonarnos mutuamente es siempre bien poco comparado con la bondad de Dios que perdona a todos. Y finalmente escuchamos la petición de Jesús desde la cruz: «Padre, perdónalos, porque no saben lo que hacen» (*Lc* 23, 34).

Si queremos entenderla a fondo y hacer nuestra la petición del Padrenuestro, hemos de dar todavía un paso más y preguntarnos: ¿Qué es realmente el perdón?

¿Qué ocurre en él? La ofensa es una realidad, una fuerza objetiva que ha causado una destrucción que se ha de remediar. Por eso el perdón debe ser algo más que ignorar, que tratar de olvidar. La ofensa tiene que ser subsanada, reparada y, así, superada. El perdón cuesta algo, ante todo al que perdona: tiene que superar en su interior el daño recibido, debe como cauterizarlo dentro de sí, y con ello renovarse a sí mismo, de modo que luego este proceso de transformación, de purificación interior, alcance también al otro, al culpable, y así ambos, sufriendo hasta el fondo el mal y superándolo, salgan renovados. En este punto nos encontramos con el misterio de la cruz de Cristo. Pero antes de nada nos encontramos con los límites de nuestra fuerza para curar, para superar el mal. Nos encontramos con la prepotencia del mal, a la que no conseguimos dominar sólo con nuestras fuerzas. Reinhold Schneider comenta a este respecto: «El mal vive de mil formas; ocupa la cúspide del poder...; brota del abismo. El amor sólo tiene una forma: es tu Hijo» (p. 68).

La idea de que el perdón de las ofensas, la salvación de los hombres desde su interior, haya costado a Dios el precio de la muerte de su Hijo se ha hecho hoy muy extraña: recodar que el Señor «soportó nuestros sufrimientos, cargó con nuestros dolores», que fue «traspasado por nuestras rebeliones, triturado por nuestros crímenes» y que «sus cicatrices nos curaron» (*Is* 53, 4-6), hoy ya no nos cabe en la cabeza. A esta idea se opone por un lado la banalización del mal en que nos refugiamos, mientras que, por otro, utilizamos los horrores de la historia humana, precisamente también de la más reciente, como pretexto concluyente para negar la existencia de un Dios bueno y difamar a su criatura, el hombre. Pero también la imagen individualista del hombre nos impide entender el gran misterio de la expiación: ya no somos capaces de comprender el significado de la forma vicaria de la existencia, porque según nuestro modo de pensar cada hombre vive encerrado en sí mismo; ya no vemos la profunda relación que hay entre todas nuestras vidas y su estar abrazadas en la existencia del Uno, del Hijo hecho hombre. Cuando hablemos de la crucifixión de Cristo tendremos que volver sobre estas ideas.

De momento bastará con un pensamiento del cardenal John Henry Newman, quien en cierta ocasión dijo que Dios pudo crear el mundo de la nada con una sola palabra, pero que sólo pudo superar la culpa y el sufrimiento de los hombres interviniendo personalmente, sufriendo Él mismo en su Hijo, que ha llevado esa carga y la ha superado mediante la entrega de sí mismo. Superar la culpa exige el precio de comprometer el corazón, y aún más, entregar toda nuestra existencia. Y ni siquiera basta esto: sólo se puede conseguir mediante la comunión con Aquel que ha cargado con todas nuestras culpas.

La petición del perdón supone algo más que una exhortación moral, que también lo es y, como tal, representa un desafío nuevo cada día. Pero en el fondo es —como las demás peticiones— una oración cristológica. Nos recuerda a Aquel que por el perdón ha pagado el precio de descender a las miserias de la existencia humana y a la muerte en la cruz. Por eso nos invita ante todo al agradecimiento, y después también a enmendar con Él el mal mediante el amor, a consumirlo sufriendo. Y al reconocer cada día que para ello no bastan nuestras fuerzas, que frecuentemente volvemos a ser culpables, entonces esta petición nos brinda el gran consuelo de que nuestra oración es asumida en la fuerza de su amor y, con él, por él y en él, puede convertirse a pesar de todo en fuerza de salvación.

No nos dejes caer en la tentación

La formulación de esta petición es un escándalo para muchos: ciertamente, Dios no nos tienta. De hecho Santiago nos dice: «Cuando alguien se ve tentado, no diga que Dios lo tienta; Dios no conoce la tentación al mal y él no tienta a nadie» (1, 13).

Nos ayuda a dar un paso adelante el recuerdo de las palabras del Evangelio: «Entonces, Jesús fue llevado al desierto por el Espíritu para ser tentado por el diablo» (*Mt* 4, 1). La tentación viene del diablo, pero la misión mesiánica de Jesús incluye la superación de las grandes tentaciones que han alejado a los hombres de Dios y los siguen alejando. Como ya hemos visto, debe experimentar en sí mismo estas tentaciones hasta la muerte en la cruz y abrirnos de este modo el camino de la salvación. Así, no sólo después de su muerte, sino en ella y a lo largo de toda su vida, debe en cierto modo «descender a los infiernos», al ámbito de nuestras tentaciones y fracasos, para tomarnos de la mano y llevarnos hacia arriba. La Carta a los Hebreos da una gran importancia a este aspecto, destacándolo como parte fundamental del camino de Jesús: «Como él ha pasado por la prueba del dolor, puede auxiliar a los que ahora pasan por ella» (2, 18). «No tenemos un sumo sacerdote incapaz de compadecerse de nuestras debilidades, sino que ha sido probado en todo exactamente como nosotros, menos en el pecado» (4, 15).

Una mirada al Libro de Job, en el que ya se perfila en muchos aspectos el misterio de Cristo, nos puede proporcionar más aclaraciones. Satanás ultraja al hombre, para así ofender a Dios: su criatura, que Él ha formado a su imagen, es una criatura miserable. Todo lo que en ella parece bueno es más bien pura fachada; en realidad, al hombre —a cada uno— sólo le importa su bienestar. Éste es el diagnóstico de Satanás, al que el Apocalipsis describe como el «acusador de nuestros hermanos, el que los acusaba día y noche ante nuestro Dios» (*Ap* 12, 10). La difamación del hombre y de la creación es, en definitiva, una difamación de Dios, una justificación para rehusarlo.

Satanás quiere demostrar su tesis con el justo Job: si le despoja de todo, acabará renunciando muy pronto también a su religiosidad. Así, Dios le da a Satanás la libertad de someterlo a la prueba, aunque dentro de límites bien definidos: Dios deja que el hombre sea probado, pero no que caiga. Aquí aparece de forma velada y todavía no explícita el misterio de la forma vicaria que se desarrolla de manera grandiosa en Isaías 53: los sufrimientos de Job sirven para justificar al hombre. A través de su fe puesta a prueba en el sufrimiento, él restablece el honor del hombre. Así, los sufrimientos de

Job anticipan los sufrimientos en comunión con Cristo, que restablece el honor de todos nosotros ante Dios y nos muestra el camino para no perder la fe en Dios ni siquiera en la más profunda oscuridad.

El Libro de Job nos puede ayudar también a distinguir entre prueba y tentación. Para madurar, para pasar cada vez más de una religiosidad de apariencia a una profunda unión con la voluntad de Dios, el hombre necesita la prueba. Igual que el zumo de la uva tiene que fermentar para convertirse en vino de calidad, el hombre necesita pasar por purificaciones, transformaciones, que son peligrosas para él y en las que puede caer, pero que son el camino indispensable para llegar a sí mismo y a Dios. El amor es siempre un proceso de purificación, de renuncias, de transformaciones dolorosas en nosotros mismos y, así, un camino hacia la madurez. Cuando Francisco Javier pudo orar a Dios diciendo: «Te amo no porque puedes darme el cielo o el infierno, sino simplemente porque eres lo que eres, mi rey y mi Dios», es evidente que antes había tenido que recorrer un largo camino de purificación interior hasta llegar a esta máxima libertad; un camino de maduración en el que acechaba la tentación, el peligro de caer, pero, no obstante, un camino necesario.

Ahora podemos explicar de un modo más concreto la sexta petición del Padrenuestro. Con ella decimos a Dios: «Sé que necesito pruebas para que mi ser se purifique. Si dispones esas pruebas sobre mí, si —como en el caso de Job— das una cierta libertad al Maligno, entonces piensa, por favor, en lo limitado de mis fuerzas. No me creas demasiado capaz. Establece unos límites que no sean excesivos, dentro de los cuales puedo ser tentado, y mantente cerca con tu mano protectora cuando la prueba sea desmedidamente ardua para mí». En este sentido ha interpretado san Cipriano la petición. Dice: cuando pedimos «no nos dejes caer en la tentación» expresamos la convicción de que «el enemigo no puede hacer nada contra nosotros si antes no se lo ha permitido Dios; de modo que todo nuestro temor, devoción y culto se dirija a Dios, puesto que en nuestras tentaciones el Maligno no puede hacer nada si antes no se le ha concedido facultad para ello» (*De dom. or.*, 25).

Y luego concluye, sopesando el perfil psicológico de la tentación, que pueden existir dos motivos por los que Dios concede al Maligno un poder limitado. Puede suceder como penitencia para nosotros, para atenuar nuestra soberbia, con el fin de que experimentemos de nuevo la pobreza de nuestra fe, esperanza y amor, y no presumamos de ser grandes por nosotros mismos: pensemos en el fariseo que le cuenta a Dios sus grandezas y no cree tener necesidad alguna de la gracia. Lamentablemente, Cipriano no especifica después en qué consiste el otro tipo de prueba, la tentación a la que Dios nos somete *ad gloriam*, para su gloria. Pero, ¿no deberíamos recordar que Dios impone una carga especialmente pesada de tentaciones a las personas particularmente cercanas a Él, a los grandes santos, desde Antonio en el desierto hasta Teresa de Lisieux en el piadoso mundo de su Carmelo? Siguen, por así decirlo, las huellas de Job, son como la apología del hombre, que es al mismo tiempo la defensa de Dios. Más aún: están de un modo muy especial en comunión con Jesucristo, que ha sufrido hasta el fondo nuestras tentaciones. Están llamados, por así decirlo, a superar en su cuerpo, en su alma, las tentaciones de una época, a soportarlas por nosotros, almas comunes, y a ayudarnos en el camino hacia Aquel que ha tomado sobre sí el peso de todos nosotros.

Así, en nuestra oración de la sexta petición del Padrenuestro debe estar incluida, por un lado, la disponibilidad para aceptar la carga de la prueba proporcionada a nuestras fuerzas; por otro lado, se trata precisamente de la petición de que Dios no nos imponga más de lo que podemos soportar; que no nos suelte de la mano. Pronunciamos esta petición con la confiada certeza que san Pablo nos ofrece en sus palabras: «Dios es fiel y no permitirá que seáis tentados por encima de vuestras fuerzas; al contrario, con la tentación os dará fuerzas suficientes para resistir a ella» (*1 Co* 10, 13).

Y líbranos del mal

La última petición del Padrenuestro retoma otra vez la penúltima y la pone en positivo; en este sentido, hay una estrecha relación entre ambas. Si en la penúltima petición predominaba el «no» (no dar al Maligno más fuerza de lo soportable), en la última petición nos presentamos al Padre con la esperanza fundamental de nuestra fe. «¡Sálvanos, redímenos, líbranos!». Es, al fin y al cabo, la petición de la redención. ¿De qué queremos ser redimidos? En las traducciones recientes del Padrenuestro, «el mal» del que se habla puede referirse al «mal» impersonal o bien al «Maligno». En el fondo, ambos significados son inseparables. A este respecto, podemos tener presente el dragón del que habla el Apocalipsis (cf. capítulos 12 y 13). Juan caracteriza a la «bestia» que vio «salir del mar», de los oscuros abismos del mal, con los distintivos del poder político romano, dando así una forma muy concreta a la amenaza que los cristianos de aquel tiempo veían venir sobre ellos: el derecho total sobre la persona que era reivindicado mediante el culto al emperador, y que llevaba al poder político-militar-económico al sumo grado de un poder ilimitado y exclusivo, a la expresión del mal que amenaza con devorarnos. A esto se unía una disgregación del orden moral mediante una forma cínica de escepticismo y de racionalismo. Ante esta amenaza, el cristiano en tiempo de la persecución invoca al Señor, la única fuerza que puede salvarlo: redímenos, líbranos del mal.

Aunque ya no existen el imperio romano y sus ideologías, ¡qué actual resulta todo esto! También hoy aparecen, por un lado, los poderes del mercado, del tráfico de armas, de drogas y de personas, que son un lastre para el mundo y arrastran a la humanidad hacia ataduras de las que no nos podemos librar. Por otro lado, también se presenta hoy la ideología del éxito, del bienestar, que nos dice: Dios es tan sólo una ficción, sólo nos hace perder tiempo y nos quita el placer de vivir. ¡No te ocupes de Él! ¡Intenta sólo disfrutar de la vida todo lo que puedas! También estas tentaciones parecen irresistibles. El Padrenuestro en su conjunto, y esta petición en concreto, nos quieren decir: cuando hayas perdido a Dios, te habrás perdido a ti mismo; entonces serás tan sólo un producto casual de la evolución, entonces habrá triunfado realmente el «dragón». Pero mientras éste no te pueda arrancar a Dios, a pesar de todas las desventuras que te amenazan, permanecerás aún íntimamente sano. Es correcto, pues, que la traducción diga: líbranos del mal. Los males pueden ser necesarios para nuestra purificación, pero el mal destruye. Por eso pedimos desde lo más hondo que no se nos arranque la fe que nos permite ver a Dios, que nos une a Cristo. Pedimos que, por los bienes, no perdamos el Bien mismo; y que tampoco en la pérdida de bienes se pierda para nosotros el Bien, Dios; que no nos perdamos nosotros: ¡líbranos del mal!

De nuevo Cipriano, el obispo mártir que tuvo que sufrir en su carne la situación descrita en el Apocalipsis, dice con palabras espléndidas: «Cuando decimos "líbranos del mal" no queda nada más que pudiéramos pedir. Una vez que hemos obtenido la protección pedida contra el mal, estamos seguros y protegidos de todo lo que el mundo y el demonio puedan hacernos. ¿Qué temor puede acechar en el mundo a aquel cuyo protector en el mundo es Dios mismo?» (*De dom. or.*, 27). Los mártires poseían esa certeza, que les sostenía, les hacía estar alegres y sentirse seguros en un mundo lleno de calamidades; los ha «librado» en lo más profundo, les ha liberado para la verdadera libertad.

Es la misma confianza que san Pablo expresó tan maravillosamente con las palabras: «Si Dios está con nosotros, ¿quién estará contra nosotros?... ¿Quién podrá apartarnos del amor de Cristo? ¿La aflicción, la angustia, la persecución, el hambre, la desnudez, el peligro, la espada?... Pero en todo esto venceremos fácilmente por aquel que nos ha amado. Pues estoy convencido de que ni muerte, ni vida, ni ángeles, ni principados, ni presente, ni futuro, ni potencias, ni altura, ni profundidad, ni criatura alguna, podrá apartarnos del amor de Dios, manifestado en Cristo Jesús, Señor nuestro» (*Rm* 8, 31-39).

Por tanto, con la última petición volvemos a las tres primeras: al pedir que se nos libere del poder del mal, pedimos en última instancia el Reino de Dios, identificarnos con su voluntad, la santificación de su nombre. Pero los orantes de todos los tiempos han interpretado la petición en sentido más amplio. En las tribulaciones del mundo pedían también a Dios que pusiera límites a los «males» que asolan el mundo y nuestra vida.

Esta forma tan humana de interpretar la petición se ha introducido en la liturgia: en todas las liturgias, a excepción de la bizantina, se amplía la última petición del Padrenuestro con una oración particular que en la liturgia romana antigua rezaba: «Líbranos, Señor, de todos los males, pasados, presentes y futuros. Por la intercesión... de todos los santos danos la paz en nuestros días, para que, ayudados por tu misericordia, vivamos siempre libres de pecado y protegidos de toda perturbación…». Se percibe el eco de las penurias de los tiempos agitados, el grito pidiendo salvación completa. Este «embolismo» con el que se refuerza en la liturgia la última petición del Padrenuestro muestra el aspecto humano de la Iglesia. Sí, podemos, debemos pedir al Señor que libere también al mundo, a nosotros mismos y a muchos hombres y pueblos que sufren, de todos los males que hacen la vida casi insoportable.

También podemos y debemos aplicar esta ampliación de la última petición del Padrenuestro a nosotros mismos como examen de conciencia, como exhortación a colaborar para que se ponga fin a la prepotencia del «mal». Pero con ello no debemos perder de vista la auténtica jerarquía de los bienes y la relación de los males con el Mal por excelencia; nuestra petición no puede caer en la superficialidad: también en esta interpretación de la petición del Padrenuestro sigue siendo crucial «que seamos liberados de los pecados», que reconozcamos «el Mal» como la verdadera adversidad y que nunca se nos impida mirar al Dios vivo.

6

LOS DISCÍPULOS

En todas las etapas de la actividad de Jesús sobre las que hemos reflexionado hasta ahora se ha puesto en relieve la estrecha relación entre Jesús y el «nosotros» de la nueva familia que Él reúne a través de su mensaje y su actuación. También ha aparecido claramente que este «nosotros», según su planteamiento de fondo, es concebido como universal: no se basa ya en la estirpe, sino en la comunión con Jesús, que es Él mismo la *Torá* viva de Dios. Este «nosotros» de la nueva familia no es algo informe. Jesús llama a un núcleo de íntimos particularmente elegidos por Él, que continúan su misión y dan orden y forma a esa familia. En este sentido, Jesús ha dado origen al círculo de los Doce. En sus orígenes, el título de apóstoles iba más allá de este círculo, pero después se fue restringiendo cada vez más estrictamente a él: en Lucas, que habla siempre de los doce Apóstoles, la expresión es prácticamente un sinónimo de los Doce. No necesitamos tratar aquí las cuestiones tan discutidas sobre la evolución que ha tenido el uso de la palabra «apóstol»; sólo queremos prestar atención a los textos más importantes, en los que podemos ver la formación de la comunidad más restringida de los discípulos de Jesús.

El texto central para ello se encuentra en el Evangelio de Marcos (cf. 3, 13-19). En él se dice: «Jesús subió al monte, llamó a los que quiso y se fueron con él» (v.13). Los acontecimientos anteriores se habían desarrollado a orillas del mar, y ahora Jesús sube al «monte», que indica el lugar de su comunión con Dios: un lugar en lo alto, por encima del ajetreo y la actividad cotidianos. Lucas refuerza más este aspecto en su relato paralelo: «Por entonces subió Jesús a la montaña a orar, y pasó la noche orando a Dios. Cuando se hizo de día llamó a sus discípulos, escogió a doce de ellos, y los nombró apóstoles...» (*Lc* 6, 12s).

La elección de los discípulos es un acontecimiento de oración; ellos son, por así decirlo, engendrados en la oración, en la familiaridad con el Padre. Así, la llamada de los Doce tiene, muy por encima de cualquier otro aspecto funcional, un profundo sentido teológico: su elección nace del diálogo del Hijo con el Padre y está anclada en él. También se debe partir de ahí para entender las palabras de Jesús: «Rogad, pues, al Señor de la mies que mande trabajadores a su mies» (*Mt* 9, 38): a quienes trabajan en la cosecha de Dios no se les puede escoger simplemente como un patrón busca a sus obreros; siempre deben ser pedidos a Dios y elegidos por Él mismo para este servicio. Este carácter teológico se refuerza aún más cuando el texto de Marcos dice: «Llamó a los que quiso». Uno no puede hacerse discípulo por sí mismo, sino que es el resultado de una elección, una decisión de la voluntad del Señor basada, a su vez, en su unidad de voluntad con el Padre.

Luego el evangelista sigue diciendo: «Hizo a doce para que estuvieran con él y para enviarlos...» (v.14). Aquí hay que considerar en primer lugar la expresión «hizo a doce», que no resulta habitual para nosotros. El evangelista recurre a la terminología que utiliza el Antiguo Testamento para indicar el nombramiento de los sacerdotes (cf. *1 R* 12, 31; 13, 33), calificando así el apostolado como un ministerio sacerdotal. Pero el hecho de que los elegidos sean nombrados uno a uno los relaciona también con los profetas de Israel, a los que Dios llama por su nombre, de modo que el ministerio apostólico aparece como una fusión de la misión sacerdotal y la misión profética (Feuillet, p. 178). «Hizo a doce»: doce era el número simbólico de Israel, el número de los hijos de Jacob. De ellos salieron las doce tribus de Israel, de las cuales después del exilio sólo quedó prácticamente la tribu de Judá. Así, el número doce es un retorno a los orígenes de Israel, pero al mismo tiempo es un símbolo de esperanza: Israel en su totalidad queda restablecido, las doce tribus son reunidas de nuevo.

Doce, el número de las tribus, es al mismo tiempo un número cósmico, en el que se expresa la universalidad del pueblo de Dios que renace. Los Doce son presentados como los padres fundadores de este pueblo universal que tiene su fundamento en los Apóstoles. En el Apocalipsis, en la visión de la nueva Jerusalén, el simbolismo de los Doce adquiere una imagen gloriosa (cf. *Ap* 21, 9-14), que ayuda al pueblo de Dios en camino a entender su presente a partir de su futuro y lo ilumina con espíritu de esperanza: pasado, presente y futuro se entrelazan a través de la figura de los Doce.

En este contexto se sitúa también la profecía en la que Jesús deja entrever su naturaleza a Natanael: «Veréis el cielo abierto y a los ángeles de Dios subir y bajar sobre el Hijo del hombre» (*Jn* 1, 51). Jesús se manifiesta aquí como el nuevo Jacob. El sueño del Patriarca, en el que vio apoyada junto a su cabeza una escalera que llegaba hasta el cielo, por la que subían y bajaban ángeles de Dios, ése sueño se ha hecho realidad en Jesús. Él mismo es la «puerta del cielo» (cf. *Gn* 28, 10-22), Él es el verdadero Jacob, el «Hijo del hombre», el padre fundador del Israel definitivo.

Volvamos a nuestro texto de Marcos. Jesús instituye a los Doce con una doble misión; «para que estuvieran con Él y para enviarlos». Tienen que estar con Él para conocerlo, para tener ese conocimiento de Él que las «gentes» no podían alcanzar porque lo veían desde el exterior y lo tenían por un profeta, un gran personaje de la historia de las religiones, pero sin percibir su carácter único (cf. *Mt* 16, 13s). Los Doce tienen que estar con Él para conocer a Jesús en su ser uno con el Padre y así poder ser testigos de su misterio. Tenían que haber estado con Él —como dirá Pedro antes de la elección de Matías— cuando «el Señor Jesús estuvo con nosotros» (cf. *Hch* 1, 8.21). Se podría decir que tienen que pasar de la comunión exterior con Jesús a la interior. Pero al mismo tiempo están ahí para ser los enviados de Jesús —«Apóstoles», precisamente—, los que llevan su mensaje al mundo, primero a las ovejas descarriadas de la casa de Israel, pero luego «hasta los confines de la tierra». Estar con Jesús y ser enviados parecen a primera vista excluirse recíprocamente, pero ambos aspectos están íntimamente unidos. Los Doce tienen que aprender a vivir con Él de tal modo que puedan estar con Él incluso cuando vayan hasta los confines de la tierra. El estar con Jesús conlleva por sí mismo la dinámica de la misión, pues, en efecto, todo el ser de Jesús es misión.

Según este texto, ¿a qué se les envía? «A predicar con poder para expulsar a los demonios» (cf. *Mc* 3, 14s). Mateo explica el contenido de la misión con algún detalle más: «Y les dio poder para expulsar los espíritus inmundos y curar toda clase de enfermedades y dolencias» (10, 1). El primer encargo es el de predicar: dar a los hombres la luz de la palabra, el mensaje de Jesús. Los Apóstoles son ante todo evangelistas: al igual que Jesús, anuncian el Reino de Dios y reúnen así a los hombres en la nueva familia de Dios. Pero el anuncio del Reino de Dios nunca es mera palabra, mera enseñanza. Es acontecimiento, del mismo modo que también Jesús es acontecimiento, Palabra de Dios en persona. Anunciándolo, llevan al encuentro con Él.

Dado que el mundo está dominado por las fuerzas del mal, este anuncio es al mismo tiempo una lucha contra esas fuerzas. «Los mensajeros de Jesús, siguiendo sus pasos, tienden a exorcizar el mundo, a la fundación de una nueva forma de vida en el Espíritu Santo, que libere de la obsesión diabólica» (Pesch, *Das*

Markusevangelium I, p. 205). De hecho, el mundo antiguo —según ha mostrado, sobre todo, Henri de Lubac— ha vivido la aparición de la fe cristiana como una liberación del temor a los demonios que, a pesar del escepticismo y el racionalismo ilustrado, lo invadía todo; y lo mismo sucede también hoy en día en los lugares donde el cristianismo ocupa el lugar de las religiones tribales y, recogiendo lo positivo que hay en ellas, las asume en sí. Se siente todo el ímpetu de esta irrupción en las palabras de Pablo, cuando dice: «No hay más que un Dios; pues aunque hay los llamados dioses en el cielo y en la tierra —y numerosos son los dioses y numerosos los señores—, para nosotros no hay más que un Dios, el Padre, de quien procede el universo y a quien estamos destinados nosotros; y un solo Señor, Jesucristo, por quien existe el universo y por quien nosotros vamos al Padre» (*1 Co* 8, 4ss). En estas palabras hay una fuerza liberadora, el gran exorcismo que purifica el mundo. Por muchos dioses que fluctúen en el mundo, sólo uno es Dios y sólo uno es el Señor. Si pertenecemos a Él, todo lo demás no tiene ningún poder, pierde el esplendor de la divinidad.

El mundo es presentado ahora en su racionalidad: procede de la Razón eterna, y sólo esa Razón creadora es el verdadero poder sobre el mundo y en el mundo. Sólo la fe en el Dios único libera y «racionaliza» realmente el mundo. Donde, en cambio, desaparece, el mundo es más racional sólo en apariencia. En realidad hay que admitir entonces a las fuerzas del azar, que no se pueden definir; la «teoría del caos» se pone a la par del conocimiento de la estructura racional del mundo y deja al hombre ante incógnitas que no puede resolver y que limitan el aspecto racional del mundo. «Exorcizar», iluminar el mundo con la luz de la *ratio* que procede de la eterna Razón creadora, así como de su bondad salvadora: ésa es una tarea central y permanente de los mensajeros de Cristo Jesús.

En su Carta a los Efesios, san Pablo describe este carácter exorcista del cristianismo desde otra perspectiva: «Buscad vuestra fuerza en el Señor y en su invencible poder. Poneos las armas que Dios os da para poder resistir a las estratagemas del diablo, porque nuestra lucha no es contra los hombres de carne y hueso, sino contra las fuerzas sobrehumanas y supremas del mal, que dominan este mundo de tinieblas» (*Ef* 6, 10-12). Heinrich Schlier explica del siguiente modo esta representación de la lucha del cristiano que hoy nos puede resultar sorprendente o quizás extraña: «Los enemigos no son éste o aquél, tampoco yo mismo, nadie de carne y hueso… El conflicto va más al fondo. Se dirige contra un sinnúmero de enemigos que atacan incansablemente, enemigos no bien definidos que no tienen verdaderos nombres, sino sólo denominaciones colectivas; también son *a priori* superiores al hombre, y esto por su posición superior, por su posición "en los cielos" de la existencia; superiores también porque su posición es impenetrable e inatacable. Su posición constituye precisamente la "atmósfera" de la existencia, una atmósfera que ellos mismos difunden a su alrededor, estando todos ellos, en fin, repletos de una maldad sustancial y mortal» (p. 291).

¿Quién no ve aquí descrito también precisamente nuestro mundo, en el que el cristiano está amenazado por una atmósfera anónima, por «lo que está en el aire», que quiere hacerle ver su fe como ridícula e insensata? ¿Quién no ve que existen contaminaciones del clima espiritual a escala universal que amenazan a la humanidad en su dignidad, incluso en su existencia? Los hombres, y también las comunidades humanas, parecen estar irremediablemente abandonadas a la acción de estos poderes. El cristiano sabe que tampoco puede hacer frente por sí solo a esa amenaza. Pero en la fe, en la comunión con el único verdadero Señor del mundo, se le han dado las «armas de Dios», con las que —en comunión con todo el cuerpo de Cristo— puede enfrentarse a esos poderes, sabiendo que el Señor nos vuelve a dar en la fe el aire limpio para respirar, el aliento del Creador, el aliento del Espíritu Santo, solamente en el cual el mundo puede ser sanado.

Junto al encargo del exorcismo, Mateo añade también la misión de curar: los Doce son enviados «para curar toda clase de enfermedades y dolencias» (10, 1). Curar es una dimensión fundamental de la misión apostólica, de la fe cristiana en general. Eugen Biser define el cristianismo incluso como una «religión terapéutica», una religión de la curación. Cuando se entiende con la profundidad necesaria se ve expresado en esto todo el contenido de la «redención». El poder de expulsar a los demonios y liberar al mundo de su oscura amenaza en relación al único y verdadero Dios excluye al mismo tiempo la idea mágica de la curación, que intenta servirse precisamente de esas fuerzas misteriosas. La curación mágica está unida siempre al arte de dirigir el mal contra el otro y poner a los «demonios» en su contra. Reinado de Dios, Reino de Dios, significa precisamente la desautorización de estas fuerzas por el advenimiento del único Dios, que es bueno, el Bien en persona. El poder curador de los enviados de Cristo Jesús se opone a los devaneos de la magia; exorciza también el mundo en el ámbito de la medicina. En las curaciones milagrosas del Señor y los Doce, Dios se revela con su poder benigno sobre el mundo. Son en esencia «señales» que remiten a Dios mismo y quieren poner a los hombres en camino hacia Dios. Sólo el camino de unión progresiva con Él puede ser el verdadero proceso de curación del hombre.

Así, las curaciones milagrosas son para Jesús y los suyos un elemento subordinado en el conjunto de su actividad, en la que está en juego lo más importante, el «Reino de Dios» justamente, que Dios sea Señor en nosotros y en el mundo. Del mismo modo que el exorcismo ahuyenta el temor a los demonios y confía el mundo, que proviene de la Razón de Dios, a la razón del hombre, así también el curar por medio del poder de Dios es al mismo tiempo una invitación a creer en Él y a utilizar las fuerzas de la razón para el servicio de curar. Con ello se entiende siempre una razón abierta, que percibe a Dios y por tanto reconoce también a los hombres como unidad de cuerpo y alma. Quien quiera curar realmente al hombre, ha de verlo en su integridad y debe saber que su última curación sólo puede ser el amor de Dios.

Volvamos ahora al texto de Marcos. Tras ser especificada su misión, los Doce son nombrados uno por uno.

Ya hemos visto que con ello se alude a la dimensión profética de su misión: Dios nos conoce por el nombre, nos llama por nuestro nombre. No es éste el lugar para perfilar cada una las distintas figuras del círculo de los Doce según la Biblia y la Tradición. Para nosotros lo importante es la composición del conjunto, y ésta es sumamente heterogénea.

Dos de ellos procedían del partido de los zelotes: Simón, al que Lucas (cf. 6, 15) llama «el Zelotes» y Mateo y Marcos, en cambio, «el Cananeo», pero que según los hallazgos de la investigación más reciente significa lo mismo; y Judas: la palabra «Iscariote» puede significar simplemente «el hombre de Queriyot», aunque también puede designarlo como sicario, una variante radical de los zelotes. El «celo por la Ley», que daba nombre a este movimiento, tomaba como modelo a los grandes «celantes» de la historia de Israel, empezando por Pinjás, quien mató delante de toda la comunidad a un israelita idólatra (cf. *Nm* 25, 6-13), pasando por Elías, que hizo matar en el monte Carmelo a los profetas de Baal (cf. *1 Re* 18), hasta Matatías, padre de la familia de los macabeos, que inició la rebelión contra el intento helenístico de Antíoco de acabar con la fe de Israel asesinando a un conformista que, siguiendo el mandato del rey, quería ofrecer públicamente un sacrificio a los dioses (cf. *1 M* 2, 17-28). Los zelotes consideraban esta cadena histórica de grandes «celantes» como una heredad vinculante, que ahora debía aplicarse también frente a las fuerzas de ocupación romanas.

Al otro lado del círculo de los Doce encontramos a Leví-Mateo, estrecho colaborador del poder dominante como recaudador de impuestos; debido a su posición social, se le debía considerar como un pecador público. El grupo central de los Doce lo forman los pescadores del lago de Genesaret: Simón, al que el Señor denominaría Cefas —Pedro—, era evidentemente el jefe de una cooperativa de pesca (cf. *Lc* 5, 10), en la que trabajaba junto con su hermano mayor, Andrés, y con los zebedeos Juan y Santiago, a los que el Señor llamó «Boanerges», hijos del trueno: un nombre que algunos investigadores han querido relacionar con los zelotes, aunque tal vez sin razón. Con ello, el Señor hace alusión a su temperamento impetuoso, bien visible también en el Evangelio de Juan. Por último hay otros dos hombres con nombres griegos, Felipe y Andrés, a quienes precisamente los visitantes de habla griega venidos para la Pascua el Domingo de Ramos se dirigirán para tratar de entrar en contacto con Jesús (cf. *Jn* 12, 21ss).

Podemos suponer que los Doce eran judíos creyentes y observantes, que esperaban la salvación de Israel. Pero, en lo que respecta a sus posiciones concretas, a su modo de concebir la salvación, eran sumamente diferentes. Cabe imaginar, pues, lo difícil que fue introducirlos paso a paso en el misterioso nuevo camino de Jesús, así como las tensiones que tuvieron que superar; cuánta purificación necesitó, por ejemplo, el ardor de los zelotes para uniformarse finalmente al «celo» de Jesús, del cual nos habla el Evangelio de Juan (cf. 2, 17): su celo se consuma en la cruz. Precisamente en esta diversidad de orígenes, de temperamentos y maneras de pensar, los Doce representan a la Iglesia de todos los tiempos y la dificultad de su tarea de purificar a los hombres y unirlos en el celo de Jesús.

Sólo Lucas nos narra que Jesús formó además un segundo grupo que constaba de setenta (o setenta y dos) discípulos, que fueron enviados con una tarea similar a la de los Doce (cf. 10, 1-2). Como el doce, también el setenta (o setenta y dos, los manuscritos varían entre ambos datos) es un número simbólico. A partir de una combinación entre Deuteronomio 32, 8 y Éxodo 1, 5, setenta se consideraba el número de los pueblos del mundo. Según Éxodo 1, 5, fueron setenta las personas que entraron en Egipto con Jacob: todos eran «descendientes de Jacob». La versión, que generalmente se acepta como más reciente, de Deuteronomio 32, 8 dice: «Cuando el Altísimo… distribuyó a los hijos de Adán, fijó las fronteras de los pueblos según el número de los hijos de Dios», refiriéndose con ello a los setenta miembros de la casa de Jacob en el momento de su llegada a Egipto. Junto a los doce hijos que prefiguran a Israel, están los setenta, que representan a todo el mundo y así se los considera de algún modo en relación con Jacob, con Israel.

Esta tradición hace de trasfondo a la historia transmitida por la denominada Carta de Aristeas, según la cual la traducción del Antiguo Testamento al griego realizada en el siglo III a.C. habría corrido a cargo de setenta sabios (o setenta y dos, seis representantes por cada una de las doce tribus de Israel) gracias a una particular inspiración del Espíritu Santo. Con la historia, esta obra es interpretada como apertura de la fe de Israel a todos los pueblos.

De hecho, la Biblia de los Setenta desempeñó un papel decisivo, al final de la antigüedad, para que muchos hombres en búsqueda se acercaran al Dios de Israel. Los mitos de la edad arcaica habían perdido su credibilidad; el monoteísmo filosófico ya no era suficiente para llevar a los hombres a una relación viva con Dios. Así, en el monoteísmo de Israel, no construido por el pensamiento filosófico, sino entregado en una historia de fe, muchas personas cultas encontraron una nueva forma de llegar a Dios. En numerosas ciudades se formaron círculos de «temerosos de Dios», «paganos» devotos, que no podían ni querían ser totalmente judíos, pero que participaban en celebraciones de la sinagoga y de este modo en la fe de Israel. En este ámbito encontró su primer punto de referencia y su difusión el anuncio misionero del cristianismo incipiente: ahora, estas personas podían pertenecer completamente al Dios de Israel, pues a través de Jesús —como Pablo lo anunció— ese Dios se había convertido en el Dios de todos los hombres; ahora, mediante la fe en Jesús como Hijo de Dios, podían formar parte plenamente del pueblo de Dios. Cuando Lucas habla de un grupo de setenta, además de los Doce, el sentido está claro: en ellos se anuncia el carácter universal del Evangelio, pensado para todos los pueblos de la tierra.

Sería conveniente en este punto mencionar todavía algún otro elemento más, propio del evangelista Lucas. En los versículos 8, 1-3 nos relata que Jesús, que caminaba junto con los Doce predicando, también iba acompañado de algunas mujeres. Menciona tres nombres y añade: «Y muchas otras que lo ayudaban con sus bienes» (8, 3). La diferencia entre el discipulado de los Doce y el de las mujeres es evidente: el cometido de ambos es completamente diferente. No obstante, Lucas deja claro algo que también consta de muchos modos en los otros Evangelios: que «muchas» mujeres formaban parte de la comunidad restringida de creyentes, y que su acompañar a Jesús en la fe era esencial para pertenecer a esa comunidad, como se demostraría luego claramente al pie de la cruz y en el contexto de la resurrección.

Quizás sea oportuno a este respecto llamar la atención sobre algunos detalles particulares del evangelista Lucas: así como subraya de un modo especial la importancia de las mujeres, de la misma manera también es el evangelista de los pobres, y no se puede dejar de reconocer en él una «opción preferencial por los pobres».

También muestra una especial comprensión por los judíos: en él no aparecen las pasiones que se desataron desde el comienzo con la separación entre la sinagoga y la Iglesia naciente, y que también han dejado huella en Mateo y Juan. Me parece muy significativo cómo concluye la historia del vino nuevo y de los odres viejos o nuevos. En Marcos leemos: «Nadie echa vino nuevo en odres viejos; porque revienta los odres, y se pierde el vino y los odres; a vino nuevo, odres nuevos» (*Mc* 2, 22). El texto de Mateo es similar (9, 17). Lucas nos relata la misma conversación, pero añade al final: «Nadie que pruebe el vino añejo quiere del nuevo, pues dirá: "Está bueno el añejo"» (5, 39), una añadidura que tal vez sea lícito interpretar como una señal de comprensión respecto a los que querían quedarse con «el vino añejo».

Por último —siguiendo con el material específico de Lucas—, hemos visto en distintas ocasiones que este

evangelista da una gran importancia a la oración de
Jesús como fuente de su predicación y de su actuación: nos muestra que todo el obrar y el hablar de Jesús brotan de su ser íntimamente uno con el Padre,
del diálogo entre Padre e Hijo. Si estamos convencidos
de que las Sagradas Escrituras están «inspiradas», maduradas de modo particular bajo la guía del Espíritu
Santo, entonces también podemos estar convencidos
de que en estos aspectos específicos de la tradición que
Lucas nos ha transmitido se encierran aspectos esenciales de la figura original de Jesús.

7

EL MENSAJE DE LAS PARÁBOLAS

1. NATURALEZA Y FINALIDAD DE LAS PARÁBOLAS

Las parábolas son indudablemente el corazón de la predicación de Jesús. No obstante el cambio de civilizaciones nos llegan siempre al corazón con su frescura y humanidad. Joachim Jeremias, al que hemos de agradecer un libro fundamental sobre las parábolas, ha hecho notar justamente que la comparación de las parábolas de Jesús con el lenguaje figurado del apóstol Pablo o con las semejanzas utilizadas por los rabinos deja ver una «marcada originalidad personal, una claridad y sencillez singular, una inaudita maestría de la forma» (p. 6). En las parábolas —teniendo en cuenta también la singularidad lingüística, que deja traslucir el texto arameo— sentimos inmediatamente la cercanía de Jesús, cómo vivía y enseñaba. Pero al mismo tiempo nos ocurre lo mismo que a sus contemporáneos y a sus discípulos: debemos preguntarle una y otra vez qué nos quiere decir con cada una de las parábolas (cf. *Mc* 4, 10). El esfuerzo por entender correctamente las parábolas ha sido constante en toda la historia de la Iglesia; también la exegesis histórico-crítica ha tenido que corregirse a sí misma en repetidas ocasiones, y no es capaz de ofrecernos informaciones definitivas.

Uno de los grandes maestros de la exegesis crítica, Adolf Jülicher, inició con su obra en dos volúmenes sobre las parábolas de Jesús (*Die Gleichnisreden Jesu*, I y II, 1899, 1910[2]) una nueva fase de interpretación de las mismas, en la que parecía haberse encontrado, por así decirlo, la fórmula definitiva para su explicación. Jülicher destaca, en primer lugar, la diferencia radical entre alegoría y parábola: la alegoría se habría desarrollado en el ámbito de la cultura helenística como forma de interpretación de antiguos textos religiosos autoritativos que, tal como estaban, ya no se podían asimilar. Sus afirmaciones se explicaron entonces como formas que encerraban un contenido misterioso oculto tras el sentido de las palabras; así se podía entender el lenguaje de estos textos como una exposición en metáforas que, interpretadas luego parte por parte, poco a poco, daban como resultado la manifestación figurada de una visión filosófica que, por fin, desvelaba su contenido verdadero. En el entorno de Jesús, la alegoría era la forma habitual del lenguaje en imágenes y, por tanto, era obvio que se interpretaran las parábolas como alegorías, siguiendo este modelo. En los Evangelios mismos encontramos a menudo interpretaciones alegóricas de las parábolas puestas en boca de Jesús; por ejemplo, la parábola del sembrador, cuya semilla cae parte en el camino, parte en terreno pedregoso, parte entre espinas y parte en suelo fértil (cf. *Mc* 4, 1-20). Jülicher establece una clara distinción entre las parábolas de Jesús y las alegorías. Las parábolas no son alegorías, sino un fragmento de vida real en el que se trata de reflejar sólo *una* idea —y aun ésta entendida en su forma más común—, un único «punto dominante». Así, las interpretaciones alegóricas puestas en boca de Jesús se consideran como añadidos posteriores, ya debidas a malentendidos.

La idea fundamental de Jülicher, la distinción entre alegoría y parábola, es correcta en sí misma y pronto fue aceptada por los exegetas. Pero poco a poco se han ido poniendo de manifiesto sus limitaciones. Aunque la distinción entre parábolas y alegorías está justificada, la separación radical entre ambas no tiene fundamento ni en el plano histórico ni en el textual. El judaísmo también conocía el lenguaje alegórico, de modo especial en la literatura apocalíptica; por tanto, parábola y alegoría se pueden entremezclar. Jeremias ha demostrado que la palabra hebrea *mashal* (parábola, dicho enigmático) abarca los más diversos géneros: la parábola, la comparación, la alegoría, la fábula, el proverbio, el discurso apocalíptico, el enigma, el seudónimo, el símbolo, la figura ficticia, el ejemplo (el modelo), el motivo, la justificación, la disculpa, la objeción, la broma (p. 14). Con anterioridad, la historia de las formas (*Formgeschichte*) ya había intentado progresar dividiendo las parábolas en categorías. «Se distinguió entre metáfora, imagen, comparación, semejanza, parábola, alegoría, relato ejemplar» (p. 13).

Si ya resultaba desacertado adscribir la parábola a un solo tipo literario, más superado está aún el modo en que Jülicher creyó poder establecer el «punto dominante», como el único que cuenta en la parábola. Dos ejemplos bastarán. La parábola del rico necio (cf. *Lc* 12, 16ss) querría decir: «El hombre, incluso el más rico, depende por completo en cada instante del poder y de la gracia de Dios». El punto dominante en la parábola del administrador infiel (cf. *Lc* 16, 1ss) sería: «Aprovechar con decisión el presente para lograr así un futuro satisfactorio». Jeremias comenta con razón al respecto: «Las parábolas anuncian un verdadero humanismo religioso; nada queda de su ímpetu escatológico. Inadvertidamente Jesús se convierte en el "apóstol del progreso" (Jülicher, II 483), en sabio maestro que expone máximas éticas y una teología simplificada con imágenes e historias fáciles de retener. ¡Pero Jesús no era así!» (p. 13). Charles W. F. Smith lo expresa de un modo más drástico: «Nadie crucificaría a un maestro que relata historias amenas para reforzar la inteligencia moral» (*The Jesús of the Parables*, p. 17; Jeremias, p. 15).

Cuento todo esto con tanto detalle porque nos permite hacernos una idea de los límites de la exegesis liberal, que en su tiempo fue considerada como el culmen insuperable de rigor científico y de fiabilidad histórica, y hacia la que también los exegetas católicos miraban con envidia y admiración. Ya hemos visto a propósito del Sermón de la Montaña que este tipo de interpretación, que hace de Jesús un moralista, el maestro de una moral ilustrada e individualista, no obstante la importancia de las perspectivas históricas, resulta insuficiente desde el punto de vista teológico y no se acerca en absoluto a la figura real de Jesús.

Si Jülicher, según el espíritu de su tiempo, había considerado el «punto dominante» desde una perspectiva completamente humanista en la práctica, más tarde se lo identificó con la escatología inminente: en último término, todas las parábolas anunciarían la inminencia en el tiempo del *éschaton*, del «Reino de Dios». Pero con esta interpretación también se fuerza la variedad de los textos; esta interpretación escatológica sólo de modo artificial puede encajar en muchas de las parábolas. Jeremias, por el contrario, ha subrayado acertadamente que cada parábola tiene su propio contexto y, así, también su propio mensaje. En este sentido, ha puesto de relieve en su libro nueve ejes temáticos, pero buscando siempre un hilo conductor, el baricentro interno del mensaje de Jesús. Jeremias sabe que en esto debe mucho al exegeta inglés Charles H. Dodd, aunque al mismo tiempo se distancia de él en un punto fundamental.

Dodd establece como punto central de su exegesis la orientación de las parábolas hacia el tema del Reino de Dios, hacia la soberanía de Dios, pero rechazando la concepción de la escatología inminente de los exegetas alemanes y vinculando escatología con cristología: el Reino de Dios llega en la persona de Cristo. En la medida en que las parábolas hacen alusión al reino, señalan a Cristo como a la auténtica forma del reino. Jeremias sostiene que no puede aceptar este planteamiento de la «escatología realizada», como Dodd la llama, y, en su lugar, habla de «escatología que se realiza», conservando así —aunque algo rebajada— la idea de fondo de la exegesis alemana, según la cual Jesús habría anunciado la proximidad (temporal) de la llegada del Reino de Dios y la habría presentado a sus oyentes de diferentes maneras en las parábolas. Esto debilita nuevamente la conexión entre cristología y escatología; queda la pregunta sobre qué pueda pensar un oyente dos mil años después: en todo caso, debe considerar un error la perspectiva de una escatología inminente en aquel tiempo, pues el Reino de Dios, entendido como el cambio radical del mundo por obra de Dios, no ha llegado todavía; y tampoco puede adoptar esa concepción para el momento actual. Todas nuestras reflexiones anteriores nos han llevado por una parte a reconocer la espera de la llegada inmediata del fin del mundo como un aspecto de la primitiva recepción del mensaje de Jesús, pero al mismo tiempo se ha visto que esto no puede aplicarse en modo alguno a todas las palabras de Jesús ni erigirse en el contenido auténtico de su mensaje. Aquí Dodd captaba mucho mejor el efectivo tenor de los textos.

Precisamente en el Sermón de la Montaña, pero también en la explicación del Padrenuestro, hemos visto que el tema más profundo del anuncio de Jesús era su propio misterio, el misterio del Hijo, en el que Dios está entre nosotros y cumple fielmente su promesa; hemos visto también que el Reino de Dios está por venir y que ha llegado en su persona. En este sentido, hay que dar la razón a Dodd en lo esencial: sí, el Sermón de la Montaña es «escatológico», si se quiere, pero escatológico en el sentido de que el Reino de Dios se «realiza» en la venida de Jesús. Por tanto, podemos hablar verdaderamente de una «escatología que se realiza»: Jesús, el que ha llegado, es también a lo largo de toda la historia el que llega; es de esta «llegada» de la que, en el fondo, nos habla. Por tanto, podemos estar plenamente de acuerdo con las palabras conclusivas del libro de Jeremias: «Ha empezado el año de gracia de Dios, puesto que ha aparecido Aquél, el Salvador, cuya majestad oculta resplandece tras cada palabra y cada parábola» (p. 194).

Si bien podemos interpretar todas las parábolas como invitaciones ocultas y multiformes a creer en Él como al «Reino de Dios en persona», nos encontramos con unas palabras de Jesús a propósito de las parábolas que nos desconciertan. Los tres sinópticos nos cuentan que Jesús, cuando los discípulos le preguntaron por el significado de la parábola del sembrador, dio inicialmente una respuesta general sobre el sentido de su modo de hablar en parábolas. En el centro de esta respuesta se encuentran unas palabras de Isaías (cf. 6, 9s) que los sinópticos reproducen con diversas variantes. El texto de Marcos dice, según la cuidada traducción de Jeremias: «A vosotros (al círculo de los discípulos) os ha concedido Dios el secreto del Reino de Dios: pero para los de fuera todo resulta misterioso, para que (como está escrito) "miren y no vean, oigan y no entiendan, a no ser que se conviertan y Dios los perdone"» (*Mc* 4, 12; Jeremias, p. 11). ¿Qué significa esto? ¿Sirven las parábolas del Señor para hacer su mensaje inaccesible y reservarlo sólo a un pequeño grupo de elegidos, a los que Él mismo se las explica? ¿Acaso las parábolas no quieren abrir, sino cerrar? ¿Es Dios partidista, que no quiere la totalidad, a todos, sino sólo a una elite?

Si queremos entender estas misteriosas palabras del Señor, hemos de leerlas a partir del texto de Isaías que cita, y leerlas en la perspectiva de su vida personal, cuyo final Él conoce. Con esta frase, Jesús se sitúa en la línea de los profetas; su destino es el de los profetas. Las palabras de Isaías, en su conjunto, resultan mucho más severas e impresionantes que el resumen que Jesús cita. El Libro de Isaías dice: «Endurece el corazón de este pueblo, tapa sus oídos, ciega sus ojos, no sea que vea con sus ojos, y oiga con sus oídos, y entienda con su corazón, y se convierta y se cure» (6, 10). El profeta fracasa: su mensaje contradice demasiado la opinión general, las costumbres corrientes. Sólo a través de su fracaso las palabras resultan eficaces. Este fracaso del profeta se cierne como una oscura pregunta sobre toda la historia de Israel, y en cierto sentido se repite continuamente en la historia de la humanidad. Y también es sobre todo, siempre de nuevo, el destino de Jesucristo: la cruz. Pero precisamente de la cruz se deriva una gran fecundidad.

Y aquí se desvela de forma inesperada la relación con la parábola del sembrador, en cuyo contexto aparecen las palabras de Jesús en los sinópticos. Llama la atención la importancia que adquiere la imagen de la semilla en el conjunto del mensaje de Jesús. El tiempo de Jesús, el tiempo de los discípulos, es el de la siembra y de la semilla. El «Reino de Dios» está presente como una semilla. Vista desde fuera, la semilla es algo muy pequeño. A veces, ni se la ve. El grano de mostaza —imagen del Reino de Dios— es el más pequeño de los granos y, sin embargo, contiene en sí un árbol entero. La semilla es presencia del futuro. En ella está escondido lo que va a venir. Es promesa ya presente en el hoy. El Domingo de Ramos, el Señor ha resumido las diversas parábolas sobre las semillas y desvelado su pleno significado: «Os aseguro que si el grano de trigo no cae en tierra y muere, queda infecundo; pero, si muere, da mucho fruto» (*Jn* 12, 24). Él mismo es el grano. Su «fracaso» en la cruz supone precisamente el camino que va de los pocos a los muchos, a todos: «Y cuando sea elevado sobre la tierra, atraeré a todos hacia mí» (*Jn* 12, 32).

El fracaso de los profetas, su fracaso, aparece ahora bajo otra luz. Es precisamente el camino para lograr «que se conviertan y Dios los perdone». Es el modo de conseguir, por fin, que todos los ojos y oídos se abran. En la cruz se descifran las parábolas. En los sermones de despedida dice el Señor: «Os he hablado de esto en comparaciones: viene la hora en que ya no hablaré en comparaciones, sino que os hablaré del Padre claramente» (*Jn* 16, 25). Así, las parábolas hablan de manera escondida del misterio de la cruz; no sólo hablan de él: ellas mismas forman parte de él. Pues precisamente porque dejan traslucir el misterio divino de Jesús, suscitan contradicción. Precisamente cuando alcanzan máxima claridad, como en la parábola de los trabajadores homicidas de la viña (cf. *Mc* 12, 1-12), se transforman en estaciones de la vía hacia la cruz. En las parábolas, Jesús no es sólo el sembrador que siembra la semilla de la palabra de Dios, sino que es semilla que cae en la tierra para morir y así poder dar fruto.

De este modo, la inquietante explicación de Jesús sobre el sentido de sus parábolas nos lleva a la comprensión de su significado más profundo cuando —como requiere la naturaleza de la palabra de Dios escrita—leemos la Biblia, y especialmente los Evangelios, como una unidad y una totalidad que, aun con todos sus estratos históricos, expresa un mensaje intrínsecamente consecuente. Pero quizás merezca la pena, tras esta explicación muy teológica, que proviene del interior de la Biblia misma, considerar las parábolas también desde una perspectiva específicamente humana. ¿Qué es realmente una parábola? ¿Qué busca quien la narra?

Pues bien: cada educador, cada maestro que quiere transmitir nuevos conocimientos a sus oyentes, recurrirá alguna vez al ejemplo, a la parábola. Mediante el ejemplo, acerca al pensamiento de aquellos a los que se dirige una realidad que hasta entonces estaba fuera de su alcance. Mostrará cómo, en una realidad que forma parte de su ámbito de experiencias, hay algo que antes no habían percibido. Mediante la comparación, acerca lo que se encuentra lejos, de forma que a través del puente de la parábola lleguen a lo que hasta entonces les era desconocido. Se trata de un movimiento doble: por un lado, la parábola acerca lo que está lejos a los que la escuchan y meditan sobre ella; por otro, pone en camino al oyente mismo. La dinámica interna de la parábola, la autosuperación de la imagen elegida, le invita a encomendarse a esta dinámica e ir más allá de su horizonte actual, hasta lo antes desconocido y aprender a comprenderlo. Pero eso significa que la parábola requiere la colaboración de quien aprende, que no sólo recibe una enseñanza, sino que debe adoptar él mismo el movimiento de la parábola, ponerse en camino con ella. En este punto se plantea lo problemático de la parábola: puede darse la incapacidad de descubrir su dinámica y de dejarse guiar por ella; puede que, sobre todo cuando se trata de parábolas que afectan a la propia existencia y la modifican, no haya voluntad de dejarse llevar por el movimiento que la parábola exige.

Con esto hemos vuelto a las palabras del Señor sobre el mirar y no ver, el oír y no entender. Jesús no quiere transmitir unos conocimientos abstractos que nada tendrían que ver con nosotros en lo más hondo. Nos debe guiar hacia el misterio de Dios, hacia esa luz que nuestros ojos no pueden soportar y que por ello evitamos. Para hacérnosla más accesible, nos muestra cómo se refleja la luz divina en las cosas de este mundo y en las realidades de nuestra vida diaria. A través de lo cotidiano quiere indicarnos el verdadero fundamento de todas las cosas y así la verdadera dirección que hemos de tomar en la vida de cada día para seguir el recto camino. Nos muestra a Dios, no un Dios abstracto, sino el Dios que actúa, que entra en nuestras vidas y nos quiere tomar de la mano. A través de las cosas ordinarias nos muestra quiénes somos y qué debemos hacer en consecuencia; nos transmite un conocimiento que nos compromete, que no sólo nos trae nuevos conocimientos, sino que cambia nuestras vidas. Es un conocimiento que nos trae un regalo: Dios está en camino hacia ti. Pero es también un conocimiento que plantea una exigencia: cree y déjate guiar por la fe. Así, la posibilidad del rechazo es muy real, pues la parábola no contiene una fuerza coercitiva.

Se podrían plantear miles de objeciones razonables, y no sólo en la generación de Jesús, sino también en todas las generaciones y, tal vez, hoy más que nunca.

Nos hemos formado un concepto de realidad que excluye la transparencia de lo que, en ella, nos lleva a Dios. Sólo se considera real lo que se puede probar experimentalmente. Pero Dios no se deja someter a experimentos. Esto es precisamente lo que Él reprocha a la generación del desierto: «Cuando vuestros padres me pusieron a prueba y me tentaron, aunque habían visto mis obras» (*Sal* 95, 9). Dios no puede transparentarse en modo alguno, dice el concepto moderno de realidad. Y, por tanto, menos aún se puede aceptar la exigencia que nos plantea: creer en Él como Dios y vivir en consecuencia parece una pretensión inaceptable. En esta situación, las parábolas llevan de hecho a no ver y no entender, al «endurecimiento del corazón».

Así, por último, las parábolas son expresión del carácter oculto de Dios en este mundo y del hecho de que el conocimiento de Dios requiere la implicación del hombre en su totalidad; es un conocimiento que forma un todo único con la vida misma, un conocimiento que no puede darse sin «conversión». En el mundo marcado por el pecado, el baricentro sobre el que gravita nuestra vida se caracteriza por estar aferrado al yo y al «se» impersonal. Se debe romper este lazo para abrirse a un nuevo amor que nos lleve a otro campo de gravitación y nos haga vivir así de un modo nuevo. En este sentido, el conocimiento de Dios no es posible sin el don de su amor hecho visible; pero también el don debe ser aceptado. Así pues, en las parábolas se manifiesta la esencia misma del mensaje de Jesús y en el interior de las parábolas está inscrito el misterio de la cruz.

2. TRES GRANDES RELATOS DE PARÁBOLAS DE LUCAS

Intentar explicar aunque sólo fuera una buena parte de las parábolas de Jesús superaría el alcance de este libro. Deseo por tanto limitarme a los tres grandes relatos en parábolas que aparecen en el Evangelio de Lucas, cuya belleza y profundidad conmueven de forma espontánea incluso al no creyente: la historia del buen samaritano, la parábola de los dos hermanos y el relato del rico epulón y el pobre Lázaro.

La parábola del buen samaritano (Lc 10, 25-37)

En el centro de la historia del buen samaritano se plantea la pregunta fundamental del hombre. Es un doctor de la Ley, por tanto un maestro de la exegesis quien se la plantea al Señor: «Maestro, ¿qué tengo que hacer para heredar la vida eterna?» (10, 25). Lucas añade que el doctor le hace la pregunta a Jesús para ponerlo a prueba. El mismo, como doctor de la Ley, conoce la respuesta que da la Biblia, pero quiere ver qué dice al respecto este profeta sin estudios bíblicos. El Señor le remite simplemente a la Escritura, que el doctor, naturalmente, conoce, y deja que sea él quien responda. El doctor de la Ley lo hace acertadamente, con una combinación de Deuteronomio 6, 5 y Levítico 19, 18: «Amarás al Señor tu Dios con todo tu corazón, y con toda tu alma, y con todas tus fuerzas y con todo tu ser. Y al prójimo como a ti mismo» (Lc 10, 27). Sobre esta cuestión Jesús enseña lo mismo que la *Torá*, cuyo significado pleno se recoge en este doble precepto. Ahora bien, este hombre docto, que sabía perfectamente cuál era la respuesta, debe justificarse: la palabra de la Escritura es indiscutible, pero su aplicación en la práctica de la vida suscitaba cuestiones que se discutían mucho en las escuelas (y en la vida misma).

La pregunta, en concreto, es: ¿Quién es «el prójimo»? La respuesta habitual, que podía apoyarse también en textos de la Escritura, era que el «prójimo» significaba «connacional». El pueblo formaba una comunidad solidaria en la que cada uno tenía responsabilidades para con el otro, en la que cada uno era sostenido por el conjunto y, así, debía considerar al otro «como a sí mismo», como parte de ese conjunto que le asignaba su espacio vital. Entonces, los extranjeros, las gentes pertenecientes a otro pueblo, ¿no eran «prójimos»? Esto iba en contra de la Escritura, que exhortaba a amar precisamente también a los extranjeros, recordando que Israel mismo había vivido en Egipto como forastero. No obstante, se discutía hasta qué límites se podía llegar; en general, se consideraba perteneciente a una comunidad solidaria, y por tanto «prójimo», sólo al extranjero asentado en la tierra de Israel. Había también otras limitaciones bastante extendidas del concepto de «prójimo»; una sentencia rabínica enseñaba que no había que considerar como prójimo a los herejes, delatores y apóstatas (Jeremias, p. 170). Además, se daba por descontado que tampoco eran «prójimos» los samaritanos que, pocos años antes (entre el 6 y el 9 d.C.) habían contaminado la plaza del templo de Jerusalén al esparcir huesos humanos en los días de Pascua (Jeremias, p. 171).

A una pregunta tan concreta, Jesús respondió con la parábola del hombre que, yendo por el camino de

Jerusalén a Jericó, cayó en manos de unos bandidos que lo saquearon y golpearon, abandonándolo medio muerto al borde del camino. Es una historia totalmente realista, pues en ese camino se producían con regularidad este tipo de asaltos. Un sacerdote y un levita —conocedores de la Ley, expertos en la gran cuestión sobre la salvación, y que por profesión estaban a su servicio— se acercan por el camino, pero pasan de largo. No es que fueran necesariamente personas insensibles; tal vez tuvieron miedo e intentaban llegar lo antes posible a la ciudad; quizás no eran muy diestros y no sabían qué hacer para ayudar, teniendo en cuenta, además, que al parecer no había mucho que hacer. Por fin llega un samaritano, probablemente un comerciante que hacía esa ruta a menudo y conocía evidentemente al propietario del mesón cercano; un samaritano, esto es, alguien que no pertenecía a la comunidad solidaria de Israel y que no estaba obligado a ver en la persona asaltada por los bandidos a su «prójimo».

Aquí hay que recordar cómo, unos párrafos antes, el evangelista había contado que Jesús, de camino hacia Jerusalén, mandó por delante a unos mensajeros que llegaron a una aldea samaritana e intentaron buscarle allí alojamiento. «Pero no lo recibieron, porque se dirigía a Jerusalén» (9, 52s). Enfurecidos, los hijos del trueno —Santiago y Juan— habían dicho al Señor: «Señor, ¿quieres que mandemos bajar fuego del cielo y acabe con ellos?». Jesús los reprendió. Después se encontró alojamiento en otra aldea.

Entonces aparece aquí el samaritano. ¿Qué es lo que hace? No se pregunta hasta dónde llega su obligación de solidaridad ni tampoco cuáles son los méritos necesarios para alcanzar la vida eterna. Ocurre algo muy diferente: se le rompe el corazón. El Evangelio utiliza la palabra que en hebreo hacía referencia originalmente al seno materno y la dedicación materna. Se le conmovieron las «entrañas», en lo profundo del alma, al ver el estado en que había quedado ese hombre. «Le dio lástima», traducimos hoy en día, suavizando la vivacidad original del texto. En virtud del rayo de compasión que le llegó al alma, él mismo se convirtió en prójimo, por encima de cualquier consideración o peligro. Por tanto, aquí la pregunta cambia: no se trata de establecer quién sea o no mi prójimo entre los demás. Se trata de mí mismo. Yo tengo que convertirme en prójimo, de forma que el otro cuente para mí tanto como «yo mismo».

Si la pregunta hubiera sido: «¿Es también el samaritano mi prójimo?», dada la situación, la respuesta habría sido un «no» más bien rotundo. Pero Jesús da la vuelta a la pregunta: el samaritano, el forastero, se hace él mismo prójimo y me muestra que yo, en lo íntimo de mí mismo, debo aprender desde dentro a ser prójimo y que la respuesta se encuentra ya dentro de mí. Tengo que llegar a ser una persona que ama, una persona de corazón abierto que se conmueve ante la necesidad del otro. Entonces encontraré a mi prójimo, o mejor dicho, será él quien me encuentre.

En su interpretación de la parábola, Helmut Kuhn va más allá del sentido literal del texto y señala la radicalidad de su mensaje cuando escribe: «El amor político del amigo se basa en la igualdad de las partes. La parábola simbólica del samaritano, en cambio, destaca la desigualdad radical: el samaritano, un forastero en Israel, está ante el otro, un individuo anónimo, como el que presta ayuda a la desvalida víctima del atraco de los bandidos. La parábola nos da a entender que el *agapé* traspasa todo tipo de orden político con su principio del *do ut des*, superándolo y caracterizándose de este modo como sobrenatural. Por principio, no sólo va más allá de ese orden, sino que lo transforma al entenderlo en sentido inverso: los últimos serán los primeros (cf. *Mt* 19, 30). Y los humildes heredarán la tierra (cf. *Mt* 5, 5)» (p. 88s). Una cosa está clara: se manifiesta una nueva universalidad basada en el hecho de que, en mi interior, ya soy hermano de todo aquel que me encuentro y que necesita mi ayuda.

La actualidad de la parábola resulta evidente. Si la aplicamos a las dimensiones de la sociedad mundial, vemos cómo los pueblos explotados y saqueados de África nos conciernen. Vemos hasta qué punto son nuestros «próximos»; vemos que también nuestro estilo de vida, nuestra historia, en la que estamos implicados, los ha explotado y los explota. Un aspecto de esto es sobre todo el daño espiritual que les hemos causado. En lugar de darles a Dios, el Dios cercano a nosotros en Cristo, y aceptar de sus propias tradiciones lo que tiene valor y grandeza, y perfeccionarlo, les hemos llevado el cinismo de un mundo sin Dios, en el que sólo importa el poder y las ganancias; hemos destruido los criterios morales, con lo que la corrupción y la falta de escrúpulos en el poder se han convertido en algo natural. Y esto no sólo ocurre con África.

Ciertamente, tenemos que dar ayuda material y revisar nuestras propias formas de vida. Pero damos siempre demasiado poco si sólo damos lo material. ¿Y no encontramos también a nuestro alrededor personas explotadas y maltratadas? Las víctimas de la droga, del tráfico de personas, del turismo sexual; personas destrozadas interiormente, vacías en medio de la riqueza material. Todo esto nos afecta y nos llama a tener los ojos y el corazón de quien es prójimo, y también el valor de amar al prójimo. Pues —como se ha dicho— quizás el sacerdote y el levita pasaron de largo más por miedo que por indiferencia. Tenemos que aprender de nuevo, desde lo más íntimo, la valentía de la bondad; sólo lo conseguiremos si nosotros mismos nos hacemos «buenos» interiormente, si somos «prójimos» desde dentro y cada uno percibe qué tipo de servicio se necesita en mi entorno y en el radio más amplio de mi existencia, y cómo puedo prestarlo yo.

Los Padres de la Iglesia han leído la parábola desde un punto de vista cristológico. Alguno podría decir: eso es alegoría, es decir, una interpretación que se aleja del texto. Pero si consideramos que el Señor nos quiere invitar en todas las parábolas, de diversas maneras, a creer en el Reino de Dios, que es Él mismo, entonces no resulta tan equivocada la interpretación cristológica. Corresponde de algún modo a una potencialidad intrínseca del texto y puede ser un fruto que nace de su semilla. Los Padres vieron la parábola en la perspectiva de la historia universal: el hombre que yace medio muerto y saqueado al borde del camino, ¿no es una imagen de «Adán», del hombre en general, que «ha caído en manos de unos ladrones»? ¿No es cierto que el hombre, la criatura hombre, ha sido alienado, maltratado, explotado, a lo largo de toda su historia? La gran mayoría de la humanidad ha vivido casi siempre en la opresión; y desde otro punto de vista: los opresores, ¿son realmente la verdadera imagen del hombre?, ¿acaso no son más bien los primeros deformados, una degradación del hombre? Karl Marx describió drásticamente la «alienación» del hombre; aunque no llegó a la verdadera profundidad de la alienación, pues pensaba sólo en lo material, aportó una imagen clara del hombre que había caído en manos de los bandidos.

La teología medieval interpretó las dos indicaciones de la parábola sobre el estado del hombre herido como afirmaciones antropológicas fundamentales. De la víctima del asalto se dice, por un lado, que había sido despojado (*spoliatus*) y, por otro, que había sido golpeado hasta quedar medio muerto (*vulneratus*: cf. *Lc* 10, 30). Los escolásticos lo relacionaron con la doble dimensión de la alienación del hombre. Decían que fue *spoliatus supernaturalibus* y *vulneratus in naturalibus*: despojado del esplendor de la gracia sobrenatural, recibida como don, y herido en su naturaleza. Ahora bien, esto es una alegoría que sin duda va mucho más allá del sentido de la palabra, pero en cualquier caso constituye un intento de precisar los dos tipos de daño que pesan sobre la humanidad.

El camino de Jerusalén a Jericó aparece, pues, como imagen de la historia universal; el hombre que yace medio muerto al borde del camino es imagen de la humanidad. El sacerdote y el levita pasan de largo: de aquello que es propio de la historia, de sus culturas y religiones, no viene salvación alguna. Si el hombre atracado es por antonomasia la imagen de la humanidad, entonces el samaritano sólo puede ser la imagen de Jesucristo. Dios mismo, que para nosotros es el extranjero y el lejano, se ha puesto en camino para venir a hacerse cargo de su criatura maltratada. Dios, el lejano, en Jesucristo se convierte en prójimo. Cura con aceite y vino nuestras heridas —en lo que se ha visto una imagen del don salvífico de los sacramentos— y nos lleva a la posada, la Iglesia, en la que dispone que nos cuiden y donde anticipa lo necesario para costear esos cuidados.

Podemos dejar tranquilamente a un lado los diversos aspectos de la alegoría, que varían según los distintos Padres. Pero la gran visión del hombre que yace alienado e inerme en el camino de la historia, y de Dios mismo que se ha hecho su prójimo en Jesucristo, podemos contemplarla como una dimensión profunda de la parábola que nos afecta, pues no mitiga el gran imperativo que encierra la parábola, sino que le da toda su grandeza. El gran tema del amor, que es el verdadero punto central del texto, adquiere así toda su amplitud. En efecto, ahora nos damos cuenta de que todos estamos «alienados», que necesitamos ser salvados. Por fin descubrimos que, para que también nosotros podamos amar, necesitamos recibir el amor salvador que Dios nos regala. Necesitamos siempre a Dios, que se convierte en nuestro prójimo, para que nosotros podamos a su vez ser prójimos.

Las dos figuras de que hemos hablado afectan a todo hombre: cada uno está «alienado», alejado precisamente del amor (que es la esencia del «esplendor sobrenatural» del cual hemos sido despojados); toda persona debe ser ante todo sanada y agraciada. Pero, acto seguido, cada uno debe convertirse en samaritano: seguir a Cristo y hacerse como Él. Entonces viviremos rectamente. Entonces amaremos de modo apropiado, cuando seamos semejantes a Él, que nos amó primero (cf. *1 Jn* 4, 19).

La parábola de los dos hermanos (el hijo pródigo y el hijo que se quedó en casa) y del padre bueno (Lc 15, 11-32)

Esta parábola de Jesús, quizás la más bella, se conoce también como la «parábola del hijo pródigo». En ella, la figura del hijo pródigo está tan admirablemente descrita, y su desenlace —en lo bueno y en lo malo— nos toca de tal manera el corazón que aparece sin duda como el verdadero centro de la narración. Pero la parábola tiene en realidad tres protagonistas. Joachim Jeremias y otros autores han propuesto llamarla mejor la «parábola del padre bueno», ya que él sería el auténtico centro del texto.

Pierre Grelot, en cambio, destaca como elemento esencial la figura del segundo hijo y opina —a mi modo de ver con razón— que lo más acertado sería llamarla «parábola de los dos hermanos». Esto se desprende ante todo de la situación que ha dado lugar a la parábola y que Lucas presenta del siguiente modo (15, 1s): «Se acercaban a Jesús los publicanos y pecadores a escucharle. Y los fariseos y los letrados murmuraban entre ellos: "Ése acoge a los pecadores y come con ellos"». Aquí encontramos dos grupos, dos «hermanos»: los publicanos y los pecadores; los fariseos y los

243

letrados. Jesús les responde con tres parábolas: la de la oveja descarriada y las noventa y nueve que se quedan en casa; después la de la dracma perdida; y, finalmente, comienza de nuevo y dice: «Un hombre tenía dos hijos» (15, 11). Así pues, se trata de los dos.

El Señor retoma así una tradición que viene de muy atrás: la temática de los dos hermanos recorre todo el Antiguo Testamento, comenzando por Caín y Abel, pasando por Ismael e Isaac, hasta llegar a Esaú y Jacob, y se refleja otra vez, de modo diferente, en el comportamiento de los once hijos de Jacob con José. En los casos de elección domina una sorprendente dialéctica entre los dos hermanos, que en el Antiguo Testamento queda como una cuestión abierta. Jesús retoma esta temática en un nuevo momento de la actuación histórica de Dios y le da una nueva orientación. En el Evangelio de Mateo aparece un texto sobre dos hermanos similar al de nuestra parábola: uno asegura querer cumplir la voluntad del padre, pero no lo hace; el segundo se niega a la petición del padre, pero luego se arrepiente y cumple su voluntad (cf. *Mt* 21, 28-32). También aquí se trata de la relación entre pecadores y fariseos; también aquí el texto se convierte en una llamada a dar un nuevo sí al Dios que nos llama.

Pero tratemos ahora de seguir la parábola paso a paso. Aparece ante todo la figura del hijo pródigo, pero ya inmediatamente, desde el principio, vemos también la magnanimidad del padre. Accede al deseo del hijo menor de recibir su parte de la herencia y reparte la heredad. Da libertad. Puede imaginarse lo que el hijo menor hará, pero le deja seguir su camino.

El hijo se marcha «a un país lejano». Los Padres han visto aquí sobre todo el alejamiento interior del mundo del padre —del mundo de Dios—, la ruptura interna de la relación, la magnitud de la separación de lo que es propio y de lo que es auténtico. El hijo derrocha su herencia. Sólo quiere disfrutar. Quiere aprovechar la vida al máximo, tener lo que considera una «vida en plenitud». No desea someterse ya a ningún precepto, a ninguna autoridad: busca la libertad radical; quiere vivir sólo para sí mismo, sin ninguna exigencia. Disfruta de la vida; se siente totalmente autónomo.

¿Acaso nos es difícil ver precisamente en eso el espíritu de la rebelión moderna contra Dios y contra la Ley de Dios? ¿El abandono de todo lo que hasta ahora era el fundamento básico, así como la búsqueda de una libertad sin límites? La palabra griega usada en la parábola para designar la herencia derrochada significa en el lenguaje de los filósofos griegos «sustancia», naturaleza. El hijo perdido desperdicia su «naturaleza», se desperdicia a sí mismo.

Al final ha gastado todo. El que era totalmente libre ahora se convierte realmente en siervo, en un cuidador de cerdos que sería feliz si pudiera llenar su estómago con lo que ellos comían. El hombre que entiende la libertad como puro arbitrio, el simple hacer lo que quiere e ir donde se le antoja, vive en la mentira, pues por su propia naturaleza forma parte de una reciprocidad, su libertad es una libertad que debe compartir con los otros; su misma esencia lleva consigo disciplina y normas; identificarse íntimamente con ellas, eso sería libertad. Así, una falsa autonomía conduce a la esclavitud: la historia, entretanto, nos lo ha demostrado de sobra. Para los judíos, el cerdo es un animal impuro; ser cuidador de cerdos es, por tanto, la expresión de la máxima alienación y el mayor empobrecimiento del hombre. El que era totalmente libre se convierte en un esclavo miserable.

Al llegar a este punto se produce la «vuelta atrás». El hijo pródigo se da cuenta de que está perdido. Comprende que en su casa era un hombre libre y que los esclavos de su padre son más libres que él, que había creído ser absolutamente libre. «Entonces recapacitó», dice el Evangelio (15, 17), y esta expresión, como ocurrió con la del país lejano, repropone la reflexión filosófica de los Padres: viviendo lejos de casa, de sus orígenes, dicen, este hombre se había alejado también de sí mismo, vivía alejado de la verdad de su existencia.

Su retorno, su «conversión», consiste en que reconoce todo esto, que se ve a sí mismo alienado; se da cuenta de que se ha ido realmente «a un país lejano» y que ahora vuelve hacia sí mismo. Pero en sí mismo encuentra la indicación del camino hacia el padre, hacia la verdadera libertad de «hijo». Las palabras que prepara para cuando llegue a casa nos permiten apreciar la dimensión de la peregrinación interior que ahora emprende. Son la expresión de una existencia en camino que ahora —a través de todos los desiertos— vuelve «a casa», a sí mismo y al padre. Camina hacia la verdad de su existencia y, por tanto, «a casa». Con esta interpretación «existencial» del regreso a casa, los Padres nos explican al mismo tiempo lo que es la «conversión», el sufrimiento y la purificación interna que implica, y podemos decir tranquilamente que, con ello, han entendido correctamente la esencia de la parábola y nos ayudan a reconocer su actualidad.

El padre ve al hijo «cuando todavía estaba lejos», sale a su encuentro. Escucha su confesión y reconoce en ella el camino interior que ha recorrido, ve que ha encontrado el camino hacia la verdadera libertad. Así, ni siquiera le deja terminar, lo abraza y lo besa, y manda preparar un gran banquete. Reina la alegría porque el hijo «que estaba muerto» cuando se marchó de la casa paterna con su fortuna, ahora ha vuelto a la vida, ha revivido; «estaba perdido y lo hemos encontrado» (15, 32).

Los Padres han puesto todo su amor en la interpretación de esta escena. El hijo perdido se convierte para ellos en la imagen del hombre, el «Adán» que todos somos, ese Adán al que Dios le sale al encuentro y le recibe de nuevo en su casa. En la parábola, el padre encarga a los criados que traigan enseguida «el mejor traje». Para los Padres, ese «mejor traje» es una alusión al vestido de la gracia, que tenía originalmente el hombre y que después perdió con el pecado. Ahora, este «mejor traje» se le da de nuevo, es el vestido del hijo. En la fiesta que se prepara, ellos ven una imagen de la fiesta de la fe, la Eucaristía festiva, en la que se anticipa el banquete eterno. En el texto griego se dice literalmente que el hermano mayor, al regresar a casa, oye «sinfonías y coros»: para los Padres es una imagen de la sinfonía de la fe, que hace del ser cristiano una alegría y una fiesta.

Pero lo esencial del texto no está ciertamente en estos detalles; lo esencial es, sin duda, la figura del padre. ¿Resulta comprensible? ¿Puede y debe actuar así un padre? Pierre Grelot ha hecho notar que Jesús se expresa aquí tomando como punto de referencia el Antiguo Testamento: la imagen original de esta visión de Dios Padre se encuentra en Oseas (cf. 11, 1-9). Allí se habla de la elección de Israel y de su traición: «Cuanto más los llamaba, más se alejaban de mí; sacrificaban a los Baales, e incensaban a los ídolos» (11, 2). Dios ve también cómo este pueblo es destruido, cómo la espada hace estragos en sus ciudades (cf. 11, 6). Y entonces el profeta describe bien lo que sucede en nuestra parábola: «¿Cómo te trataré, Efraín? ¿Acaso puedo abandonarte, Israel?… Se me revuelve el corazón, se me conmueven las entrañas. No cederé al ardor de mi cólera, no volveré a destruir a Efraín; que soy Dios y no hombre, santo en medio de ti…» (11, 8ss). Puesto que Dios es Dios, el Santo, actúa como ningún hombre podría actuar. Dios tiene un corazón, y ese corazón se revuelve, por así decirlo, contra sí mismo: aquí encontramos de nuevo, tanto en el profeta como en el Evangelio, la palabra sobre la «compasión» expresada con la imagen del seno materno. El corazón de Dios transforma la ira y cambia el castigo por el perdón.

Para el cristiano surge aquí la pregunta: ¿dónde está aquí el puesto de Jesucristo? En la parábola sólo aparece el Padre. ¿Falta quizás la cristología en esta parábola? Agustín ha intentado introducir la cristología, descubriéndola donde se dice que el padre abrazó al hijo (cf. 15, 20). «El brazo del Padre es el Hijo», dice. Y habría podido remitirse a Ireneo, que describió al Hijo y al Espíritu como las dos manos del Padre. «El brazo del Padre es el Hijo»: cuando pone su brazo sobre nuestro hombro, como «su yugo suave», no se trata de un peso que nos carga, sino del gesto de aceptación lleno de amor. El «yugo» de este brazo no es un peso que debamos soportar, sino el regalo del amor que nos sostiene y nos convierte en hijos. Se trata de una explicación muy sugestiva, pero es más bien una «alegoría» que va claramente más allá del texto.

Grelot ha encontrado una interpretación más conforme al texto y que va más a fondo. Hace notar que, con esta parábola, con la actitud del padre de la parábola, como con las anteriores, Jesús justifica su bondad para con los pecadores, su acogida de los pecadores. Con su actitud, Jesús «se convierte en revelación viviente de quien Él llamaba su Padre». La consideración del contexto histórico de la parábola, pues, delinea de por sí una «cristología implícita». «Su pasión y su resurrección han acentuado aún más este aspecto: ¿cómo ha mostrado Dios su amor misericordioso por los pecadores? Haciendo morir a Cristo por nosotros "cuando todavía éramos pecadores" (*Rm* 5, 8). Jesús no puede entrar en el marco narrativo de su parábola porque vive identificándose con el Padre celestial, recalcando la actitud del Padre en la suya. Cristo resucitado está hoy, en este punto, en la misma situación que Jesús de Nazaret durante el tiempo de su ministerio en la tierra» (pp. 228s). De hecho, Jesús justifica en esta parábola *su* comportamiento remitiéndolo al del Padre, identificándolo con Él. Así, precisamente a través de la figura del Padre, Cristo aparece en el centro de esta parábola como la realización concreta del obrar paterno.

Y he aquí que aparece el hermano mayor. Regresa a casa tras el trabajo en el campo, oye la fiesta en la casa, se entera del motivo y se enoja. Simplemente, no considera justo que a ese haragán, que ha malgastado con prostitutas toda su fortuna —el patrimonio del padre—, se le obsequie con una fiesta espléndida sin pasar antes por una prueba, sin un tiempo de penitencia. Esto se contrapone a su idea de la justicia: una vida de trabajo como la suya parece insignificante frente al sucio pasado del otro. La amargura lo invade: «En tantos años como te sirvo, sin desobedecer nunca una orden tuya, a mí nunca me has dado un cabrito para tener un banquete con mis amigos» (15, 29). El padre trata también de complacerle y le habla con benevolencia. El hermano mayor no sabe de los avatares y andaduras más recónditos del otro, del camino que le llevó tan lejos, de su caída y de su reencuentro consigo mismo. Sólo ve la injusticia. Y ahí se demuestra que él, en silencio, también había soñado con una libertad sin límites, que había un rescoldo interior de amargura en su obediencia, y que no conoce la gracia que supone estar en casa, la auténtica libertad que tiene como hijo. «Hijo, tú estás siempre conmigo —le dice el padre—, y todo lo mío es tuyo» (15, 31). Con eso le explica la grandeza de ser hijo. Son las mismas palabras con las que Jesús describe su relación con el Padre en la oración sacerdotal: «Todo lo mío es tuyo, y todo lo tuyo es mío» (Jn 17, 10).

La parábola se interrumpe aquí; nada nos dice de la reacción del hermano mayor. Tampoco podría hacerlo, pues en este punto la parábola pasa directamente a la situación real que tiene ante sus ojos: con estas palabras del padre, Jesús habla al corazón de los fariseos y de los letrados que murmuraban y se indignaban de su bondad con los pecadores (cf. 15, 2). Ahora se ve totalmente claro que Jesús identifica su bondad hacia los pecadores con la bondad del padre de la parábola, y que todas las palabras que se ponen en boca del padre las dice Él mismo a las personas piadosas. La parábola no narra algo remoto, sino lo que ocurre aquí y ahora a través de Él. Trata de conquistar el corazón de sus adversarios. Les pide entrar y participar en el júbilo de este momento de vuelta a casa y de reconciliación. Estas palabras permanecen en el Evangelio como una invitación implorante. Pablo recoge esta invitación cuando escribe: «En nombre de Cristo os pedimos que os reconciliéis con Dios» (2 Co 5, 20).

Así, la parábola se sitúa, por un lado, de un modo muy realista en el punto histórico en que Jesús la relata; pero al mismo tiempo va más allá de ese momento histórico, pues la invitación suplicante de Dios continúa. Pero, ¿a quién se dirige ahora? Los Padres, muy en general, han vinculado el tema de los dos hermanos con la relación entre judíos y paganos. No les ha resultado muy difícil ver en el hijo disoluto, alejado de Dios y de sí mismo, un reflejo del mundo del paganismo, al que Jesús abre las puertas a la comunión de Dios en la gracia y para el que celebra ahora la fiesta de su amor. Así, tampoco resulta difícil reconocer en el hermano que se había quedado en casa al pueblo de Israel, que con razón podría decir: «En tantos años como te sirvo, sin desobedecer nunca una orden tuya». Precisamente en la fidelidad a la *Torá* se manifiesta la fidelidad de Israel y también su imagen de Dios.

Esta aplicación a los judíos no es injustificada si se la considera tal como la encontramos en el texto: como una delicada tentativa de Dios de persuadir a Israel, tentativa que está totalmente en las manos de Dios. Tengamos en cuenta que, ciertamente, el padre de la parábola no sólo no pone en duda la fidelidad del hijo mayor, sino que confirma expresamente su posición como hijo suyo: «Hijo, tú estás siempre conmigo, y todo lo mío es tuyo». Sería más bien una interpretación errónea si se quisiera transformar esto en una condena de los judíos, algo de lo no se habla para nada en el texto.

Si bien es lícito considerar la aplicación de la parábola de los dos hermanos a Israel y los paganos como una dimensión implícita en el texto, quedan todavía otras dimensiones. Las palabras de Jesús sobre el hermano mayor no aluden sólo a Israel (también los pecadores que se acercaban a Él eran judíos), sino al peligro específico de los piadosos, de los que estaban limpios, «*en règle*» con Dios como lo expresa Grelot (p. 229). Grelot subraya así la breve frase: «Sin desobedecer nunca una orden tuya». Para ellos, Dios es sobre todo Ley; se ven en relación jurídica con Dios y, bajo este aspecto, a la par con Él. Pero Dios es algo más: han de convertirse del Dios-Ley al Dios más grande, al Dios del amor. Entonces no abandonarán su obediencia, pero ésta brotará de fuentes más profundas y será, por ello, mayor, más sincera y pura, pero sobre todo también más humilde.

Añadamos ahora otro punto de vista que ya hemos mencionado antes: en la amargura frente a la bondad de Dios se aprecia una amargura interior por la obediencia prestada que muestra los límites de esa sumisión: en su interior, también les habría gustado escapar hacia la gran libertad. Se aprecia una envidia solapada de lo que el otro se ha podido permitir. No han recorrido el camino que ha purificado al hermano menor y le ha hecho comprender lo que significa realmente la libertad, lo que significa ser hijo. Ven su libertad como una servidumbre y no están maduros para ser verdaderamente hijos. También ellos necesitan todavía un camino; pueden encontrarlo sencillamente si le dan la razón a Dios, si aceptan la fiesta de Dios como si fuera también la suya. Así, en la parábola, el Padre nos habla a través de Cristo a los que nos hemos quedado en casa, para que también nosotros nos convirtamos verdaderamente y estemos contentos de nuestra fe.

La parábola del rico epulón y el pobre Lázaro (Lc 16, 19-31)

De nuevo nos encontramos en esta historia dos figuras contrastantes: el rico, que lleva una vida disipada llena de placeres, y el pobre, que ni siquiera puede tomar las migajas que los comensales tiran de la mesa, siguiendo la costumbre de la época de limpiarse las manos con trozos de pan y luego arrojarlos al suelo. En parte, los Padres han aplicado a esta parábola el esquema de los dos hermanos, refiriéndolo a la relación entre Israel (el rico) y la Iglesia (el pobre Lázaro), pero con ello han perdido la tipología completamente diversa que aquí se plantea. Esto se ve ya en el distinto desenlace. Mientras los textos precedentes sobre los dos hermanos quedan abiertos, terminan con una pregunta y una invitación, aquí se describe el destino irrevocable tanto de uno como del otro protagonista.

Como trasfondo que nos permite entender este relato hay que considerar la serie de Salmos en los que se eleva a Dios la queja del pobre que vive en la fe en Dios y obedece a sus preceptos, pero sólo conoce desgracias, mientras los cínicos que desprecian a Dios van de éxito en éxito y disfrutan de toda la felicidad en la tierra. Lázaro forma parte de aquellos pobres cuya voz escuchamos, por ejemplo, en el Salmo 44: «Nos haces el escarnio de nuestros vecinos, irrisión y burla de los que nos rodean... Por tu causa nos degüellan cada día, nos tratan como ovejas de matanza» (vv. 14.23; cf. *Rm* 8, 36). La antigua sabiduría de Israel se fundaba sobre el presupuesto de que Dios premia a los justos y castiga a los pecadores, de que, por tanto, al pecado le corresponde la infelicidad y a la justicia la felicidad. Esta sabiduría había entrado en crisis al menos desde el exilio. No era sólo el hecho de que Israel como pueblo sufriera más en conjunto que los pueblos de su alrededor, sino que lo expulsaron al exilio y lo oprimieron; también en el ámbito privado se mostraba cada vez más claro que el cinismo es ventajoso y que, en este mundo, el justo está destinado a sufrir. En los Salmos y en la literatura sapiencial tardía vemos la búsqueda afanosa para resolver esta contradicción, un nuevo intento de convertirse en «sabio», de entender correctamente la vida, de encontrar y comprender de un modo nuevo a Dios, que parece injusto o incluso del todo ausente.

Uno de los textos más penetrantes de esta búsqueda, el Salmo 73, puede considerarse en este sentido como el trasfondo espiritual de nuestra parábola. Allí vemos como cincelada la figura del rico que lleva una vida regalada, ante el cual el orante —Lázaro— se lamenta: «Envidiaba a los perversos, viendo prosperar a los malvados. Para ellos no hay sinsabores, están sanos y orondos; no pasan las fatigas humanas ni sufren como los demás. Por eso su collar es el orgullo... De las carnes les rezuma la maldad... su boca se atreve con el cielo... Por eso mi pueblo se vuelve a ellos y se bebe sus palabras. Ellos dicen: "¿Es que Dios lo va a saber, se va a enterar el Altísimo?"» (*Sal* 73, 3-11).

El justo que sufre, y que ve todo esto, corre el peligro de extraviarse en su fe. ¿Es que realmente Dios no ve? ¿No oye? ¿No le preocupa el destino de los hombres? «¿Para qué he purificado yo mi corazón...? ¿Para qué aguanto yo todo el día y me corrijo cada mañana...? Mi corazón se agriaba...» (*Sal* 73, 13s.21). El cambio llega de repente, cuando el justo que sufre mira a Dios en el santuario y, mirándolo, ensancha su horizonte. Ahora ve que la aparente inteligencia de los cínicos ricos y exitosos, puesta a la luz, es estupidez: este tipo de sabiduría significa ser «necio e ignorante», ser «como un animal» (cf. *Sal* 73, 22). Se quedan en la perspectiva del animal y pierden la perspectiva del hombre que va más allá de lo material: hacia Dios y la vida eterna.

En este punto podemos recurrir a otro Salmo, en el que uno que es perseguido dice al final: «De tu despensa les llenarás el vientre, se saciarán sus hijos... Pero yo con mi apelación vengo a tu presencia, y al despertar me saciaré de tu semblante» (*Sal* 17, 14s). Aquí se contraponen dos tipos de saciedad: el hartarse de bienes materiales y el llenarse «de tu semblante», la saciedad del corazón mediante el encuentro con el amor infinito. «Al despertar» hace referencia en definitiva al despertar a una vida nueva, eterna; pero también se refiere a un «despertar» más profundo ya en este mundo: despertar a la verdad, que ya ahora da al hombre una nueva forma de saciedad.

El Salmo 73 habla de este despertar en la oración. En efecto, ahora el orante ve que la felicidad del cínico, tan envidiada, es sólo «como un sueño al despertar»; ve que el Señor, al despertar, «desprecia sus sombras» (cf. *Sal* 73, 20). Y entonces el orante reconoce la verdadera felicidad: «Pero yo siempre estaré contigo, tú agarras mi mano derecha... ¿No te tengo a ti en el cielo?; y contigo, ¿qué me importa la tierra?... Para mí lo bueno es estar junto a Dios...» (*Sal* 73, 23.25.28). No se trata de una vaga esperanza en el más allá, sino del despertar a la percepción de la auténtica grandeza del ser humano, de la que forma parte también naturalmente la llamada a la vida eterna.

Con esto nos hemos alejado de la parábola sólo en apariencia. En realidad, con este relato el Señor nos quiere introducir en ese proceso del «despertar» que los Salmos describen. No se trata de una condena mezquina de la riqueza y de los ricos nacida de la envidia. En los Salmos que hemos considerado brevemente está superada la envidia; más aún, para el orante es obvio que la envidia por este tipo de riqueza es necia, porque él ha conocido el verdadero bien. Tras la crucifixión de Jesús, nos encontramos a dos hombres acaudalados —Nicodemo y José de Arimatea— que han encontrado al Señor y se están «despertando». El Señor nos quiere hacer pasar de un ingenio necio a la verdadera sabiduría, enseñarnos a reconocer el bien verdadero. Así, aunque no aparezca en el texto, a partir de los Salmos podemos decir que el rico de vida licenciosa era ya en este mundo un hombre de corazón fatuo, que con su despilfarro sólo quería ahogar el vacío en el que se encontraba: en el más allá aparece sólo la verdad que ya existía en este mundo. Naturalmente, esta parábola, al despertarnos, es al mismo tiempo una exhortación al amor que ahora debemos dar a nuestros hermanos pobres y a la responsabilidad que debemos tener respecto a ellos, tanto a gran escala, en la sociedad mundial, como en el ámbito más reducido de nuestra vida diaria.

En la descripción del más allá que sigue después en la parábola, Jesús se atiene a las ideas corrientes en el judaísmo de su tiempo. En este sentido no se puede forzar esta parte del texto: Jesús toma representaciones ya existentes sin por ello incorporarlas formalmente a su doctrina sobre el más allá. No obstante, aprueba claramente lo esencial de las imágenes usadas. Por eso no carece de importancia que Jesús recurra aquí a las ideas sobre el estado intermedio entre muerte y resurrección, que ya se habían generalizado en la fe judía. El rico se encuentra en el Hades como un lugar provisional, no en la «Gehenna» (el infierno), que es el nombre del estado final (Jeremias, p. 152). Jesús no conoce una «resurrección en la muerte», pero, como se ha dicho, esto no es lo que el Señor nos quiere enseñar con esta parábola. Se trata más bien, como Jeremias ha explicado de modo convincente, de la petición de signos, que aparece en un segundo punto de la parábola.

El hombre rico dice a Abraham desde el Hades lo que muchos hombres, entonces como ahora, dicen o les gustaría decir a Dios: si quieres que te creamos y que nuestras vidas se rijan por la palabra de revelación de la Biblia, entonces debes ser más claro. Mándanos a alguien desde el más allá que nos pueda decir que eso es realmente así. El problema de la petición de pruebas, la exigencia de una mayor evidencia de la revelación, aparece a lo largo de todo el Evangelio. La respuesta de Abraham, así como, al margen de la parábola, la que da Jesús a la petición de pruebas por parte de sus contemporáneos, es clara: quien no crea en la palabra de la Escritura tampoco creerá a uno que venga del más allá. Las verdades supremas no pueden someterse a la misma evidencia empírica que, por definición, es propia sólo de las cosas materiales.

Abraham no puede enviar a Lázaro a la casa paterna del rico epulón. Pero hay algo que nos llama la atención. Pensemos en la resurrección de Lázaro de Betania que nos narra el Evangelio de Juan. ¿Qué ocurre? «Muchos judíos... creyeron en él», nos dice el evangelista. Van a los fariseos y les cuentan lo ocurrido, tras lo cual se reúne el Sanedrín para deliberar. Allí se ve la cuestión desde el punto de vista político: se podía producir un movimiento popular que alertaría a los romanos y provocar una situación peligrosa. Entonces se decide matar a Jesús: el milagro no conduce a la fe, sino al endurecimiento (cf. *Jn* 11, 45-53).

Pero nuestros pensamientos van más allá. ¿Acaso no reconocemos tras la figura de Lázaro, que yace cubierto de llagas a la puerta del rico, el misterio de Jesús, que «padeció fuera de la ciudad» (*Hb* 13, 12) y, desnudo y clavado en la cruz, su cuerpo cubierto de sangre y heridas, fue expuesto a la burla y al desprecio de la multitud?: «Pero yo soy un gusano, no un hombre, vergüenza de la gente, desprecio del pueblo» (*Sal* 22, 7).

Este Lázaro auténtico *ha resucitado*, ha venido para decírnoslo. Así pues, si en la historia de Lázaro vemos la respuesta de Jesús a la petición de signos por parte de sus contemporáneos, estamos de acuerdo con la respuesta central que Jesús da a esta exigencia. En Mateo se dice: «Esta generación perversa y adúltera exige una señal; pues no se le dará más signo que el del profeta Jonás. Tres días y tres noches estuvo Jonás en el vientre del cetáceo, pues tres días y tres noches estará el Hijo del hombre en el seno de la tierra» (*Mt* 12, 39s). En Lucas leemos: «Esta generación es una generación perversa. Pide un signo, pero no se le dará más signo que el signo de Jonás. Como Jonás fue un signo para los habitantes de Nínive, lo mismo será el Hijo del hombre para esta generación» (*Lc* 11, 29s).

No necesitamos analizar aquí las diferencias entre estas dos versiones. Una cosa está clara: la señal de Dios para los hombres es el Hijo del hombre, Jesús mismo. Y lo es de manera profunda en su misterio pascual, en el misterio de muerte y resurrección. Él mismo es el «signo de Jonás». Él, el crucificado y resucitado, es el verdadero Lázaro: creer en Él y seguirlo, es el gran signo de Dios, es la invitación de la parábola, que es más que una parábola. Ella habla de la realidad, de la realidad decisiva de la historia por excelencia.

8

LAS GRANDES IMÁGENES
DEL EVANGELIO DE JUAN

1. INTRODUCCIÓN: LA CUESTIÓN JOÁNICA

En nuestro intento de escuchar a Jesús y así poder conocerlo, nos hemos ceñido en gran parte hasta ahora al testimonio de los Evangelios sinópticos (Mateo, Marcos y Lucas) y echando sólo ocasionalmente alguna ojeada a Juan. Es el momento de centrar nuestra atención en la imagen que de Jesús nos da el cuarto evangelista, que en varios aspectos resulta muy distinta de la que ofrecen los sinópticos.

La atención que hemos prestado al Jesús de los sinópticos nos ha mostrado que el misterio de su unidad con el Padre está siempre presente y lo determina todo, pero que también permanece oculto bajo su humanidad; de esto se han percatado, observando con atención, por una parte sus adversarios y, por otra, sus discípulos, que veían a Jesús cuando estaba en oración y pudieron acercarse interiormente a Él. A pesar de todas las incomprensiones, éstos comenzaron a reconocer esta realidad inaudita de manera progresiva y, en momentos importantes, también de forma inesperada. En Juan la divinidad de Jesús aparece sin tapujos. Sus disputas con las autoridades judías del templo constituyen ya en su conjunto, por así decirlo, el futuro proceso de Jesús ante el Sanedrín, un episodio éste que Juan, contrariamente a los sinópticos, ya no lo considera después como un juicio propiamente dicho.

Esta diversidad del Evangelio de Juan, en el que no oímos parábolas sino grandes sermones centrados en imágenes y en los que el escenario principal de la actuación de Jesús se ha trasladado de Galilea a Jerusalén, ha llevado a la investigación crítica moderna a negar la historicidad del texto —a excepción del relato de la pasión y algunos detalles aislados— y a considerarlo una reconstrucción teológica posterior. Según esto, nos transmitiría una situación en la cual la cristología estaba muy desarrollada, pero que no puede constituir una fuente para el conocimiento del Jesús histórico. Las dataciones radicalmente tardías que se propusieron siguiendo esta tendencia, debieron ser abandonadas porque algunos papiros hallados en Egipto, que datan de comienzos del siglo II, demostraron que el Evangelio debió haberse escrito ya en el siglo I, aunque fuera a finales; sin embargo, esto no evitó que se siguiera negando el carácter histórico del Evangelio.

Para la interpretación del cuarto Evangelio en la segunda mitad del siglo XX fue determinante el comentario escrito por Rudolf Bultmann, cuya primera edición se publicó en 1941. Según este autor, resulta muy claro que las líneas maestras del Evangelio de Juan no se han de buscar ni en el Antiguo Testamento ni en el judaísmo de la época de Jesús, sino en el gnosticismo. Es muy significativa esta frase: «La idea de la encarnación del Redentor no ha entrado en el gnosticismo desde el cristianismo, sino que originalmente es gnóstica; más bien fue asumida muy pronto por el cristianismo y ha resultado provechosa para la cristología» (*Das Evangelium des Johannes*, pp. 10s). Y también: «El *Logos* absoluto sólo puede proceder del gnosticismo» (RGG³ III 846).

El lector se pregunta: ¿cómo llega Bultmann a saber esto? Su respuesta es desconcertante: «Si bien se ha de reconstruir el conjunto de esta visión a partir esencialmente de fuentes posteriores a Juan, no puede haber dudas sobre su mayor antigüedad» (*Das Evangelium des Johannes*, p. 11). Bultmann se equivoca en este punto decisivo. Martin Hengel, en la conferencia inaugural de su docencia académica en Tubinga, titulada *Der Sohn Gottes* y publicada en 1975 en versión ampliada, ha calificado «el supuesto mito de la venida del Hijo de Dios al mundo» como la «construcción pseudocientífica de un mito», afirmando además: «En realidad no existe ningún mito gnóstico sobre el Redentor, cronológicamente precristiano, que esté atestiguado por las fuentes» (pp. 53s). «La gnosis misma apareció como movimiento espiritual no antes de finales del siglo I después de Cristo y se despliega plenamente sólo en el siglo II» (pp. 54s).

En la generación posterior a Bultmann, la investigación sobre Juan dio un giro radical, cuyos resultados se pueden ver, cuidadosamente discutidos y explicados, en la obra de Martin Hengel *Die johanneische Frage* (1993). Si desde el estado actual de la investigación volvemos la vista hacia la interpretación de Bultmann sobre Juan, se percibe nuevamente la escasa protección que la alta cientificidad proporciona contra errores de fondo. Pero ¿qué nos dice la investigación actual?

Pues bien, ha confirmado definitivamente y ha profundizado lo que también Bultmann en el fondo ya sabía: que el cuarto Evangelio se basa en un conocimiento extraordinariamente preciso de lugares y tiempos, que solamente pueden proceder de alguien perfectamente familiarizado con la Palestina del tiempo de Jesús. Además, se ha visto con claridad que el Evangelio piensa y argumenta totalmente a partir del Antiguo Testamento, desde la *Torá* (Rudolf Pesch), y que toda su forma de argumentar está profundamente enraizada en el judaísmo de la época de Jesús. El lenguaje del Evangelio muestra de manera inconfundible este enraizamiento interno del libro, por más que Bultmann lo considerara «gnóstico». «La obra está escrita en un griego *koiné* no literario, sencillo, impregnado del lenguaje de la piedad judía, tal como era hablado en Jerusalén también por las clases medias y altas…, pero donde al mismo tiempo también se discutía, se rezaba y se leía la Escritura en la "lengua sagrada"» (Hengel, *Die johanneische Frage*, p. 286).

Hengel hace notar que también «en la época de Herodes» se había formado «en Jerusalén una clase alta judía más o menos helenizada, con una cultura particular» (p. 287) y por tanto vislumbra el origen del Evangelio en la aristocracia sacerdotal de Jerusalén (pp. 306-313). Esto puede verse confirmado en la concisa información que encontramos en *Jn* 18, 15s. En ella se narra cómo Jesús, después de que lo prendieran, fue llevado ante los sumos sacerdotes para interrogarlo, y cómo, entretanto, Simón Pedro «y otro discípulo» seguían a Jesús para enterarse de lo que iba a ocurrir. Sobre el «otro discípulo» se dice: «Este discípulo era conocido del sumo sacerdote y entró con Jesús en el palacio del sumo sacerdote». Sus contactos en la casa del sumo sacerdote eran tales que le permitieron facilitar el acceso también a Pedro, dando lugar a la situación que acabó con la negación de conocer a Jesús. En consecuencia, el círculo de los discípulos se extendía de hecho hasta la aristocracia sacerdotal, cuyo lenguaje resulta ser en buena parte también el del Evangelio.

De esta manera hemos llegado a dos preguntas decisivas en torno a las cuales gira la cuestión «joánica»: ¿quién es el autor de este Evangelio? ¿Cuál es su fiabilidad histórica? Intentemos aproximarnos a la primera pregunta. El mismo Evangelio, en el relato de la pasión, hace una afirmación clara al respecto. Se cuenta que uno de los soldados le traspasó a Jesús el costado con una lanza «y al punto salió sangre y agua». Y después vienen unas palabras decisivas: «El que lo vio da testimonio, y su testimonio es verdadero, y él sabe que dice verdad, para que también vosotros creáis» (*Jn* 19, 35). El Evangelio afirma que se remonta a un testigo ocular, y está claro que este testigo ocular es precisamente aquel discípulo del que antes se cuenta que estaba junto a la cruz, el discípulo al que Jesús tanto quería (cf. 19, 26). En *Jn* 21, 24 se menciona nuevamente a este discípulo como autor del Evangelio. Su figura aparece además en *Jn* 13, 23; 20, 2-10; 21, 7 y tal vez también en *Jn* 1, 35.40; 18, 15-16.

En el relato del lavatorio de los pies, estas afirmaciones sobre el origen externo del Evangelio se profundizan hasta convertirse en una alusión a su fuente interna. Allí se dice que, durante la Cena, este discípulo estaba sentado al lado de Jesús y, «apoyándose en el pecho de Jesús» (13, 25), preguntó quién era el traidor. Estas palabras están formuladas en un paralelismo intencionado con el final del Prólogo de Juan, donde se dice sobre Jesús: «A Dios nadie lo ha visto jamás: El Hijo único, que está en el seno del Padre, es quien lo ha dado a conocer» (1, 18). Como Jesús, el Hijo, conoce el misterio del Padre porque descansa en su corazón, de la misma manera el evangelista, por decirlo así, adquiere también su conocimiento del corazón de Jesús, al apoyarse en su pecho.

Pero entonces ¿quién es este discípulo? El Evangelio nunca lo identifica directamente con el nombre. Confrontando la vocación de Pedro y la elección de los otros discípulos, el texto nos guía a la figura de Juan Zebedeo, pero no lo indica explícitamente. Es obvio que mantiene el secreto a propósito. Es cierto que el Apocalipsis menciona expresamente a Juan como su autor (cf. 1, 1.4), pero a pesar de la estrecha relación entre el Apocalipsis, el Evangelio y las Cartas, queda abierta la pregunta de si el autor es el mismo.

Recientemente, en su voluminosa *Theologie des Neuen Testaments*, Ulrich Wilckens ha formulado de nuevo la tesis de que el «discípulo amado» no ha de ser considerado como una figura histórica, sino que representa básicamente una estructura de la fe: «La "Escritura sola" no existe sin la "voz viva" del Evangelio, ésta última no existe sin el testimonio personal de un cristiano con la función y la autoridad del "discípulo amado", en el que la función y el espíritu se unen y se presuponen mutuamente» (I 4, p. 158). Esta afirmación estructural es tan correcta como insuficiente. Si en el Evangelio el discípulo amado asume expresamente la función de testigo de la verdad de lo ocurrido, entonces se presenta como una persona viva: responde como testigo de los hechos históricos y, con ello, reivindica para sí la condición de figura histórica; en caso contrario, quedarían vacías de significado estas frases que determinan el objetivo y la cualidad de todo el Evangelio.

Desde Ireneo de Lyon († c. 202), la tradición de la Iglesia reconoce unánimemente a Juan, el Zebedeo, como el discípulo predilecto y el autor del Evangelio. Esto se ajusta a los indicios de identificación del Evangelio que, en cualquier caso, remiten a un apóstol y compañero de camino de Jesús desde el bautismo en el Jordán hasta la Última Cena, la cruz y la resurrección.

Pero en la época moderna han surgido serias dudas sobre esta identificación. ¿Pudo el pescador del lago de Genesaret haber escrito este sublime Evangelio de las visiones que penetran hasta lo más profundo del misterio de Dios? ¿Pudo él, galileo y artesano, haber estado tan vinculado con la aristocracia sacerdotal de Jerusalén, a su lenguaje, a su pensamiento, como de hecho lo está el evangelista? ¿Pudo haber estado emparentado con la familia del sumo sacerdote, tal y como parece sugerir el texto (cf. *Jn* 18, 15)?

Tras los estudios de Jean Colson, Jacques Winandy y Marie-Émile Boismard, el exegeta francés Henri Cazelles ha demostrado, con un estudio sociológico sobre el sacerdocio del templo antes de su destrucción, que una identificación de este tipo es sin duda plausible. Los sacerdotes ejercían su servicio por turnos semanales dos veces al año. Al finalizar dicho servicio el sacerdote regresaba a su tierra; por ello, no era inusual que ejerciera otra profesión para ganarse la vida. Además, del Evangelio se desprende que Zebedeo no era un simple pescador, sino que daba trabajo a diversos jornaleros, lo que hacía posible el que sus hijos pudieran dejarlo. «Zebedeo, pues, puede ser muy bien un sacerdote, pero al mismo tiempo tener también una propiedad en Galilea, mientras la pesca en el lago le ayuda a ganarse la vida. Tal vez tenía sólo una casa de paso en el barrio de Jerusalén habitado por esenios o en sus cercanías...» (*Communio* 2002, p. 481). «Precisamente, esa cena durante la cual este discípulo se apoya en el pecho de Jesús tuvo lugar, con toda probabilidad, en un sector de la ciudad habitado por esenios», en la «casa de paso» del sacerdote Zebedeo, que «cedió el cuarto superior a Jesús y los Doce» (pp. 480s). En este contexto, resulta interesante otro dato de la obra de Cazelles: según la costumbre judía, el dueño de la casa o en su ausencia, como en este caso, «su hijo primogénito se sentaba a la derecha del invitado, apoyando la cabeza en su pecho» (p. 480).

No obstante, aunque en el estado actual de la investigación, y precisamente gracias a ella, es posible ver en Juan el Zebedeo al testigo que defiende solemnemente su testimonio ocular (cf. 19, 35), identificándose de este modo como el verdadero autor del Evangelio, la complejidad en la redacción del Evangelio plantea otras preguntas.

A este respecto es importante un dato que aporta el historiador de la Iglesia Eusebio de Cesarea († c. 338). Eusebio nos informa sobre una obra en cinco volúmenes del obispo Papías de Hierápolis, fallecido hacia el año 120, en la que habría mencionado que él no había llegado a ver o a conocer a los santos apóstoles, pero que había recibido la doctrina de aquellos que habían estado próximos a ellos. Habla de otros que también habían sido discípulos del Señor y cita los nombres de Aristión y un «presbítero Juan». Lo que importa es que distingue entre el apóstol y evangelista Juan, por un lado, y el «presbítero Juan», por otro. Mientras que al primero no llegó a conocerlo personalmente, sí tuvo algún encuentro con el segundo (Eusebio, *Historia de la Iglesia*, III, 39).

Esta información es verdaderamente digna de atención; de ella y de otros indicios afines, se desprende que en Éfeso hubo una especie de escuela joánica, que hacía remontar su origen al discípulo predilecto de Jesús, y en la cual había, además, un «presbítero Juan», que era la autoridad decisiva. Este «presbítero» Juan aparece en la Segunda y en la Tercera Carta de Juan (en ambas, 1, 1) como remitente y autor, y sólo con el título de «el presbítero» (sin mencionar el nombre de Juan). Es evidente que él mismo no es el apóstol, de manera que aquí, en este paso del texto canónico, encontramos explícitamente la enigmática figura del presbítero. Tiene que haber estado estrechamente relacionado con él, quizá llegó a conocer incluso a Jesús. A la muerte del apóstol se le consideró el depositario de su legado; y en el recuerdo, ambas figuras se han entremezclado finalmente cada vez más. En cualquier caso, podemos atribuir al «presbítero Juan» una función esencial en la redacción definitiva del texto evangélico, durante la cual él se consideró indudablemente siempre como administrador de la tradición recibida del hijo de Zebedeo.

Puedo suscribir la conclusión final que Peter Stuhlmacher ha sacado de los datos aquí expuestos. Para él, «los contenidos del Evangelio se remontan al discípulo a quien Jesús (de modo especial) amaba. Al presbítero hay que verlo como su transmisor y su portavoz» (II, p. 206). En el mismo sentido se expresan Eugen Ruckstuhl y Peter Dschulnigg: «El autor del Evangelio de Juan es, por así decirlo, el administrador de la herencia del discípulo predilecto» (*ibíd*. p. 207).

Con estas observaciones hemos dado ya un paso decisivo respecto a la pregunta sobre la fiabilidad histórica del cuarto Evangelio. Tras él se encuentra un testigo ocular, y también la redacción concreta tuvo lugar en el vigoroso círculo de sus discípulos, con la aportación determinante de un discípulo suyo de toda confianza.

Razonando en esta línea, Stuhlmacher sostiene que se podría suponer cómo «en la escuela joánica se ha continuado el estilo de enseñanza y pensamiento que antes de la Pascua caracterizó las íntimas conversaciones didácticas de Jesús con Pedro, Santiago y Juan (y con todo el grupo de los Doce)... Mientras que la tradición sinóptica nos deja entrever cómo hablaban de Jesús los apóstoles y sus alumnos durante la enseñanza misionera o comunitaria de la Iglesia, el círculo de Juan, sobre la base y en línea con esta enseñanza, ha desarrollado la reflexión y, discutiendo, ha profundizado el misterio de la revelación, de la automanifestación de Dios "en el Hijo"» (p. 207). Ante esta afirmación habría que objetar, no obstante, que en el texto mismo del Evangelio no encontramos tanto coloquios didácticos internos de Jesús, sino más bien su confrontación con la aristocracia del templo, en la que, por así decirlo, ha anticipado ya su proceso. En efecto, la pregunta: «¿Eres tú el Mesías, el Hijo del Bendito?» (*Mc* 14, 61), formulada de varias maneras, se convierte paulatina y necesariamente en el centro de todo el debate, en el cual la reivindicación de Jesús de ser el Hijo aparece y debe aparecer de por sí cada vez más dramática.

Resulta sorprendente que Hengel, del que tanto hemos aprendido sobre el enraizamiento histórico del Evangelio en la aristocracia sacerdotal de Jerusalén, y con ello, en el contexto real de la vida de Jesús, se muestre tan negativo o —dicho con mayor delicadeza— tan extremadamente prudente en su diagnóstico sobre el carácter histórico del texto. Dice: «El cuarto Evangelio es una obra en buena parte poética sobre Jesús pero no *del todo inventada*... Aquí, tanto un escepticismo radical como una ingenua confianza pueden llevar a error. Por una parte, lo que no se puede demostrar como histórico no tiene por qué ser sólo pura ficción; por otra parte, para los evangelistas (y su escuela) la última palabra no la tiene el banal recuerdo "histórico" de los acontecimientos pasados, sino el Espíritu Paráclito que interpreta y guía hacia la verdad» (*Die johanneische Frage*, p. 322). Frente a esto surge una pregunta: ¿qué significa esta contraposición? ¿Qué convierte en banal la memoria histórica? ¿Es o no importante la verdad de lo recordado? Y ¿a qué verdad puede conducir el Paráclito cuando deja tras de sí lo histórico por considerarlo banal?

Todavía más drástica aparece la problemática de tales contraposiciones en el diagnóstico de Ingo Broer: «El Evangelio de Juan se presenta así ante nuestros ojos como una obra *literaria* que da testimonio de la fe y que quiere reforzar la fe, y no como informe histórico» (p. 197). ¿De qué fe «da testimonio» cuando se ha dejado atrás, por así decirlo, la historia? ¿Cómo puede reforzar la fe si, a pesar de presentarse como testimonio histórico —y lo hace con gran énfasis—, no ofrece después informaciones históricas? Yo creo que nos encontramos aquí ante un concepto erróneo de lo que es histórico, así como ante un concepto equivocado de lo que es fe y de lo que es el Paráclito mismo: una fe que deja de lado lo histórico se convierte en realidad en «gnosticismo». Se prescinde de la carne, de la encarnación, precisamente de la historia verdadera.

Si por «histórico» se entiende que las palabras que se nos han transmitido de Jesús deben tener, digámoslo así, el carácter de una grabación magnetofónica para poder ser reconocidas como «históricamente» auténticas, entonces las palabras del Evangelio de Juan no son «históricas». Pero el hecho de que no pretendan llegar a este tipo de literalidad no significa en modo alguno que sean, por así decirlo, composiciones poéticas sobre Jesús que se habrían ido creando poco a poco en el ámbito de la «escuela joánica», para lo cual se habría requerido además la dirección del Paráclito. La verdadera pretensión del Evangelio es la de haber transmitido correctamente el contenido de las palabras, el testimonio personal de Jesús mismo con respecto a los grandes acontecimientos vividos en Jerusalén, de manera que el lector reciba realmente los contenidos decisivos de este mensaje y encuentre en ellos la figura auténtica de Jesús.

Nos acercamos a la sustancia y podemos definir con más precisión el tipo particular de historicidad de que se trata en el cuarto Evangelio si tenemos en cuenta los distintos factores que Hengel considera determinantes para la composición del texto. Según él, en este Evangelio confluyen «el pretendido enfoque teológico del autor y su memoria personal», «la tradición eclesiástica y, junto con ello, también la realidad histórica», que Hengel, sorprendentemente, considera «modificada, más aún, digámoslo claro, forzada» por el evangelista; finalmente —lo hemos visto antes—, quien tiene «la última palabra» no es «el recuerdo... de los acontecimientos pasados, sino el Espíritu Paráclito, que interpreta y guía hacia la verdad» (*Die johanneische Frage*, p. 322).

Tal como Hengel yuxtapone y en cierta medida contrapone estos cinco elementos, su composición no muestra un verdadero sentido. Pues, ¿cómo va a tener el Paráclito la última palabra cuando previamente el evangelista ha forzado la realidad histórica? ¿Cómo se armonizan el enfoque que pretende el evangelista, su mensaje personal y la tradición de la Iglesia? ¿Es el enfoque pretendido más determinante que la memoria, hasta el punto de que, en su nombre, se puede forzar la realidad? ¿Cómo se legitima entonces la pretensión de su enfoque? ¿Cómo interactúa con el Paráclito?

A mi parecer, los cinco elementos presentados por Hengel son efectivamente las fuerzas esenciales que han determinado la composición del Evangelio, pero han de ser vistos con una diferente correlación interna y, consecuentemente, también con una importancia diversa cada uno.

En primer lugar, el segundo y el cuarto elemento —la memoria personal y la realidad histórica— van unidos. Los dos juntos son lo que los Padres designan como el *factum historicum* que determina el «sentido literal» de un texto: la cara externa de los sucesos que el evangelista conoce en parte por su propia memoria y, en parte, por la tradición eclesial (sin duda conocía bien los Evangelios sinópticos en una u otra versión). Él quiere informar como «testigo» de lo sucedido. Nadie como Juan ha puesto de relieve precisamente esta dimensión de lo que verdaderamente ha sucedido —la «carne» de la historia—: «Lo que existía desde el principio, lo que nosotros hemos oído, lo que hemos visto con nuestros propios ojos, lo que contemplamos y palparon nuestras manos: la Palabra de la Vida (pues la Vida se hizo visible); nosotros la hemos visto, os damos testimonio y os anunciamos la vida eterna que estaba con el Padre y se nos manifestó» (*1 Jn* 1, 1s).

Estos dos factores —realidad histórica y recuerdo— llevan por sí mismos al tercero y al quinto elemento que menciona Hengel: la tradición eclesiástica y la guía por el Paráclito. En efecto, por un lado, en el autor del Evangelio su recuerdo tiene un acento muy personal, como nos muestran las palabras al final de la escena de la crucifixión (cf. *Jn* 19, 35); pero, por otro lado, nunca es un simple recuerdo privado, sino un recuerdo en y con el «nosotros» de la Iglesia: «Lo que *nosotros* hemos oído, lo que hemos visto con nuestros propios ojos, lo que contemplamos y palparon nuestras manos...». En Juan el sujeto del recuerdo es siempre el «nosotros»; recuerda en y con la comunidad de los discípulos, en y con la Iglesia. Si bien el autor se presenta como individuo en el papel de testigo, el sujeto del recuerdo que aquí habla es siempre el «nosotros» de la comunidad de los discípulos, el «nosotros» de la Iglesia. Porque el recuerdo, que forma la base del Evangelio, es purificado y profundizado mediante su inserción en la memoria de la Iglesia, con lo que se supera efectivamente la simple memoria banal de los hechos.

Juan utiliza la palabra «recordarse» en tres momentos importantes de su Evangelio y nos brinda así la clave para entender lo que en él significa la palabra «memoria». En el relato de la purificación del templo encontramos la anotación: «Sus discípulos se acordaron de lo que está escrito: "El celo de tu casa me devora" [*Sal* 69, 10]» (*Jn* 2, 17). El suceso evoca el recuerdo de una palabra de la Escritura, haciendo así que sea inteligible por encima de su facticidad. La memoria permite descubrir el sentido del hecho y sólo de esta manera hace que el hecho mismo sea significativo. Aparece como un hecho en el cual está el *Logos*, un hecho que proviene del *Logos* y conduce a él. Se muestra la relación de la actividad y de la pasión de Jesús con la palabra de Dios, y así se hace comprensible el misterio de Jesús mismo.

El relato sobre la purificación del templo continúa con el anuncio de Jesús de que en tres días volverá a levantar el templo destruido. El evangelista dice al respecto: «Y cuando resucitó de entre los muertos, los discípulos se acordaron de lo que había dicho, y dieron fe a la Escritura y a la palabra que había dicho Jesús» (*Jn* 2, 22). La resurrección despierta el recuerdo, y el recuerdo, a la luz de la resurrección, deja aparecer el sentido de la palabra que hasta entonces permanecía incomprendida, volviéndola a poner en relación con el contexto de toda la Escritura. La meta a la que tiende el Evangelio es la unidad de *Logos* y hecho.

La palabra «acordarse» vuelve a aparecer el Domingo de Ramos. Allí se relata que Jesús encontró un borriquillo y se montó en él, «como estaba escrito: "No temas, Sión, mira a tu rey que llega, montado en un borrico"» (*Jn* 12, 14s; cf. *Za* 9, 9). El evangelista comenta: «Esto no lo comprendieron sus discípulos de momento, pero cuando se manifestó la gloria de Jesús se acordaron de que se había hecho con él lo que estaba escrito» (*Jn* 12, 16). Una vez más se relata un acontecimiento que en principio aparece como un simple episodio. Y nuevamente nos dice el evangelista que después de la resurrección los discípulos reciben como un destello que les hace entender lo acontecido. Entonces ellos «se acuerdan». Una palabra de la Escritura, que antes no había significado nada para ellos, ahora resulta totalmente comprensible en el sentido previsto por Dios, confiriendo al acontecimiento externo su significado.

La resurrección enseña una nueva forma de ver; descubre la relación entre las palabras de los profetas y el destino de Jesús. Despierta el «recuerdo», esto es, hace posible el acceso al interior de los acontecimientos, a la relación entre el hablar y el obrar de Dios.

Con estos textos, es el evangelista mismo quien nos ofrece indicaciones decisivas sobre cómo está compuesto su Evangelio, es decir, sobre la visión de la cual procede. Se basa en los recuerdos del discípulo que, no obstante, consisten en un recordar juntos en el «nosotros» de la Iglesia. Este recordar es una comprensión guiada por el Espíritu Santo; recordando, el creyente entra en la dimensión profunda de lo sucedido y ve lo que no era visible desde una perspectiva meramente externa. De esta forma no se aleja de la realidad, sino que la percibe más profundamente, descubriendo así la verdad que se oculta en el hecho. En este recordar de la Iglesia ocurre lo que el Señor había anticipado a los suyos en el Cenáculo: «Cuando venga él, el Espíritu de la Verdad, os guiará hasta la verdad plena...» (*Jn* 16, 13).

Lo que Juan dice en su Evangelio sobre el recordar, que se convierte en un comprender y en un encaminarse hacia la «verdad plena», se acerca mucho a lo que Lucas dice sobre el recuerdo de la Madre de Jesús. Lucas describe este proceso del «recordar» en tres momentos de la historia de la infancia de Jesús. En primer lugar, en el relato de la Anunciación, cuando el arcángel Gabriel anuncia la concepción de Jesús. Allí Lucas nos dice que María se turbó ante el saludo y mantuvo un «diálogo» interior, preguntándose qué podría significar esto. Pero el pasaje más importante se encuentra en el relato de la adoración de los pastores. El evangelista nos dice al respecto: «María conservaba todas estas cosas, meditándolas en su corazón» (*Lc* 2, 19). Al final del relato sobre Jesús a sus doce años, leemos de nuevo: «Su madre conservaba todo esto en su corazón» (*Lc* 2, 51). La memoria de María es, ante todo, un fijar en la mente los acontecimientos, pero es más que eso: es una confrontación interior con lo acontecido. De esta manera penetra en su interior, ve los hechos en su contexto y aprende a comprenderlos.

Precisamente en este tipo de «recuerdo» se basa el Evangelio de Juan, que sigue profundizando en el concepto del recuerdo como memoria del «nosotros» de los discípulos, de la Iglesia. Este recordar no es un simple proceso psicológico o intelectual, sino un acontecimiento pneumático. El recordar de la Iglesia, en efecto, no es sólo algo privado; sobrepasa la esfera de nuestra comprensión y nuestro conocimiento humanos. Es un ser guiados por el Espíritu Santo, que nos muestra la cohesión de la Escritura, la cohesión entre palabra y realidad, guiándonos así «a la verdad plena».

En el fondo, aquí se expresa también algo esencial sobre el concepto de inspiración: el Evangelio procede del recordar humano y presupone la comunidad de los que recuerdan, que en este caso concreto es la «escuela joánica» y, antes aún, la comunidad de los discípulos. Pero como el autor piensa y escribe con la memoria de la Iglesia, el «nosotros» al que pertenece está abierto, supera la dimensión personal y en lo más profundo es guiado por el Espíritu de Dios, que es el Espíritu de la verdad. En este sentido, el Evangelio, por su parte, abre también un camino de comprensión, un camino que permanece siempre unido a esta palabra y que, sin embargo, puede y debe guiar de generación en generación, de manera siempre nueva, hasta las profundidades de la «verdad plena».

Esto significa que, como «Evangelio pneumático», el Evangelio de Juan no sólo proporciona una especie de transcripción taquigráfica de las palabras y del camino de Jesús, sino que, en virtud de la comprensión que se obtiene en el recordar, nos acompaña más allá del aspecto exterior hasta la profundidad de la palabra y de los acontecimientos, esa profundidad que viene de Dios y nos conduce a Él. El Evangelio es, como tal, «recuerdo», y eso significa: se atiene a la realidad que ha sucedido y no es una composición épica sobre Jesús, una alteración de los sucesos históricos. Más bien nos muestra verdaderamente a Jesús, tal como era y, precisamente de este modo, nos muestra a Aquel que no sólo era, sino que es; Aquel que en todos los tiempos puede decir en presente: «Yo soy». «Os aseguro que antes de que Abraham naciera, *Yo soy*» (*Jn* 8, 58). Este Evangelio nos muestra al verdadero Jesús, y lo podemos utilizar tranquilamente como fuente sobre Jesús.

Antes de dedicarnos a los grandes relatos de Juan centrados en imágenes, pueden ser útiles dos indicaciones generales sobre la singularidad de su Evangelio. Mientras Bultmann fijaba las raíces del cuarto Evangelio en el gnosticismo y, por tanto, alejado de la matriz veterotestamentaria y judía, las investigaciones más recientes han vuelto a comprender con claridad que Juan se basa totalmente en el Antiguo Testamento. «[Moisés] escribió de mí», dice Jesús a sus adversarios (*Jn* 5, 46); ya al principio —en los relatos de las vocaciones— Felipe dice a Natanael: «Aquel de quien escribieron Moisés en el libro de la Ley y los Profetas lo hemos encontrado...» (*Jn* 1, 45). El contenido último de las palabras de Jesús está orientado a exponer esto y a justificarlo. Él no quebranta la *Torá*, sino que desvela su sentido pleno y la cumple enteramente. Pero la relación entre Jesús y Moisés aparece de un modo programático sobre todo al final del Prólogo; en él se nos proporciona la clave de lectura intrínseca del cuarto Evangelio: «Pues de su plenitud hemos recibido gracia tras gracia: porque la ley se dio por medio de Moisés, la gracia y la verdad vinieron por Cristo Jesús. A Dios nadie lo vio jamás: el Hijo único, que está en el seno del Padre, es quien lo ha dado a conocer» (*Jn* 1, 16-18).

Hemos comenzado este libro con la profecía de Moisés: «El Señor tu Dios suscitará en medio de tus hermanos un profeta como yo; a él lo escucharéis» (*Dt* 18, 15). Hemos visto que el Libro del Deuteronomio, en el que aparece esta profecía, finaliza con la observación: «No surgió en Israel otro profeta como Moisés, con quien el Señor trataba cara a cara» (34, 10). La gran promesa había permanecido hasta el momento sin cumplirse. Ahora Él ya está aquí; Él, que está verdaderamente en el seno del Padre, el único que lo ha visto y que lo ve, y que habla a partir de esta visión; Él, de quien se dijo: «Escuchadle» (Mc 9, 7; Dt 18, 15). La promesa de Moisés se ha cumplido con creces, en la manera desbordante en que Dios acostumbra a regalar: Quien ha venido es más que Moisés, es más que un profeta. Es el Hijo. Y por eso se manifiestan la gracia y la verdad, no como destrucción, sino como cumplimiento de la Ley.

La segunda indicación tiene que ver con el carácter litúrgico del Evangelio de Juan. Éste toma su ritmo del calendario de fiestas de Israel. Las grandes fiestas del pueblo de Dios marcan la disposición interna del camino de Jesús y, al mismo tiempo, desvelan la base fundamental sobre la cual se apoya el mensaje de Jesús.

Justo al comienzo de la actividad de Jesús se encuentra la «Pascua de los judíos», de la cual se deriva el tema del templo verdadero y con ello el tema de la cruz y la resurrección (cf. 2, 13-25). La curación del paralítico, que ofrece la ocasión para la primera gran predicación pública de Jesús en Jerusalén, aparece de nuevo relacionada con «una fiesta de los judíos» (5, 1), probablemente la «fiesta de las Semanas»: Pentecostés. La multiplicación de los panes y su explicación en el sermón sobre el pan —la gran predicación eucarística del Evangelio de Juan— están en relación con la fiesta de la Pascua (cf. 6, 4). El gran sermón sucesivo de Jesús con la promesa de los «ríos de agua viva» se pone en el contexto de la fiesta de las Tiendas (cf. 7, 38s). Finalmente volvemos a encontrar a Jesús en Jerusalén durante el invierno, en la fiesta de la Dedicación del templo

(*Janukká*) (cf. 10, 22). El camino de Jesús culmina en su última fiesta de Pascua (cf. 12, 1), en la que Él mismo, como verdadero cordero pascual, derramará su sangre en la cruz. Además, veremos que la oración sacerdotal de Jesús, que contiene una sutil teología eucarística como teología de su sacrificio en la cruz, se desarrolla completamente a partir del contenido teológico de la fiesta de la Expiación, de forma que también esta fiesta fundamental de Israel incide de manera determinante en la formación de la palabra y la obra de Jesús. En el próximo capítulo veremos que también el acontecimiento de la transfiguración de Jesús, transmitido en los sinópticos, está dentro del marco de las fiestas de la Expiación y de las Tiendas, y así remite al mismo trasfondo teológico. Sólo cuando tenemos presente este arraigo litúrgico de las predicaciones de Jesús, más aún, de toda la estructura del Evangelio de Juan, podemos entender su vitalidad y su profundidad.

Como se verá con más detenimiento, todas las fiestas judías tienen un triple fundamento: en un principio están las fiestas de las religiones naturales, la vinculación con la creación y con la búsqueda de Dios por parte de la humanidad a través de la creación; de ellas se derivan las fiestas del recuerdo, de la conmemoración y representación de las acciones salvadoras de Dios; y, finalmente, el recuerdo se transforma cada vez más en esperanza de la futura acción salvífica perfecta, que aún está por venir. De esta manera se ve claro que las palabras de Jesús en el Evangelio de Juan no son debates sobre altas elucubraciones metafísicas, sino que llevan en sí toda la dinámica de la historia de la salvación y, al mismo tiempo, se encuentran enraizadas en la creación. Remiten en último término a Aquel que puede decir sencillamente de sí mismo: «Yo soy». Resulta evidente que las predicaciones de Jesús nos remiten al culto y, con ello, al «sacramento», abrazando simultáneamente la pregunta y la búsqueda de todos los pueblos.

Tras estas reflexiones introductorias ha llegado el momento de tratar con más detenimiento las grandes imágenes que encontramos en el cuarto Evangelio.

2. LAS GRANDES IMÁGENES DEL EVANGELIO DE JUAN

El agua

El agua es un elemento primordial de la vida y, por ello, también uno de los símbolos originarios de la humanidad. El hombre la encuentra en distintas formas y, por tanto, con diversas interpretaciones.

La primera forma es el manantial, el agua fresca que brota de las entrañas de la tierra. El manantial es origen, principio, con su pureza todavía no enturbiada ni alterada. Así, aparece como verdadero elemento creador, también como símbolo de la fertilidad, de la maternidad.

La segunda es el río. Los grandes ríos —Nilo, Éufrates y Tigris— son los grandes portadores de vida en las vastas tierras que rodean a Israel, que aparecen incluso con un carácter casi divino. En Israel es el Jordán el que asegura la vida a la tierra. Durante el bautismo de Jesús hemos visto que el simbolismo del curso de agua muestra también otra cara: con su profundidad representa también el peligro; el descenso a la profundidad puede significar por eso el descenso a la muerte, y el salir de ella puede simbolizar un renacer.

Finalmente está el mar como fuerza que causa admiración y que se contempla con asombro en su majestuosidad, pero al que se teme sobre todo como opuesto a la tierra, el espacio vital del hombre. El Creador ha impuesto al mar los límites que no puede traspasar: no puede tragarse la tierra. El paso del mar Rojo se ha convertido para Israel sobre todo en el símbolo de la salvación, pero naturalmente remite también a la amenaza que resultó fatal para los egipcios. Si los cristianos consideraban el paso del mar Rojo como una prefiguración del bautismo, entonces aparece en primer plano, ante todo, la idea del mar como símbolo de la muerte: el atravesar el mar se convierte en imagen del misterio de la cruz. Para volver a nacer, el hombre tiene que entrar primero con Cristo en el «mar Rojo», descender con Él hasta la muerte, para luego volver de nuevo a la vida con el Resucitado.

Pero tras estos apuntes generales sobre el simbolismo del agua en la historia de las religiones, pasemos ahora al Evangelio de Juan. El simbolismo del agua recorre el cuarto Evangelio de principio a fin. Nos lo encontramos por primera vez en la conversación con Nicodemo del capítulo 3: para poder entrar en el Reino de Dios, el hombre tiene que nacer de nuevo, con-

vertirse en otro, renacer del agua y del Espíritu (cf. 3, 5).
¿Qué significa esto?

El bautismo como ingreso en la comunidad de Cristo es interpretado como un renacer que —en analogía con el nacimiento natural a partir de la inseminación masculina y la concepción femenina— responde a un doble principio: el Espíritu divino y el «agua como "madre universal de la vida natural, elevada en el sacramento mediante la gracia a imagen gemela de la *Theotokos* virginal"» (Photina Rech, vol. 2, p. 303).

Dicho de otro modo, para renacer se requiere la fuerza creadora del Espíritu de Dios, pero con el sacramento se necesita también el seno materno de la Iglesia que acoge y acepta. Photina Rech cita a Tertuliano: «Nunca había Cristo sin el agua» (*De bapt.*, IX 4), e interpreta correctamente esta palabra algo enigmática del escritor eclesiástico: «Nunca estuvo ni está Cristo sin la Iglesia» (vol. 2, p. 304). Espíritu y agua, cielo y tierra, Cristo e Iglesia van unidos: de esta manera se produce el «renacer». En el sacramento, el agua simboliza la tierra materna, la santa Iglesia que acoge en sí la creación y la representa.

Inmediatamente después, en el capítulo 4, encontramos a Jesús junto al pozo de Jacob: el Señor promete a la Samaritana un agua que será, para quien beba de ella, fuente que salta para la vida eterna (cf. 4, 14), de tal manera que quien la beba no volverá a tener sed. Aquí, el simbolismo del pozo está relacionado con la historia salvífica de Israel. Ya cuando llama a Natanael, Jesús se da a conocer como el nuevo y más grande Jacob:

Jacob había visto, durante una visión nocturna, cómo por encima de una piedra que utilizaba como almohada para dormir subían y bajaban los ángeles de Dios. Jesús anuncia a Natanael que sus discípulos verán el cielo abierto y a los ángeles de Dios subir y bajar sobre Él (cf. 1, 51). Aquí, junto al pozo, encontramos a Jacob como el gran patriarca que, precisamente con el pozo, ha dado el agua, el elemento esencial para la vida. Pero el hombre tiene una sed mucho mayor aún, una sed que va más allá del agua del pozo, pues busca una vida que sobrepase el ámbito de lo biológico.

Volveremos a encontrar esta misma tensión inherente al ser del hombre en el capítulo dedicado al pan: Moisés ha dado el maná, pan bajado del cielo. Pero sigue siendo «pan» terrenal. El maná es una promesa: el nuevo Moisés volverá a ofrecer pan. Pero también en este caso se debe dar algo que sea más de lo que era el maná. Nuevamente aparece la tensión del hombre hacia lo infinito, hacia otro «pan», que sea verdaderamente «pan del cielo».

De este modo, la promesa del agua nueva y del nuevo pan se corresponden. Corresponden a esa otra dimensión de la vida que el hombre desea ardientemente de manera ineludible. Juan distingue entre *bíos* y *zoé*, la vida biológica y esa vida completa que, siendo manantial ella misma, no está sometida al principio de muerte y transformación que caracteriza a toda la creación. Así, en la conversación con la Samaritana, el agua —si bien ahora de otra forma— se convierte en símbolo del *Pneuma*, de la verdadera fuerza vital que apaga la sed más profunda del hombre y le da la vida plena, que él espera aun sin conocerla.

En el siguiente capítulo, el 5, el agua aparece más bien de soslayo. Se trata de la historia del hombre que yace enfermo desde hace treinta y ocho años, y espera curarse al entrar en la piscina de Betesda, pero no encuentra a nadie que le ayude a entrar en ella. Jesús lo cura con su poder ilimitado; Él realiza en el enfermo lo que éste esperaba que ocurriera al entrar en contacto con el agua curativa. En el capítulo 7, que según una convincente hipótesis de los exegetas modernos iba originalmente a continuación del quinto, encontramos a Jesús en la fiesta de las Tiendas, en la que tiene lugar el rito solemne de la ofrenda del agua; sobre esto volveremos enseguida con más detalle.

El simbolismo del agua aparece de nuevo en el capítulo 9: Jesús cura a un ciego de nacimiento. El proceso de curación lleva a que el enfermo, siguiendo el mandato de Jesús, se lave en la piscina de Siloé: así logra recuperar la vista. «Siloé, que significa el Enviado», comenta el evangelista para sus lectores que no conocen el hebreo (9, 7). Sin embargo, se trata de algo más que de una simple aclaración filológica. Nos indica el verdadero sentido del milagro. En efecto, el «Enviado» es Jesús. En definitiva, es en Jesús y mediante Él en donde el ciego se limpia para poder ver. Todo el capítulo se muestra como una explicación del bautismo, que nos hace capaces de ver. Cristo es quien nos da la luz, quien nos abre los ojos mediante el sacramento.

Con un significado similar, pero a la vez diferente, en el capítulo 13 —durante la Última Cena— aparece el agua con el lavatorio de los pies: antes de cenar Jesús se levanta, se quita el manto, se ciñe una toalla a la cintura, vierte agua en una jofaina y empieza a lavar los pies a los discípulos (cf. 13, 4s). La humildad de Jesús, que se hace esclavo de los suyos, es el baño purificador de los pies que hace a los hombres dignos de participar en la mesa de Dios.

Finalmente, el agua vuelve a aparecer ante nosotros, llena de misterio, al final de la pasión: puesto que Jesús ya había muerto, no le quiebran las piernas, sino que uno de los soldados «con una lanza le traspasó el costado, y al punto salió sangre y agua» (19, 34). No cabe duda de que aquí Juan quiere referirse a los dos principales sacramentos de la Iglesia —Bautismo y Eucaristía—, que proceden del corazón abierto de Jesús y con los que, de este modo, la Iglesia nace de su costado.

Juan retoma una vez más el tema de la sangre y el agua en su Primera Carta, pero dándole una nueva connotación: «Éste es el que vino por el agua y por la sangre, Jesucristo; no por agua únicamente, sino por agua y sangre... Son tres los que dan testimonio: el Espíritu, el agua y la sangre; y los tres están de acuerdo» (*1 Jn* 5, 6-8). Aquí hay claramente una implicación polémica dirigida a un cristianismo que, si bien reconoce el bautismo de Jesús como un acontecimiento de salvación, no hace lo mismo con su muerte en la cruz. Se trata de un cristianismo que, por así decirlo, sólo quiere la palabra, pero no la carne y la sangre. El cuerpo de Jesús y su muerte no desempeñan ningún papel. Así, lo que queda del cristianismo es sólo «agua»: la palabra sin la corporeidad de Jesús pierde toda su fuerza. El cristianismo se convierte entonces en pura doctrina, puro moralismo y una simple cuestión intelectual, pero le faltan la carne y la sangre. Ya no se acepta el carácter redentor de la sangre de Jesús. Incomoda a la armonía intelectual.

¿Quién puede dejar de ver en esto algunas de las amenazas que sufre nuestro cristianismo actual? El agua y la sangre van unidas; encarnación y cruz, bautismo, palabra y sacramento son inseparables. Y a esta tríada del testimonio hay que añadir el *Pneuma*. Schnackenburg (*Die Johannesbriefe*, p. 260) hace notar justamente que, en este contexto, «el testimonio del Espíritu en la Iglesia y a través de la Iglesia se entiende en el sentido de *Jn* 15, 26; 16, 10».

Volvamos a las palabras sobre la revelación de Jesús con ocasión de la fiesta de las Tiendas que nos relata Juan en 7, 37ss. «El último día, el más solemne de la fiesta, Jesús en pie gritaba: "El que tenga sed, que venga a mí; el que cree en mí que beba"; como dice la Escritura: "De sus entrañas manarán torrentes de agua viva"...». Estas palabras se encuentran en el marco del rito de la fiesta, consistente en tomar agua de la fuente de Siloé para llevar una ofrenda de agua al templo en los siete días que dura la fiesta. El séptimo día los sacerdotes daban siete vueltas en torno al altar con la vasija de oro antes de derramar el agua sobre él. Estos ritos del agua se remontan, de una parte, al origen de la fiesta en el contexto de las religiones naturales: en un principio la fiesta era una súplica para implorar la lluvia, tan necesaria en una tierra amenazada por la sequía; pero más tarde el rito se convirtió en una evocación histórico-salvífica del agua que Dios hizo brotar de la roca para los judíos durante su travesía del desierto, no obstante todas sus dudas y temores (cf. *Nm* 20, 1-13).

El agua que brota de la roca, en fin, se fue transformando cada vez más en uno de los temas que formaban parte del contenido de la esperanza mesiánica: Moisés había dado a Israel, durante la travesía del desierto, pan del cielo y agua de la roca. En consecuencia, también se esperaban del nuevo Moisés, del Mesías, estos dos dones básicos para la vida. Esta interpretación mesiánica del don del agua aparece reflejada en la Primera Carta de san Pablo a los Corintios: «Todos comieron el mismo alimento espiritual; y todos bebieron la misma bebida espiritual, pues bebieron de la roca espiritual que los seguía; y la roca era Cristo» (10, 3s).

Jesús responde a esa esperanza con las palabras que pronuncia casi como insertándolas en el rito del agua: Él es el nuevo Moisés. Él mismo es la roca que da la vida. Al igual que en el sermón sobre el pan se presenta a sí mismo como el verdadero pan venido del cielo, aquí se presenta —de modo similar a lo que ha hecho ante la Samaritana— como el agua viva a la que tiende la sed más profunda del hombre, la sed de vida, de «vida... en abundancia» (*Jn* 10, 10); una vida no condicionada ya por la necesidad que ha de ser continuamente satisfecha, sino que brota por sí misma desde el interior. Jesús responde también a la pregunta: ¿cómo se bebe esta agua de vida? ¿Cómo se llega hasta la fuente y se toma el agua? «El que cree en mí...». La fe en Jesús es el modo en que se bebe el agua viva, en que se bebe la vida que ya no está amenazada por la muerte.

Pero tenemos que escuchar con más atención el texto, que continúa así: «Como dice la Escritura: De sus entrañas manarán torrentes de agua viva» (*Jn* 7, 38). ¿De qué entrañas? Desde los tiempos más remotos existen dos respuestas diferentes a esta pregunta. La tradición alejandrina fundada por Orígenes († *c.* 254), al que se suman también los grandes Padres latinos Jerónimo y Agustín, dice así: «El que cree... de sus entrañas manarán...». El hombre que cree se convierte él mismo en un manantial, en un oasis del que brota agua fresca y cristalina, la fuerza dispensadora de vida del Espíritu creador. Pero junto a ella aparece —aunque con menor difusión— la tradición de Asia Menor, que por su origen está más próxima a Juan y está documentada por Justino († 165), Ireneo, Hipólito, Cipriano y Efrén. Poniendo los signos de puntuación de otro modo, lee así: «Quien tenga sed que venga a mí, y beba quien cree en mí. Como dice la Escritura, de su seno manarán ríos». «Su seno» hace referencia ahora a Cristo: Él es la fuente, la roca viva, de la que brota el agua nueva.

Desde un punto de vista puramente lingüístico es más convincente la primera interpretación, y por eso se han sumado a ella —además de los grandes Padres de la Iglesia— la mayoría de los exegetas modernos. Desde el punto de vista del contenido, sin embargo, hay más elementos a favor de la segunda interpretación, la «de Asia Menor», a la que por ejemplo se une Schnackenburg, sin que ello suponga necesariamente una contraposición excluyente a la lectura «alejandrina». Una clave importante para la interpretación se encuentra en el inciso «como dice la Escritura». Jesús hace hincapié en el hecho de estar en continuidad con la Escritura, en continuidad con la historia de Dios con los hombres. Todo el Evangelio de Juan, como también los Evangelios sinópticos y toda la literatura del Nuevo Testamento, legitiman la fe en Jesús sosteniendo que en Él confluyen todos los ríos de la Escritura, que a partir de Él se muestra el sentido coherente de la Escritura, de todo lo que se espera, de todo a lo que se tiende.

Pero ¿dónde habla la Escritura de esta fuente viva? Obviamente, Juan no piensa en un único pasaje, sino precisamente en «la Escritura», una visión que abarca todos sus textos. Anteriormente hemos encontrado una pista importante: la historia de la roca que surte de agua y que en Israel se había convertido en una imagen de esperanza. La segunda gran pista nos la ofrece Ezequiel 47, 1-12, la visión del nuevo templo: «Por debajo del umbral del templo manaba agua hacia Levante» (47, 1). Unos cincuenta años más tarde, Zacarías retoma de nuevo la imagen: «Aquel día brotará un manantial contra los pecados e impurezas para la dinastía de David y los habitantes de Jerusalén» (13, 1). «Aquel día brotará un manantial en Jerusalén...» (14, 8). El último capítulo de la Sagrada Escritura reinterpreta estas imágenes y al mismo tiempo les confiere toda su grandeza: «Me mostró a mí, Juan, el río de agua viva, luciente como el cristal, que salía del trono de Dios y del Cordero» (*Ap* 22, 1).

Ya en la breve referencia al episodio de la purificación del templo hemos visto que Juan considera al Señor resucitado, su cuerpo, como el nuevo templo que ansiaban no sólo el Antiguo Testamento, sino todos los pueblos (cf. 2, 21). Por eso, en las palabras sobre los ríos de agua viva podemos percibir también una alusión al nuevo templo: sí, existe ese templo. Existe esa corriente de vida prometida que purifica la tierra salina, que hace madurar una vida abundante y que da frutos. Él es quien, con un amor «hasta el extremo», ha pasado por la cruz y ahora vive en una vida que ya no puede ser amenazada por muerte alguna. Es Cristo vivo. Así, la frase pronunciada durante la fiesta de las Tiendas no sólo anticipa la nueva Jerusalén, en la que Dios mismo habita y es fuente de vida, sino que inmediatamente indica con antelación el cuerpo del Crucificado, del que brota sangre y agua (cf. 19, 34). Lo muestra como el verdadero templo, que no está hecho de piedra ni construido por mano de hombre y, precisamente por eso, porque significa la presencia viva de Dios en el mundo, es y será también fuente de vida para todos los tiempos.

Quien mire con atención la historia puede llegar a ver este río que, desde el Gólgota, desde el Jesús crucificado y resucitado, discurre a través de los tiempos. Puede ver cómo allí donde llega este río la tierra se purifica, crecen árboles llenos de frutos; cómo de esta fuente de amor que se nos ha dado y se nos da fluye la vida, la vida verdadera.

Esta interpretación fundamental sobre Cristo —como ya se ha señalado— no excluye que estas palabras se puedan aplicar, por derivación, también a los creyentes. Una frase del evangelio apócrifo de Tomás (108) apunta en una dirección semejante a la del Evangelio de Juan: «El que bebe de mi boca, se volverá como yo» (Barrett, p. 334). El creyente se hace uno con Cristo y participa de su fecundidad. El hombre creyente y que ama con Cristo se convierte en un pozo que da vida. Esto se puede ver perfectamente también en la historia: los santos son como un oasis en torno a los cuales surge la vida, en torno a los cuales vuelve algo del paraíso perdido. Y, en definitiva, es siempre Cristo mismo la fuente que se da en abundancia.

La vid y el vino

Mientras el agua es un elemento fundamental para la vida de todas las criaturas de la tierra, el pan de trigo, el vino y el aceite de oliva son dones típicos de la cultura mediterránea. El canto solemne de la creación, el Salmo 104, habla en primer lugar de la hierba, que Dios ha pensado para el ganado, y después menciona lo que Dios regala al hombre a través de la tierra: el pan que se obtiene de la tierra, el vino que le alegra el corazón y, finalmente, el aceite, que da brillo a su rostro. Luego habla otra vez del pan que lo fortalece (cf. vv. 14s). Los tres grandes dones de la tierra se han convertido, junto con el agua, en los elementos sacramentales fundamentales de la Iglesia, en los cuales los frutos de la creación se convierten en vehículos de la acción de Dios en la historia, en «signos» mediante los cuales Él nos muestra su especial cercanía.

Los tres dones presentan características distintas entre sí y, por ello, cada uno tiene una función diferente de signo. El pan, preparado en su forma más sencilla con agua y harina de trigo molida —a lo que se añade naturalmente el fuego y el trabajo del hombre— es el alimento básico. Es propio tanto de los pobres como de los ricos, pero sobre todo de los pobres. Representa la bondad de la creación y del Creador, pero al mismo tiempo la humildad de la sencillez de la vida cotidiana. En cambio, el vino representa la fiesta; permite al hombre sentir la magnificencia de la creación. Así, es propio de los ritos del sábado, de la Pascua, de las bodas. Y nos deja vislumbrar algo de la fiesta definitiva de Dios con la humanidad, a la que tienden todas las esperanzas de Israel. «El Señor todopoderoso preparará en este monte [Sión] para todos los pueblos un festín... un festín de vinos de solera... de vinos refinados...» (*Is* 25, 6). Finalmente, el aceite proporciona al hombre fuerza y belleza, posee una fuerza curativa y nutritiva. En la unción de profetas, reyes y sacerdotes, es signo de una exigencia más elevada.

El aceite de oliva —por lo que he podido apreciar— no aparece en el Evangelio de Juan. El costoso «aceite de nardo», con el que el Señor fue ungido por María en Betania antes de su pasión (cf. *Jn* 12, 3), era considerado de origen oriental. En esta escena aparece, por una parte, como signo de la santa prodigalidad del amor y, por otra, como referencia a la muerte y a la resurrección. El pan lo encontramos en la escena de la multiplicación de los panes, ampliamente documentada también por los sinópticos, e inmediatamente después en el gran sermón eucarístico del Evangelio de Juan. El don del vino nuevo se encuentra en el centro de la boda de Caná (cf. 2, 1-12), mientras que, en sus sermones de despedida, Jesús se presenta como la verdadera vid (cf. 15, 1-10).

Centrémonos ahora en estos dos últimos textos. A primera vista, el milagro de Caná parece que se separa un poco de los otros signos empleados por Jesús. ¿Qué sentido puede tener que Jesús proporcione una gran cantidad de vino —unos 520 litros— para una fiesta privada? Debemos, pues, analizar el asunto con más detalle, para comprender que en modo alguno se trata de un lujo privado, sino de algo con mucho más alcance. Para empezar, es importante la datación: «Tres días después había una boda en Caná de Galilea» (2, 1). No está muy claro a qué fecha anterior hace referencia con la indicación del tercer día; pero precisamente por eso parece evidente que el evangelista otorga una gran importancia a esta indicación temporal simbólica que él nos ofrece como clave para entender el episodio.

En el Antiguo Testamento, el tercer día hace referencia al día de la teofanía como, por ejemplo, en el relato central del encuentro entre Dios e Israel en el Sinaí: «Al amanecer del tercer día, hubo truenos y relámpagos... El Señor había bajado sobre él en medio del fuego» (*Ex* 19, 16-18). Al mismo tiempo, es posible percibir aquí una referencia anticipada a la teofanía final y decisiva de la historia: la resurrección de Cristo al tercer día, en la cual los anteriores encuentros con Dios dejan paso a la irrupción definitiva de Dios en la tierra; la resurrección en la cual se rasga la tierra de una vez por todas, sumida en la vida misma de Dios. Se encuentra aquí una alusión a que se trata de una primera manifestación de Dios que está en continuidad con los acontecimientos del Antiguo Testamento, los cuales llevan consigo un carácter de promesa y tienden a su cumplimiento. Los exegetas han contado los días precedentes en los que, según el Evangelio de Juan, había tenido lugar la elección de los discípulos (p. ej.

Barrett, p. 213); concluyen que este «tercer día» sería al mismo tiempo el sexto o séptimo desde el comienzo de las llamadas; como séptimo día sería, por así decirlo, el día de la fiesta de Dios para la humanidad, anticipo del sábado definitivo descrito, por ejemplo, en la profecía de Isaías que se cita poco antes en el texto.

Hay otro elemento fundamental del relato relacionado con esta datación. Jesús dice a María, su madre, que todavía no le ha llegado su «hora». Eso significa, en primer lugar, que Él no actúa ni decide simplemente por iniciativa suya, sino en consonancia con la voluntad del Padre, siempre a partir del designio del Padre. De modo más preciso, la «hora» hace referencia a su «glorificación», en que cruz y resurrección, así como su presencia universal a través de la palabra y el sacramento, se ven como un todo único. La hora de Jesús, la hora de su «gloria», comienza en el momento de la cruz y tiene su exacta localización histórica: cuando los corderos de la Pascua son sacrificados, Jesús derrama su sangre como el verdadero Cordero. Su hora procede de Dios, pero está fijada con extrema precisión en el contexto de la historia, unida a una fecha litúrgica y, precisamente por ello, es el comienzo de la nueva liturgia en «espíritu y verdad». Cuando en aquel instante Jesús habla a María de su hora, está relacionando precisamente ese momento con el del misterio de la cruz concebido como su glorificación. Esa hora no había llegado todavía, esto se debía precisar antes de nada. Y, no obstante, Jesús tiene el poder de anticipar esta «hora» misteriosamente con signos. Por tanto, el milagro de Caná se caracteriza como una anticipación de la hora y está interiormente relacionado con ella.

¿Cómo podríamos olvidar que este conmovedor misterio de la anticipación de la hora se sigue produciendo todavía? Así como Jesús, ante el ruego de su madre, anticipa simbólicamente su hora y, al mismo tiempo, se remite a ella, lo mismo ocurre siempre de nuevo en la Eucaristía: ante la oración de la Iglesia, el Señor anticipa en ella su segunda venida, viene ya, celebra ahora la boda con nosotros, nos hace salir de nuestro tiempo lanzándonos hacia aquella «hora».

De esta manera comenzamos a entender lo sucedido en Caná. La señal de Dios es la sobreabundancia. Lo vemos en la multiplicación de los panes, lo volvemos a ver siempre, pero sobre todo en el centro de la historia de la salvación: en el hecho de que se derrocha a sí mismo por la mísera criatura que es el hombre. Este exceso es su «gloria». La sobreabundancia de Caná es, por ello, un signo de que ha comenzado la fiesta de Dios con la humanidad, su entregarse a sí mismo por los hombres. El marco del episodio —la boda— se convierte así en la imagen que, más allá de sí misma, señala la hora mesiánica: la hora de las nupcias de Dios con su pueblo ha comenzado con la venida de Jesús. La promesa escatológica irrumpe en el presente.

En esto, la historia de Caná tiene un punto en común con el relato de san Marcos sobre la pregunta que los discípulos de Juan y los fariseos hacen a Jesús: «¿Por qué tus discípulos no guardan el ayuno?». La respuesta de Jesús dice así: «¿Es que pueden ayunar los ami-

gos del novio, mientras el novio está con ellos?» (cf. *Mc*
2, 18s). Jesús se presenta aquí como el «novio» de las
nupcias prometidas de Dios con su pueblo, introduciendo así misteriosamente su existencia, Él mismo,
en el misterio de Dios. En Jesús, de manera insospe-
chada, Dios y el hombre se hacen uno, se celebran las
«bodas», las cuales, sin embargo —y esto es lo que Jesús subraya en su respuesta—, pasan por la cruz, por el
momento en que el novio «será arrebatado».

Hay que considerar todavía otros dos aspectos del relato de Caná para sondear en cierta medida su profundidad cristológica: la autorrevelación de Jesús y su
«gloria», que se nos ofrece. El agua, que sirve para la
purificación ritual, se convierte en vino, en signo y don
de la alegría nupcial. Aquí aparece algo del cumplimiento de la Ley, que llega a su culminación en el ser y actuar de Jesús.

No se niega la Ley, no se deja a un lado, sino que se
lleva a cumplimiento su intrínseca expectativa. La purificación ritual queda al fin y al cabo como un rito,
como un gesto de esperanza. Sigue siendo «agua», al
igual que lo sigue siendo ante Dios todo lo que el hombre hace sólo con sus fuerzas humanas. La pureza ritual nunca es suficiente para hacer al hombre «capaz»
de Dios, para dejarlo realmente «puro» ante Dios. El
agua se convierte en vino. El don de Dios, que se entrega a sí mismo, viene ahora en ayuda de los esfuerzos del hombre, y con ello crea la fiesta de la alegría,
una fiesta que solamente la presencia de Dios y de su
don pueden instituir.

La investigación de la historia de las religiones cita como paralelismo precristiano del relato de Caná el mito de Dionisos, el dios que habría descubierto la vid y a quien se atribuye la transformación del agua en vino, un suceso mítico que se celebraba también litúrgicamente. El gran teólogo judío Filón de Alejandría (*c.* 13 a.C. hasta *c.* 45/50 d.C.) dio a este relato una nueva interpretación desmitificándolo: el verdadero dispensador del vino —afirma— es el *Logos* divino; Él es quien nos proporciona la alegría, la dulzura, el regocijo del vino verdadero. Pero además, Filón relaciona esta teología del *Logos*, en la perspectiva de la historia de la salvación, con Melquisedec, que presentó pan y vino para ofrecerlos en sacrificio. En Melquisedec el *Logos* es quien actúa y nos ofrece los dones esenciales para el ser humano; así, aparece al mismo tiempo como el sacerdote de una liturgia cósmica (Barrett, pp. 211s).

Es más que dudoso que Juan pensara en antecedentes de este tipo. Pero dado que Jesús mismo al explicar su misión hace referencia al Salmo 110, en el que aparece el sacerdocio de Melquisedec (cf. *Mc* 12, 35-37); dado que la Carta a los Hebreos —relacionada teológicamente con el Evangelio de Juan— revela de forma precisa la teología de Melquisedec; dado que Juan presenta a Jesús como el *Logos* de Dios y Dios mismo; dado, en fin, que el Señor nos ha dado el pan y el vino como vehículos de la Nueva Alianza, seguramente también es lícito razonar basándose en tales relaciones, y ver reflejado así en el relato de Caná el misterio del *Logos* y su liturgia cósmica, en la cual el mito de Dionisos es radicalmente transformado, pero también llevado a la verdad que encierra.

Mientras la historia de Caná trata del fruto de la vid con su rico simbolismo, en Juan 15 —en el contexto de los sermones de despedida— Jesús retoma la antiquísima imagen de la vid y lleva a término la visión que hay en ella. Para entender este sermón de Jesús es necesario considerar al menos *un* texto fundamental del Antiguo Testamento que contiene el tema de la vid y reflexionar brevemente sobre una parábola sinóptica afín, que recoge el texto veterotestamentario y lo transforma.

En Isaías 5, 1-7 nos encontramos una canción de la viña. Probablemente el profeta la ha cantado con ocasión de la fiesta de las Tiendas, en el marco de la alegre atmósfera que caracterizaba su celebración, que duraba ocho días (cf. *Dt* 16, 14). Uno se puede imaginar cómo en las plazas, entre las chozas de ramas y hojas, se ofrecía todo tipo de representaciones, y cómo el profeta apareció entre los que celebraban la fiesta anunciándoles un canto de amor: el canto de su amigo y su viña. Todos sabían que la «viña» era la imagen de la esposa (cf. *Ct* 2, 15; 7, 13); así, esperaban algo ameno que correspondiera al clima de la fiesta. Y, en efecto, el canto empezaba bien: el amigo tenía una viña en un suelo fértil, en el que plantó cepas selectas, y hacía todo lo imaginable para su buen desarrollo. Pero después cambió la situación: la viña le decepcionó y en vez de fruto apetitoso no dio sino pequeños agracejos que no se podían comer. Los oyentes entienden lo que eso significa: la esposa había sido infiel, había defraudado la confianza y la esperanza, el amor que había esperado el amigo. ¿Cómo continuará la historia? El amigo abandona la viña al pillaje, repudia a la esposa dejándola en la deshonra que ella misma se había ganado.

Ahora está claro: la viña, la esposa, es Israel, son los mismos espectadores, a los que Dios ha mostrado el camino de la justicia en la *Torá*; estos hombres a los que había amado y por los que había hecho de todo, y que le han correspondido quebrantando la Ley y con un régimen de injusticias. El canto de amor se convierte en amenaza de juicio, finaliza con un horizonte sombrío, con la imagen del abandono de Israel por parte de Dios, tras el cual no se ve en ese momento promesa alguna. Se hace alusión a la situación que, en la hora angustiosa en que se verifique, se describe en el lamento ante Dios del Salmo 80: «Sacaste una vid de Egipto, expulsaste a los gentiles, y la trasplantaste; le preparaste el terreno... ¿Por qué has derribado su cerca para que la saqueen los viandantes...?» (vv. 9-13). En el Salmo, el lamento se convierte en súplica: «Cuida esta cepa que tu diestra plantó..., Dios de los ejércitos, restáuranos, que brille tu rostro y nos salve» (v. 16-20).

Tras los profundos cambios históricos que tuvieron lugar a partir del exilio, todavía era ésta fundamentalmente la situación antigua y nueva que Jesús se encontró en Israel, y habló al corazón de su pueblo. En una parábola posterior, ya cercano a su pasión, retoma el canto de Isaías modificándolo (cf. *Mc* 12, 1-12). Sin embargo, en sus palabras ya no aparece la vid como imagen de Israel; Israel está ahora representado más bien por los arrendatarios de una viña, cuyo dueño ha marchado y reclama desde lejos los frutos que le corresponden. La historia de la lucha siempre nueva de Dios por y con Israel se muestra en una sucesión de «criados» que, por encargo del dueño, llegan para recoger la renta, su parte de la vendimia. En el relato, que habla del maltrato, más aún, del asesinato de los criados, aparece reflejada la historia de los profetas, su sufrimiento y lo infructuoso de sus esfuerzos.

Finalmente, en un último intento, el dueño envía a su «hijo querido», el heredero, quien como tal también puede reclamar la renta ante los jueces y, por ello, cabe esperar que le presten atención. Pero ocurre lo contrario: los viñadores matan al hijo precisamente por ser el heredero; de esta manera, pretenden adueñarse definitivamente de la viña. En la parábola, Jesús continúa: «¿Qué hará el dueño de la viña? Acabará con los labradores y arrendará la viña a otros» (*Mc* 12, 9).

En este punto la parábola, como ocurre también en el canto de Isaías, pasa de ser un aparente relato de acontecimientos pasados a referirse a la situación de los oyentes. La historia se convierte de repente en actualidad. Los oyentes lo saben: Él habla de nosotros (cf. v. 12). Al igual que los profetas fueron maltratados y asesinados, así vosotros me queréis matar: hablo de vosotros y de mí.

La exegesis moderna acaba aquí, trasladando así de nuevo la parábola al pasado. Aparentemente habla sólo de lo que sucedió entonces, del rechazo del mensaje de Jesús por parte de sus contemporáneos; de su muerte en la cruz. Pero el Señor habla siempre en el presente y en vista del futuro. Habla precisamente también con nosotros y de nosotros. Si abrimos los ojos, todo lo que se dice ¿no es de hecho una descripción de nuestro presente? ¿No es ésta la lógica de los tiempos modernos, de nuestra época? Declaramos que Dios ha muerto y, de esta manera, ¡nosotros mismos seremos dios! Por fin dejamos de ser propiedad de otro y nos convertimos en los únicos dueños de nosotros mismos y los propietarios del mundo. Por fin podemos hacer lo que nos apetezca. Nos desembarazamos de Dios; ya no hay normas por encima de nosotros, nosotros mismos somos la norma. La «viña» es nuestra. Empezamos a descubrir ahora las consecuencias que está teniendo todo esto para el hombre y para el mundo...

Regresemos al texto de la parábola. En Isaías no había en este punto promesa alguna en perspectiva; en el Salmo, en el momento en que se cumple la amenaza, el dolor se convierte en oración. Ésta es la situación de Israel, de la Iglesia y de la humanidad que se repite siempre. Una y otra vez volvemos a estar en la oscuridad de la prueba, pudiendo clamar a Dios: «¡Restáuranos!». En las palabras de Jesús, sin embargo, hay una promesa, una primera respuesta a la plegaria: «¡Cuida esta cepa!». El reino se traspasa a otros siervos: esta afirmación es tanto una amenaza de juicio como una promesa. Significa que el Señor mantiene firmemente en sus manos su viña, y que ya no está supeditado a los criados actuales. Esta amenaza-promesa afecta no sólo a los círculos dominantes de los que y con los que habla Jesús. Es válida también en el nuevo pueblo de Dios. No afecta a la Iglesia en su conjunto, es cierto, pero sí a las Iglesias locales, siempre de nuevo, tal como muestra la palabra del Resucitado a la Iglesia de Éfeso: «Arrepiéntete y vuelve a tu conducta primera. Si no te arrepientes, vendré a ti y arrancaré tu candelabro de su puesto...» (*Ap* 2, 5).

Pero a la amenaza y la promesa del traspaso de la viña a otros criados sigue una promesa mucho más importante. El Señor cita el Salmo 118, 22: «La piedra que desecharon los arquitectos es ahora la piedra angular». La muerte del Hijo no es la última palabra. Aquel que han matado no permanece en la muerte, no queda «desechado». Se convierte en un nuevo comienzo. Jesús da a entender que Él mismo será el Hijo ejecutado; predice su crucifixión y su resurrección, y anuncia que de Él, muerto y resucitado, Dios levantará una nueva edificación, un nuevo templo en el mundo.

Se abandona la imagen de la cepa y se reemplaza por la imagen del edificio vivo de Dios. La cruz no es el final, sino un nuevo comienzo. El canto de la viña no termina con el homicidio del hijo. Abre el horizonte para una nueva acción de Dios. La relación con Juan 2, con las palabras sobre la destrucción del templo y su nueva construcción, es innegable. Dios no fracasa; cuando nosotros somos infieles, Él sigue siendo fiel (cf. *2 Tm* 2, 13). Él encuentra vías nuevas y más anchas para su amor. La cristología indirecta de las primeras parábolas queda superada aquí gracias a una afirmación cristológica muy clara.

La parábola de la viña en los sermones de despedida de Jesús continúa toda la historia del pensamiento y de la reflexión bíblica sobre la vid, dándole una mayor profundidad. «Yo soy la verdadera la vid» (*Jn* 15, 1), dice el Señor. En estas palabras resulta importante sobre todo el adjetivo «verdadera». Con mucho acierto dice Charles K. Barrett: «Fragmentos de significado a los que se alude veladamente mediante otras vides, aparecen aquí recogidos y explicitados a través de Él. Él es la *verdadera* vid» (p. 461). Pero el elemento esencial y de mayor relieve en esta frase es el «Yo soy»: el Hijo mismo se identifica con la vid, Él mismo se ha convertido en vid. Se ha dejado plantar en la tierra. Ha entrado en la vid: el misterio de la encarnación, del que Juan habla en el Prólogo, se retoma aquí de una manera sorprendentemente nueva. La vid ya no es una criatura a la que Dios mira con amor, pero que no obstante puede también arrancar y rechazar. Él mismo se ha hecho vid en el Hijo, se ha identificado para siempre y ontológicamente con la vid.

Esta vid ya nunca podrá ser arrancada, no podrá ser abandonada al pillaje: pertenece definitivamente a Dios, a través del Hijo Dios mismo vive en ella. La promesa se ha hecho irrevocable, la unidad indestructible. Éste es el nuevo y gran paso histórico de Dios, que constituye el significado más profundo de la parábola: encarnación, muerte y resurrección se manifiestan en toda su magnitud. «Cristo Jesús, el Hijo de Dios… no fue primero "sí" y luego "no"; en Él todo se ha convertido en un "sí"; en Él todas las promesas de Dios han recibido un "sí"» (*2 Co* 1, 19s): así es como lo expresa san Pablo.

El hecho es que la vid, mediante Cristo, es el Hijo mismo, es una realidad nueva, aunque, una vez más, ya se encontraba preparada en la tradición bíblica. El Salmo 80, 18 había relacionado estrechamente al «Hijo del hombre» con la vid. Pero, puesto que ahora el Hijo se ha convertido Él mismo en la vid, esto comporta que precisamente de este modo sigue siendo una cosa sola con los suyos, con todos los hijos de Dios dispersos, que Él ha venido a reunir (cf. *Jn* 11, 52). La vid como atributo cristológico contiene también en sí misma toda una eclesiología. Significa la unión indisoluble de Jesús con los suyos que, por medio de Él y con Él, se convierten todos en «vid», y que su vocación es «permanecer» en la vid. Juan no conoce la imagen de Pablo del «cuerpo de Cristo». Sin embargo, la imagen de la vid expresa objetivamente lo mismo: la imposibilidad de separar a Jesús de los suyos, su ser uno con Él y en Él. Así, las palabras sobre la vid muestran el carácter irrevocable del don concedido por Dios, que nunca será retirado. En la encarnación Dios se ha comprometido a sí mismo; pero al mismo tiempo estas palabras nos hablan de la exigencia de este don, que siempre se dirige de nuevo a nosotros reclamando nuestra respuesta.

Como hemos dicho antes, la vid ya no puede ser arrancada, ya no puede ser abandonada al pillaje. Pero en cambio hay que purificarla constantemente. Purificación, fruto, permanencia, mandamiento, amor, unidad: éstas son las grandes palabras clave de este drama del ser en y con el Hijo en la vid, un drama que el Señor con sus palabras nos pone ante nuestra alma. Purificación: la Iglesia y el individuo siempre necesitan purificarse. Los actos de purificación, tan dolorosos como necesarios, aparecen a lo largo de toda la historia, a lo largo de toda la vida de los hombres que se han entregado a Cristo. En estas purificaciones está siempre presente el misterio de la muerte y la resurrección. Hay que recortar la autoexaltación del hombre y de las instituciones; todo lo que se ha vuelto demasiado grande debe volver de nuevo a la sencillez y a la pobreza del Señor mismo. Solamente a través de tales actos de mortificación la fecundidad permanece y se renueva.

La purificación tiende al fruto, nos dice el Señor. ¿Cuál es el fruto que Él espera? Veamos en primer lugar el fruto que Él mismo ha producido con su muerte y resurrección. Isaías y toda la tradición profética habían dicho que Dios esperaba uvas de su viña y, con ello, un buen vino: una imagen para indicar la justicia, la rectitud, que se alcanza viviendo en la palabra de Dios, en la voluntad de Dios; la misma tradición habla de que Dios, en lugar de eso, no encuentra más que agracejos inútiles y para tirar: una imagen de la vida alejada de la justicia de Dios y que tiende a la injusticia, la corrupción y la violencia. La vid debe dar uva de calidad de la que se pueda obtener, una vez recogida, prensada y fermentada, un vino de calidad.

Recordemos que la imagen de la vid aparece también en el contexto de la Última Cena. Tras la multiplicación de los panes Jesús había hablado del verdadero pan del cielo que Él iba a dar, ofreciendo así una interpretación anticipada y profunda del Pan eucarístico. Resulta difícil imaginar que con las palabras sobre la vid no aluda tácitamente al nuevo vino selecto, al que ya se había referido en Caná y que Él ahora nos regala: el vino que vendría de su pasión, de su amor «hasta el extremo» (*Jn* 13, 1). En este sentido, también la imagen de la vid tiene un trasfondo eucarístico; hace alusión al fruto que Jesús trae: su amor que se entrega en la cruz, que es el vino nuevo y selecto reservado para el banquete nupcial de Dios con los hombres. Aunque sin citarla expresamente, la Eucaristía resulta así comprensible en toda su grandeza y profundidad. Nos señala el fruto que nosotros, como sarmientos, podemos y debemos producir con Cristo y gracias a Cristo: el fruto que el Señor espera de nosotros es el amor —el amor que acepta con Él el misterio de la cruz y se convierte en participación de la entrega que hace de sí mismo— y también la verdadera justicia que prepara al mundo en vista del Reino de Dios.

Purificación y fruto van unidos; sólo a través de las purificaciones de Dios podemos producir un fruto que desemboque en el misterio eucarístico, llevando así a las nupcias, que es el proyecto de Dios para la historia. Fruto y amor van unidos: el fruto verdadero es el amor que ha pasado por la cruz, por las purificaciones de Dios. También el «permanecer» es parte de ello. En Juan 15, 1-10 aparece diez veces el verbo griego *ménein* (permanecer). Lo que los Padres llaman *perseverantia* —el perseverar pacientemente en la comunión con el Señor a través de todas las vicisitudes de la vida— aquí se destaca en primer plano. Resulta fácil un primer entusiasmo, pero después viene la constancia también en los caminos monótonos del desierto que se han de atravesar a lo largo de la vida, la paciencia de proseguir siempre igual aun cuando disminuye el romanticismo de la primera hora y sólo queda el «sí» profundo y puro de la fe. Así es como se obtiene precisamente un buen vino. Agustín vivió profundamente la fatiga de esta paciencia después de la luz radiante del comienzo, después del momento de la conversión, y precisamente de este modo conoció el amor por el Señor y la inmensa alegría de haberlo encontrado.

Si el fruto que debemos producir es el amor, una condición previa es precisamente este «permanecer», que tiene que ver profundamente con esa fe que no se aparta del Señor. En el versículo 7 se habla de la oración como un factor esencial de este permanecer: a quien ora se le promete que será escuchado. Rezar en nombre de Jesús no es pedir cualquier cosa, sino el don fundamental que, en sus sermones de despedida, Él denomina como «la alegría», mientras que Lucas lo llama Espíritu Santo (cf. *Lc* 11, 13), lo que en el fondo significa lo mismo. Las palabras sobre el permanecer en el amor remiten al último versículo de la oración sacerdotal de Jesús (cf. *Jn* 17, 26), vinculando así también el relato de la vid al gran tema de la unidad, que allí el Señor presenta como una súplica al Padre.

El pan

El tema del pan ya lo hemos abordado detalladamente al tratar las tentaciones de Jesús; hemos visto que la tentación de convertir las piedras del desierto en pan plantea toda la problemática de la misión del Mesías;

además, en la deformación de esta misión por el demonio, aparece ya de forma velada la respuesta positiva de Jesús, que luego se esclarecerá definitivamente con la entrega de su cuerpo como pan para la vida del mundo en la noche anterior a la pasión. También hemos encontrado la temática del pan en la explicación de la cuarta petición del Padrenuestro, donde hemos intentado considerar las distintas dimensiones de esta petición y, con ello, llegar a una visión de conjunto del tema del pan en todo su alcance. Al final de la vida pública de Jesús en Galilea, la multiplicación de los panes se convierte, por un lado, en el signo eminente de la misión mesiánica de Jesús, pero al mismo tiempo en una encrucijada de su actuación, que a partir de entonces se convierte claramente en un camino hacia la cruz. Los tres Evangelios sinópticos relatan que dio de comer milagrosamente a cinco mil hombres (cf. *Mt* 14, 33-21; *Mc* 6, 32-44; *Lc* 9, 10b-17); Mateo y Marcos narran, además, que también dio de comer a cuatro mil personas (cf. *Mt* 15, 32-38; *Mc* 8, 1-9).

No podemos adentrarnos aquí en el rico contenido teológico de ambos relatos. Me limitaré a la multiplicación de los panes narrada por Juan (cf. *Jn* 6, 1-15); tampoco se la puede analizar aquí en detalle; así que nuestra atención se centrará directamente en la interpretación del acontecimiento que Jesús propone en su gran sermón sobre el pan al día siguiente en la sinagoga, al otro lado del lago. Hay que añadir una limitación más: no podemos considerar en todos sus pormenores este gran sermón que ha sido muy estudiado, y frecuentemente desmenuzado con meticulosidad por los exegetas. Sólo quisiera intentar poner de relieve sus grandes líneas y, sobre todo, ponerlo en su lugar dentro de todo el contexto de la tradición a la que pertenece y a partir del cual hay que entenderlo.

El contexto fundamental en que se sitúa todo el capítulo es la comparación entre Moisés y Jesús: Jesús es el Moisés definitivo y más grande, el «profeta» que Moisés anunció a las puertas de la tierra santa y del que dijo Dios: «Pondré mis palabras en su boca y les dirá lo que yo le mande» (*Dt* 18, 18). Por eso no es casual que al final de la multiplicación de los panes, y antes de que intentaran proclamar rey a Jesús, aparezca la siguiente frase: «Éste sí que es el profeta que tenía que venir al mundo» (*Jn* 6, 14); del mismo modo que tras el anuncio del agua de la vida, en la fiesta de las Tiendas, las gentes decían: «Éste es de verdad el profeta» (7, 40). Teniendo, pues, a Moisés como trasfondo, aparecen los requisitos que debía tener Jesús. En el desierto, Moisés había hecho brotar agua de la roca, Jesús promete el agua de la vida, como hemos visto. Pero el gran don que se perfilaba en el recuerdo era sobre todo el maná: Moisés había regalado el pan del cielo, Dios mismo había alimentado con pan del cielo al pueblo errante de Israel. Para un pueblo en el que muchos sufrían el hambre y la fatiga de buscar el pan cada día, ésta era la promesa de las promesas, que en cierto modo lo resumía todo: la eliminación de toda necesidad, el don que habría saciado el hambre de todos y para siempre.

Antes de retomar esta idea, a partir de la cual se ha de entender el capítulo 6 del Evangelio de Juan, debemos completar la imagen de Moisés, pues sólo así se precisa también la imagen que Juan tiene de Jesús. El punto central del que hemos partido en este libro, y al que siempre volvemos, es que Moisés hablaba cara a cara con Dios, «como un hombre habla con su amigo» (*Ex* 33, 11; cf. *Dt* 34, 10). Sólo porque hablaba con Dios mismo podía llevar la Palabra de Dios a los hombres. Pero sobre esta cercanía con Dios, que se encuentra en el núcleo de la misión de Moisés y es su fundamento interno, se cierne una sombra. Pues a la petición de Moisés: «¡Déjame ver tu gloria!» —en el mismo instante en que se habla de su amistad con Dios, de su acceso directo a Dios—, sigue la respuesta: «Cuando pase mi gloria te pondré en una hendidura de la roca y te cubriré con mi palma hasta que yo haya pasado, y cuando retire la mano, verás mis espaldas, porque mi rostro no se puede ver» (*Ex* 33, 18.22s). Así pues, Moisés ve sólo la espalda de Dios, porque su rostro «no se puede ver». Se percibe claramente la limitación impuesta también a Moisés.

La clave decisiva para la imagen de Jesús en el Evangelio de Juan se encuentra en la afirmación conclusiva del Prólogo: «A Dios nadie lo ha visto jamás; el Hijo único, que está en el seno del Padre, es quien lo ha dado a conocer» (*Jn* 1, 18). Sólo quien es Dios, ve a Dios: Jesús. Él habla realmente a partir de la visión del Padre, a partir del diálogo permanente con el Padre, un diálogo que es su vida. Si Moisés nos ha mostrado y nos ha podido mostrar sólo la espalda de Dios, Jesús en cambio es la Palabra que procede de Dios, de la contemplación viva, de la unidad con Él. Relacionados con esto hay otros dos dones de Moisés que en Cristo adquieren su forma definitiva: Dios ha comunicado su nombre a Moisés, haciendo posible así la relación entre Él y los hombres; a través de la transmisión del nombre que le ha sido manifestado, Moisés se convierte en mediador de una verdadera relación de los hombres con el Dios vivo; sobre esto ya hemos reflexionado al tratar la primera petición del Padrenuestro. En su oración sacerdotal Jesús acentúa que Él manifiesta el nombre de Dios, llevando a su fin también en este punto la obra iniciada por Moisés. Cuando tratemos la oración sacerdotal de Jesús tendremos que analizar con más detalle esta afirmación: ¿en qué sentido revela Jesús el «nombre» de Dios más allá de lo que lo hizo Moisés?

El otro don de Moisés, estrechamente relacionado tanto con la contemplación de Dios y la manifestación de su nombre como con el maná, y a través del cual el pueblo de Israel se convierte en pueblo de Dios, es la *Torá*; la palabra de Dios, que muestra el camino y lleva a la vida. Israel ha reconocido cada vez con mayor claridad que éste es el don fundamental y duradero de Moisés; que lo que realmente distingue a Israel es que conoce la voluntad de Dios y, así, el recto camino de la vida. El gran Salmo 119 es toda una explosión de alegría y agradecimiento por este don. Una visión unilateral de la Ley, que resulta de una interpretación unilateral de la teología paulina, nos impide ver esta alegría de Israel: la alegría de conocer la voluntad de Dios y, así, poder y tener el privilegio de vivir esa voluntad.

Con esta idea hemos vuelto —aunque parezca de modo inesperado— al sermón sobre el pan. En el desarrollo interno del pensamiento judío ha ido aclarándose cada vez más que el verdadero pan del cielo, que alimentó y alimenta a Israel, es precisamente la Ley, la palabra de Dios. En la literatura sapiencial, la sabiduría, que se hace presente y accesible en la Ley, aparece como «pan» (*Pr* 9, 5); la literatura rabínica ha desarrollado más esta idea (Barrett, p. 301). Desde esta perspectiva hemos de entender el debate de Jesús con los judíos reunidos en la sinagoga de Cafarnaún. Jesús llama la atención sobre el hecho de que no han entendido la multiplicación de los panes como un «signo» —como era en realidad—, sino que todo su interés se centraba en lo referente al comer y saciarse (cf. *Jn* 6, 26). Entendían la salvación desde un punto de vista puramente material, el del bienestar general, y con ello rebajaban al hombre y, en realidad, excluían a Dios. Pero si veían el maná sólo desde el punto de vista del saciarse, hay que considerar que éste no era pan del cielo, sino sólo pan de la tierra. Aunque viniera del «cielo» era alimento terrenal; más aún, un sucedáneo que se acabaría en cuanto salieran del desierto y llegaran a tierra habitada.

Pero el hombre tiene hambre de algo más, necesita algo más. El don que alimente al hombre en cuanto hombre debe ser superior, estar a otro nivel. ¿Es la *Torá* ese otro alimento? En ella, a través de ella, el hombre puede de algún modo hacer de la voluntad de Dios su alimento (cf. *Jn* 4, 34). Sí, la *Torá* es «pan» que viene de Dios; pero sólo nos muestra, por así decirlo, la espalda de Dios, es una «sombra». «El pan de Dios es el que baja del cielo y da la vida al mundo» (*Jn* 6, 33). Como los que le escuchaban seguían sin entenderlo, Jesús lo repite de un modo inequívoco: «Yo soy el pan de vida. El que viene a mí no pasará hambre, y el que cree en mí no pasará nunca sed» (*Jn* 6, 35).

La Ley se ha hecho Persona. En el encuentro con Jesús nos alimentamos, por así decirlo, del Dios vivo, comemos realmente el «pan del cielo». De acuerdo con esto, Jesús ya había dejado claro antes que lo único que Dios exige es creer en Él. Los oyentes le habían preguntado: «¿Cómo podremos ocuparnos del trabajo que Dios quiere?» (*Jn* 6, 28). La palabra griega aquí utilizada, *ergázesthai*, significa «obtener a través del trabajo» (Barrett, p. 298). Los que escuchan están dispuestos a trabajar, a actuar, a hacer «obras» para recibir ese pan; pero no se puede «ganar» sólo mediante el trabajo humano, mediante el propio esfuerzo. Únicamente puede llegar a nosotros como don de Dios, como *obra de Dios*: toda la teología paulina está presente en este diálogo. La realidad más alta y esencial no la podemos conseguir por nosotros mismos; tenemos que dejar que se nos conceda y, por así decirlo, entrar en la dinámica de los dones que se nos conceden. Esto ocurre en la fe en Jesús, que es diálogo y relación viva con el Padre, y que en nosotros quiere convertirse de nuevo en palabra y amor.

Pero con ello no se responde todavía del todo a la pregunta de cómo podemos nosotros «alimentarnos» de Dios, vivir de Él de tal forma que Él mismo se convierta en nuestro pan. Dios se hace «pan» para nosotros ante todo en la encarnación del *Logos*: la Palabra se hace carne. El *Logos* se hace uno de nosotros y entra así en nuestro ámbito, en aquello que nos resulta accesible. Pero por encima de la encarnación de la Palabra, es necesario todavía un paso más, que Jesús menciona en las palabras finales de su sermón: su carne es vida «para» el mundo (6, 51). Con esto se alude, más allá del acto de la encarnación, al objetivo interior y a su última realización: la entrega que Jesús hace de sí mismo hasta la muerte y el misterio de la cruz.

Esto se ve más claramente en el versículo 53, donde el Señor menciona además su sangre, que Él nos da a «beber». Aquí no sólo resulta evidente la referencia a la Eucaristía, sino que además se perfila aquello en que se basa: el sacrificio de Jesús que derrama su sangre por nosotros y, de este modo, sale de sí mismo, por así decirlo, se derrama, se entrega a nosotros.

Así pues, en este capítulo, la teología de la encarnación y la teología de la cruz se entrecruzan; ambas son inseparables. No se puede oponer la teología pascual de los sinópticos y de san Pablo a una teología supuestamente pura de la encarnación en san Juan. La encarnación de la Palabra de la que habla el Prólogo apunta precisamente a la entrega del cuerpo en la cruz que se nos hace accesible en el sacramento. Juan sigue aquí la misma línea que desarrolla la Carta a los Hebreos partiendo del Salmo 40, 6-8: «Tú no quieres sacrificios ni ofrendas, pero me has preparado un cuerpo» (*Hb* 10, 5). Jesús se hace hombre para entregarse y ocupar el lugar del sacrificio de los animales, que sólo podían ser el gesto de un anhelo, pero no una respuesta.

Las palabras de Jesús sobre el pan, por un lado, orientan el gran movimiento de la encarnación y del camino pascual hacia el sacramento en el que encarnación y Pascua siempre coexisten, pero por otra parte, introduce también el sacramento, la sagrada Eucaristía, en el gran contexto del descenso de Dios hacia nosotros y por nosotros. Así, por un lado se acentúa expresamente el puesto de la Eucaristía en el centro de la vida cristiana: aquí Dios nos regala realmente el maná que la humanidad espera, el verdadero «pan del cielo», aquello con lo que podemos vivir en lo más hondo como hombres. Pero al mismo tiempo se ve la Eucaristía como el gran encuentro permanente de Dios con los hombres, en el que el Señor se entrega como «carne» para que en Él, y en la participación en su camino, nos convirtamos en «espíritu». Del mismo modo que Él, a través de la cruz, se transformó en una nueva forma de corporeidad y humanidad que se compenetra con la naturaleza de Dios, esa comida debe ser para nosotros una apertura de la existencia, un paso a través de la cruz y una anticipación de la nueva existencia, de la vida en Dios y con Dios.

Por ello, al final del discurso, donde se hace hincapié en la encarnación de Jesús y el comer y beber «la carne y la sangre del Señor», aparece la frase: «El Espíritu es quien da la vida; la carne no sirve de nada» (*Jn* 6, 63). Esto nos recuerda las palabras de san Pablo: «El primer hombre, Adán, se convirtió en ser vivo. El último Adán, en espíritu que da vida» (*1 Co* 15, 45). No se anula nada del realismo de la encarnación, pero se subraya la perspectiva pascual del sacramento: sólo a través de la cruz y de la transformación que ésta produce se nos hace accesible esa carne, arrastrándonos también a nosotros en el proceso de dicha transformación. La devoción eucarística tiene que aprender siempre de esta gran dinámica cristológica, más aún, cósmica.

Para entender en toda su profundidad el sermón de Jesús sobre el pan debemos considerar, finalmente, una de las palabras clave del Evangelio de Juan, que Jesús pronuncia el Domingo de Ramos en previsión de la futura Iglesia universal, que incluirá a judíos y griegos —a todos los pueblos del mundo—: «Os aseguro que, si el grano de trigo no cae en tierra y muere, queda infecundo; pero, si muere, da mucho fruto» (12, 24). En lo que denominamos «pan» se contiene el misterio de la pasión. El pan presupone que la semilla —el grano de trigo— ha caído en la tierra, «ha muerto», y que de su muerte ha crecido después la nueva espiga. El pan terrenal puede llegar a ser portador de la presencia de Cristo porque lleva en sí mismo el misterio de la pasión, reúne en sí muerte y resurrección. Así, en las religiones del mundo el pan se había convertido en el punto de partida de los mitos de muerte y resurrección de la divinidad, en los que el hombre expresaba su esperanza en una vida después de la muerte.

A este respecto, el cardenal Schönborn recuerda el proceso de conversión del gran escritor británico Clive Staples Lewis, que leyendo una obra en doce volúmenes sobre esos mitos llegó a la conclusión de que también ese Jesús que tomó el pan en sus manos y dijo «Éste es mi cuerpo», era sólo «otra divinidad del grano, un rey del grano que ofrece su vida por la vida del mundo». Pero un día oyó decir en una conversación «a un ateo convencido... que las pruebas de la historicidad de los Evangelios eran sorprendentemente persuasivas» (Schönborn, pp. 23s). Y a él se le ocurrió: «Qué extraño. Toda esta historia del Dios que muere, parece como si realmente hubiera sucedido *una vez*» (G. Kranz, cit. en Schönborn, pp. 23s).

Sí, ha ocurrido realmente. Jesús no es un mito, es un hombre de carne y hueso, una presencia del todo real en la historia. Podemos visitar los lugares donde estuvo y andar por los caminos que Él recorrió, podemos oír sus palabras a través de testigos. Ha muerto y ha resucitado. El misterio de la pasión que encierra el pan, por así decirlo, le ha esperado, se ha dirigido hacia Él; y los mitos lo han esperado a Él, en quien el deseo se ha hecho realidad. Lo mismo puede decirse del vino. También él comporta una pasión: ha sido prensado, y así la uva se ha convertido en vino. Los Padres han ido más lejos en su interpretación de este lenguaje oculto de los dones eucarísticos. Me gustaría mencionar aquí sólo un ejemplo. En la denominada *Didaché* (tal vez en torno al año 100) se implora sobre el pan destinado a la Eucaristía: «Como este pan partido estaba esparcido por las montañas y al ser reunido se hizo uno, que también tu Iglesia sea reunida de los extremos de la tierra en tu reino» (IX, 4).

El pastor

La imagen del pastor, con la cual Jesús explica su misión tanto en los sinópticos como en el Evangelio de

Juan, cuenta con una larga historia precedente. En el antiguo Oriente, tanto en las inscripciones de los reyes sumerios como en el ámbito asirio y babilónico, el rey se considera como el pastor establecido por Dios; el «apacentar» es una imagen de su tarea de gobierno. La preocupación por los débiles es, a partir de esta imagen, uno de los cometidos del soberano justo. Así, se podría decir que, desde sus orígenes, la imagen de Cristo buen pastor es un evangelio de Cristo rey, que deja traslucir la realeza de Cristo.

Los precedentes inmediatos de la exposición en figuras de Jesús se encuentran naturalmente en el Antiguo Testamento, en el que Dios mismo aparece como el pastor de Israel. Esta imagen ha marcado profundamente la piedad de Israel y, sobre todo en los tiempos de calamidad, se ha convertido en un mensaje de consuelo y confianza. Esta piedad confiada tiene tal vez su expresión más bella en el Salmo 23: El Señor es mi pastor. «Aunque camine por cañadas oscuras nada temo, porque tú vas conmigo...» (v. 4). La imagen de Dios pastor se desarrolla más en los capítulos 34-37 de Ezequiel, cuya visión, recuperada con detalle en el presente, se retoma en las parábolas sobre los pastores de los sinópticos y en el sermón de Juan sobre el pastor, como profecía de la actuación de Jesús. Ante los pastores egoístas que Ezequiel encuentra en su tiempo y a los que recrimina, el profeta anuncia la promesa de que Dios mismo buscará a sus ovejas y cuidará de ellas. «Las sacaré de entre los pueblos, las congregaré de los países, las traeré a la tierra... Yo mismo apacentaré a mis ovejas, yo mismo las haré sestear... Buscaré las ovejas perdidas, haré volver a las descarriadas, vendaré a las heridas, curaré a las enfermas; a las gordas y fuertes las guardaré» (34, 13.15-16).

Ante las murmuraciones de los fariseos y de los escribas porque Jesús compartía mesa con los pecadores, el Señor relata la parábola de las noventa y nueve ovejas que están en el redil, mientras una anda descarriada, y a la que el pastor sale a buscar, para después llevarla a hombros todo contento y devolverla al redil. Con esta parábola Jesús les dice a sus adversarios: ¿no habéis leído la palabra de Dios en Ezequiel? Yo sólo hago lo que Dios como verdadero pastor ha anunciado: buscaré las ovejas perdidas, traeré al redil a las descarriadas.

En un momento tardío de las profecías veterotestamentarias se produce un nuevo giro sorprendente y profundo en la representación de la imagen del pastor, que lleva directamente al misterio de Jesucristo. Mateo nos narra que Jesús, de camino hacia el monte de los Olivos después de la Última Cena, predice a sus discípulos que pronto iba a ocurrir lo que estaba anunciado en Zacarías 13, 7: «Heriré al pastor y se dispersarán las ovejas del rebaño» (*Mt* 26, 31). En efecto, aparece aquí, en Zacarías, la visión de un pastor «que, según el designio de Dios, sufre la muerte, dando inicio al último gran cambio de rumbo de la historia» (Jeremias, ThWNT VI 487).

Esta sorprendente visión del pastor asesinado, que a través de la muerte se convierte en salvador, está estrechamente unida a otra imagen del Libro de Zacarías: «Derramaré sobre la dinastía de David y sobre los habitantes de Jerusalén un espíritu de gracia y de clemencia. Me mirarán a mí, a quien traspasaron; harán llanto como llanto por el hijo único... Aquel día será grande el duelo de Jerusalén, como el luto de Hadad-Rimón en el valle de Megido... Aquel día manará una fuente para que en ella puedan lavar su pecado y su impureza la dinastía de David y los habitantes de Jerusalén» (12, 10.11; 13, 1). Hadad-Rimón era una de las divinidades de la vegetación, muerta y resucitada, como ya hemos visto antes en relación con el pan que presupone la muerte y la resurrección del grano. Su muerte, a la que le seguía luego la resurrección, se celebraba con lamentos rituales desenfrenados; para quienes participaban —el profeta y sus lectores forman parte también de este grupo—, estos ritos se convertían en la imagen primordial por excelencia del luto y del lamento. Para Zacarías, Hadad-Rimón es una de las vanas divinidades que Israel despreciaba, que desenmascara como un sueño mítico. A pesar de todo, esta divinidad se convierte a través del rito del lamento en la misteriosa prefiguración de Alguien que existe verdaderamente.

Se aprecia una relación interna con el siervo de Dios del Deutero-Isaías. Los últimos profetas de Israel vislumbran, sin poder explicar mejor la figura, al Redentor que sufre y muere, al pastor que se convierte en cordero. Karl Elliger comenta al respecto: «Pero por otro lado su mirada [de Zacarías] se dirige con gran seguridad a una nueva lejanía y gira en torno a la figura del que ha sido traspasado con una lanza en la cruz en la cima del Gólgota, pero sin distinguir claramente la figura del Cristo, aunque con la mención de Hadad-Rimón se haga una alusión también al misterio de la Resurrección, aunque se trate sólo de una alusión... sobre todo sin ver claramente la relación verdadera entre la cruz y la fuente contra todo pecado e impureza» (ATD vol. 25, 1964⁵, p. 72). Mientras que en Mateo, al comienzo de la historia de la pasión, Jesús cita a Zacarías 13, 7 —la imagen del pastor asesinado—, Juan cierra el relato de la crucifixión del Señor con una referencia a Zacarías 12, 10: «Mirarán al que atravesaron» (19, 37). Ahora ya está claro: el asesinado y el salvador es Jesucristo, el Crucificado.

Juan relaciona todo esto con la visión de Zacarías de la fuente que limpia los pecados y las impurezas: del costado abierto de Jesús brotó sangre y agua (cf. *Jn* 19, 34). El mismo Jesús, el que fue traspasado en la cruz, es la fuente de la purificación y de la salvación para todo el mundo. Juan lo relaciona además con la imagen del cordero pascual, cuya sangre tiene una fuerza purificadora: «No le quebrantarán un hueso» (*Jn* 19, 36; cf. *Ex* 12, 46). Así se cierra al final el círculo enlazando con el comienzo del Evangelio, cuando el Bautista, al ver a Jesús, dice: «Éste es el cordero de Dios, que quita el pecado del mundo» (1, 29). La imagen del cordero, que en el Apocalipsis resulta determinante aunque de un modo diferente, recorre así todo el Evangelio e interpreta a fondo también el sermón sobre el pastor, cuyo punto central es precisamente la entrega de la vida por parte de Jesús.

Sorprendentemente, el discurso del pastor no comienza con la afirmación «Yo soy el buen pastor» sino con otra imagen: «Os aseguro que yo soy la puerta de las ovejas» (*Jn* 10, 7). Jesús había dicho antes: «Os aseguro que el que no entra por la puerta en el aprisco de las ovejas, sino que salta por otra parte, ése es ladrón y bandido; pero el que entra por la puerta es pastor de las ovejas» (10, 1s). Este paso tal vez se puede entender sólo en el sentido de que Jesús da aquí la pauta para los pastores de su rebaño tras su ascensión al Padre. Se comprueba que alguien es un buen pastor cuando entra a través de Jesús, entendido como la puerta. De este modo, Jesús sigue siendo, en sustancia, el pastor: el rebaño le «pertenece» sólo a Él.

Cómo se realiza concretamente este entrar a través de Jesús como puerta nos lo muestra el apéndice del Evangelio en el capítulo 21, cuando se confía a Pedro la misma tarea de pastor que pertenece a Jesús. Tres veces dice el Señor a Pedro: «Apacienta mis corderos» (respectivamente «mis ovejas»: 21, 15-17). Pedro es designado claramente pastor de las ovejas de Jesús, investido del oficio pastoral propio de Jesús. Sin embargo, para poder desempeñarlo debe entrar por la «puerta». A este entrar —o mejor dicho, ese dejarle entrar por la puerta (cf. 10, 3)— se refiere la pregunta repetida tres veces: «Simón, hijo de Juan, ¿me amas?». Ahí está lo más personal de la llamada: se dirige a Simón por su nombre propio, «Simón», y se menciona su origen. Se le pregunta por el amor que le hace ser una sola cosa con Jesús. Así llega a las ovejas «a través de Jesús»; no las considera suyas —de Simón Pedro—, sino como el «rebaño» de Jesús. Puesto que llega a ellas por la «puerta» que es Jesús, como llega unido a Jesús en el amor, las ovejas escuchan su voz, la voz de Jesús mismo; no siguen a Simón, sino a Jesús, por el cual y a través del cual llega a ellas, de forma que, en su guía, es Jesús mismo quien guía.

Toda esta escena acaba con las palabras de Jesús a Pedro: «Sígueme» (21, 19). El episodio nos hace pensar en la escena que sigue a la primera confesión de Pedro, en la que éste había intentado apartar al Señor del camino de la cruz, a lo que el Señor respondió: «Detrás de mí», exhortando después a todos a cargar con la cruz y a «seguirlo» (cf. *Mc* 8, 33s) También el discípulo que ahora precede a los otros como pastor debe «seguir» a Jesús. Ello comporta —como el Señor anuncia a Pedro tras confiarle el oficio pastoral— la aceptación de la cruz, la disposición a dar la propia vida. Precisamente así se hacen concretas las palabras: «Yo soy la puerta». De este modo Jesús mismo sigue siendo el pastor.

Volvamos al sermón sobre el pastor del capítulo 10. Sólo en el segundo párrafo aparece la afirmación: «Yo soy el buen pastor» (10, 11). Toda la carga histórica de la imagen del pastor se recoge aquí, purificada y llevada a su pleno significado. Destacan sobre todo cuatro elementos fundamentales. El ladrón viene «para robar, matar y hacer estragos» (10, 10). Ve las ovejas como algo de su propiedad, que posee y aprovecha para sí. Sólo le importa él mismo, todo existe sólo para él. Al contrario, el verdadero pastor no quita la vida, sino que la da: «Yo he venido para que tengan vida y la tengan en abundancia» (10, 10).

Ésta es la gran promesa de Jesús: dar vida en abundancia. Todo hombre desea la vida en abundancia. Pero, ¿qué es, en qué consiste la vida? ¿Dónde la encontramos? ¿Cuándo y cómo tenemos «vida en abundancia»? ¿Es cuando vivimos como el hijo pródigo, derrochando toda la dote de Dios? ¿Cuando vivimos como el ladrón y el salteador, tomando todo para nosotros? Jesús promete que mostrará a las ovejas los «pastos», aquello de lo que viven, que las conducirá realmente a las fuentes de la vida. Podemos escuchar aquí como un eco las palabras del Salmo 23: «En verdes praderas me hace recostar; me conduce hacia fuentes tranquilas… preparas una mesa ante mí… tu bondad y tu misericordia me acompañan todos los días de mi vida…» (2.5s). Resuenan más directas las palabras del pastor en Ezequiel: «Las apacentaré en pastizales escogidos, tendrán su dehesa en lo alto de los montes de Israel…» (34, 14).

Ahora bien, ¿qué significa todo esto? Ya sabemos de qué viven las ovejas, pero, ¿de qué vive el hombre? Los Padres han visto en los montes altos de Israel y en los pastizales de sus camperas, donde hay sombra y agua, una imagen de las alturas de la Sagrada Escritura, del alimento que da la vida, que es la palabra de Dios. Y aunque éste no sea el sentido histórico del texto, en el fondo lo han visto adecuadamente y, sobre todo, han entendido correctamente a Jesús. El hombre vive de la verdad y de ser amado, de ser amado por la Verdad. Necesita a Dios, al Dios que se le acerca y que le muestra el sentido de su vida, indicándole así el camino de la vida. Ciertamente, el hombre necesita pan, necesita el alimento del cuerpo, pero en lo más profundo necesita sobre todo la Palabra, el Amor, a Dios mismo. Quien le da todo esto, le da «vida en abundancia». Y así libera también las fuerzas mediante las cuales el hombre puede plasmar sensatamente la tierra, encontrando para sí y para los demás los bienes que sólo podemos tener en la reciprocidad.

En este sentido, hay una relación interna entre el sermón sobre el pan del capítulo 6 y el del pastor: siempre se trata de aquello de lo que vive el hombre. Filón, el gran filósofo judío contemporáneo de Jesús, dijo que Dios, el verdadero pastor de su pueblo, había establecido como pastor a su «hijo primogénito», al *Logos* (Barrett, p. 374). El sermón sobre el pastor en Juan no está en relación directa con la idea de Jesús como *Logos*; y sin embargo —precisamente en el contexto del Evangelio de Juan— es éste su sentido: que Jesús, como palabra de Dios hecha carne, no es sólo el pastor, sino también el alimento, el verdadero «pasto»; nos da la vida entregándose a sí mismo, a Él, que es la Vida (cf. 1, 4; 3, 36; 11, 25).

Con esto hemos llegado al segundo motivo del sermón sobre el pastor, en el que aparece el nuevo elemento que lleva más allá de Filón, no mediante nuevas ideas, sino por un acontecimiento nuevo: la encarnación y la pasión del Hijo. «El buen pastor da la vida por las ovejas» (10, 11). Igual que el sermón sobre el pan no se queda en una referencia a la palabra, sino que se refiere a la Palabra que se ha hecho carne y don «para la vida del mundo» (6, 51), así, en el sermón sobre el pastor es central la entrega de la vida por las «ovejas». La cruz es el punto central del sermón sobre el pastor, y no como un acto de violencia que encuentra desprevenido a Jesús y se le inflige desde fuera, sino como una entrega libre por parte de Él mismo: «Yo entrego mi vida para poder recuperarla. Nadie me la quita, sino que yo la entrego libremente» (10, 17s). Aquí se explica lo que ocurre en la institución de la Eucaristía: Jesús transforma el acto de violencia externa de la crucifixión en un acto de entrega voluntaria de sí mismo por los demás. Jesús no entrega *algo*, sino que se entrega a sí mismo. Así, Él da la vida. Tendremos que volver de nuevo sobre este tema y profundizar más en él cuando hablemos de la Eucaristía y del acontecimiento de la Pascua.

Un tercer motivo esencial del sermón sobre el pastor es el conocimiento mutuo entre el pastor y el rebaño: «Él va llamando a sus ovejas por el nombre y las saca fuera… y las ovejas lo siguen, porque conocen su voz» (10, 3s). «Yo soy el buen Pastor, que conozco a las mías y las mías me conocen, igual que el Padre me conoce y yo conozco al Padre; yo doy mi vida por las ovejas» (10, 14s). En estos versículos saltan a la vista dos interrelaciones que debemos examinar para entender lo que significa ese «conocer». En primer lugar, conocimiento y pertenencia están entrelazados. El pastor conoce a las ovejas porque éstas le pertenecen, y ellas lo conocen precisamente porque son suyas. Conocer y pertenecer (en el texto griego, ser «propio de»: *ta ídia*) son básicamente lo mismo. El verdadero pastor no «posee» las ovejas como un objeto cualquiera que se usa y se consume; ellas le «pertenecen» precisamente en ese conocerse mutuamente, y ese «conocimiento» es una aceptación interior. Indica una pertenencia interior, que es mucho más profunda que la posesión de las cosas. Lo veremos claramente con un ejemplo tomado de nuestra vida. Ninguna persona «pertenece» a otra del mismo modo que le puede pertenecer un objeto. Los hijos no son «propiedad» de los padres; los esposos no son «propiedad» uno del otro. Pero se «pertenecen» de un modo mucho más profundo de lo que pueda pertenecer a uno, por ejemplo, un trozo de madera, un terreno o cualquier otra cosa llamada «propiedad». Los hijos «pertenecen» a los padres y son a la vez criaturas libres de Dios, cada uno con su vocación, con su novedad y su singularidad ante Dios. No se pertenecen como una posesión, sino en la responsabilidad. Se pertenecen precisamente por el hecho de que aceptan la libertad del otro y se sostienen el uno al otro en el conocerse y amarse; son libres y al mismo tiempo una sola cosa para siempre en esta comunión.

De este modo, tampoco las «ovejas», que justamente son personas creadas por Dios, imágenes de Dios, pertenecen al pastor como objetos; en cambio, es así como se apropian de ellas el ladrón o el salteador. Ésta es precisamente la diferencia entre el propietario, el verdadero pastor y el ladrón: para el ladrón, para los ideólogos y dictadores, las personas son sólo cosas que se poseen. Pero para el verdadero pastor, por el contrario, son seres libres en vista de alcanzar la verdad y el amor; el pastor se muestra como su propietario precisamente por el hecho de que las conoce y las ama, quiere que vivan en la libertad de la verdad. Le pertenecen mediante la unidad del «conocerse», en la comunión de la Verdad, que es Él mismo. Precisamente por

eso no se aprovecha de ellas, sino que entrega su vida
por ellas. Del mismo modo que van unidos *Logos* y
encarnación, *Logos* y pasión, también conocerse y entregarse son en el fondo una misma cosa.

Escuchemos de nuevo la frase decisiva: «Yo soy el buen
Pastor, que conozco a las mías y las mías me conocen,
igual que el Padre me conoce y yo conozco al Padre; yo
doy mi vida por las ovejas» (10, 14s). En esta frase hay
una segunda interrelación que debemos tener en cuenta. El conocimiento mutuo entre el Padre y el Hijo se
entrecruza con el conocimiento mutuo entre el pastor y las ovejas. El conocimiento que une a Jesús con
los suyos se encuentra dentro de su unión cognosciti-
va con el Padre. Los suyos están entretejidos en el
diálogo trinitario; volveremos a tratar esto al reflexionar sobre la oración sacerdotal de Jesús. Entonces
podremos comprender cómo la Iglesia y la Trinidad
están enlazadas entre sí. La compenetración de estos
dos niveles del conocer resulta de suma importancia
para entender la naturaleza del «conocimiento» de la
que habla el Evangelio de Juan.

Trasladando esto a nuestra experiencia vital, podemos decir: sólo en Dios y a través de Dios se conoce verdaderamente al hombre. Un conocer que reduzca al hombre a la dimensión empírica y tangible no
llega a lo más profundo de su ser. El hombre sólo se
conoce a sí mismo cuando aprende a conocerse a partir de Dios, y sólo conoce al otro cuando ve en él el
misterio de Dios. Para el pastor al servicio de Jesús
eso significa que no debe sujetar a los hombres a él

mismo, a su pequeño yo. El conocimiento recíproco que le une a las «ovejas» que le han sido confiadas debe tender a introducirse juntos en Dios y dirigirse hacia Él; debe ser, por tanto, un encontrarse en la comunión del conocimiento y del amor de Dios. El pastor al servicio de Jesús debe llevar siempre más allá de sí mismo para que el otro encuentre toda su libertad; y por ello, él mismo debe ir también siempre más allá de sí mismo hacia la unión con Jesús y con el Dios trinitario.

El Yo propio de Jesús está siempre abierto al Padre, en íntima comunión con Él; nunca está solo, sino que existe en el recibirse y en el donarse de nuevo al Padre. «Mi doctrina no es mía», su Yo es el Yo sumido en la Trinidad. Quien lo conoce, «ve» al Padre, entra en esa su comunión con el Padre. Precisamente esta superación dialógica que hay en el encuentro con Jesús nos muestra de nuevo al verdadero pastor, que no se apodera de nosotros, sino que nos conduce a la libertad de nuestro ser, adentrándonos en la comunión con Dios y dando Él mismo su propia vida.

Llegamos al último gran tema del sermón sobre el pastor: el tema de la unidad. Aparece con gran relieve en la profecía de Ezequiel. «Recibí esta palabra del Señor: "hijo de hombre, toma una vara y escribe en ella 'Judá' y su pueblo; toma luego otra vara y escribe 'José', vara de Efraín, y su pueblo. Empálmalas después de modo que formen en tu mano una sola vara". Esto dice el Señor: "Voy a recoger a los israelitas de las naciones a las que se marcharon, voy a congregarlos de todas partes... Los haré un solo pueblo en mi tierra, en los montes de Israel... No volverán ya a ser dos naciones ni volverán a desmembrarse en dos reinos"» (*Ez* 37, 15-17.21s). El pastor Dios reúne de nuevo en un solo pueblo al Israel dividido y disperso.

El sermón de Jesús sobre el pastor retoma esta visión, pero ampliando de un modo decisivo el alcance de la promesa: «Tengo además otras ovejas que no son de este redil; también a ésas las tengo que traer, y escucharán mi voz, y habrá un solo rebaño y un solo pastor» (10, 16). La misión de Jesús como pastor no sólo tiene que ver con las ovejas dispersas de la casa de Israel, sino que tiende, en general, «a reunir a todos los hijos de Dios que estaban dispersos» (11, 52). Por tanto, la promesa de un solo pastor y un solo rebaño dice lo mismo que aparece en Mateo, en el envío misionero del Resucitado: «Haced discípulos de todos los pueblos» (28, 19); y que además se reitera otra vez en los Hechos de los Apóstoles como palabra del Resucitado: «Recibiréis fuerza para ser mis testigos en Jerusalén, en toda Judea, en Samaría y hasta los confines del mundo» (1, 8).

Aquí se nos muestra con claridad la razón interna de esta misión universal: hay un solo pastor. El *Logos*, que se ha hecho hombre en Jesús, es el pastor de todos los hombres, pues todos han sido creados mediante aquel único Verbo; aunque estén dispersos, todos son uno a partir de Él y en vista de Él. La humanidad, más allá de su dispersión, puede alcanzar la unidad a partir del Pastor verdadero, del *Logos*, que se ha hecho hombre para entregar su vida y dar, así, vida en abundancia (10, 10).

La figura del pastor se convirtió muy pronto —está documentado ya desde el siglo III— en una imagen característica del cristianismo primitivo. Existía ya la figura bucólica del pastor que carga con la oveja y que, en la ajetreada sociedad urbana, representaba y era estimada como el sueño de una vida tranquila. Pero el cristianismo interpretó enseguida la figura de un modo nuevo basándose en la Escritura; sobre todo a la luz del Salmo 23: «El Señor es mi pastor, nada me falta: en verdes praderas me hace recostar... Aunque camine por cañadas oscuras, nada temo... Tu bondad y tu misericordia me acompañan todos los días de mi vida, y habitaré en la casa del Señor por días sin término». En Cristo reconocieron al buen pastor que guía a través de los valles oscuros de la vida; el pastor que ha atravesado personalmente el tenebroso valle de la muerte; el pastor que conoce incluso el camino que atraviesa la noche de la muerte, y que no me abandona ni siquiera en esta última soledad, sacándome de ese valle hacia los verdes pastos de la vida, al «lugar del consuelo, de la luz y de la paz» (*Canon romano*). Clemente de Alejandría describió esta confianza en la guía del pastor en unos versos que dejan ver algo de esa esperanza y seguridad de la Iglesia primitiva, que frecuentemente sufría y era perseguida: «Guía, pastor santo, a tus ovejas espirituales: guía, rey, a tus hijos incontaminados. Las huellas de Cristo son el camino hacia el cielo» (*Paed.*, III 12, 101; van der Meer, 23).

Pero, naturalmente, a los cristianos también les recordaba la parábola tanto del pastor que sale en busca de la oveja perdida, la carga sobre sus hombros y la trae de vuelta a casa, como el sermón sobre el pastor del Evangelio de Juan. Para los Padres estos dos elementos confluyen uno en el otro: el pastor que sale a buscar a la oveja perdida es el mismo Verbo eterno, y la oveja que carga sobre sus hombros y lleva de vuelta a casa con todo su amor es la humanidad, la naturaleza humana que Él ha asumido. En su encarnación y en su cruz conduce a la oveja perdida —la humanidad— a casa, y me lleva también a mí. El *Logos* que se ha hecho hombre es el verdadero «portador de la oveja», el Pastor que nos sigue por las zarzas y los desiertos de nuestra vida. Llevados en sus hombros llegamos a casa. Ha dado la vida por nosotros. Él mismo es la vida.

9

DOS HITOS IMPORTANTES EN EL CAMINO DE JESÚS: LA CONFESIÓN DE PEDRO Y LA TRANSFIGURACIÓN

1. LA CONFESIÓN DE PEDRO

En los tres Evangelios sinópticos, aparece como un hito importante en el camino de Jesús el momento en que pregunta a los discípulos acerca de lo que la gente dice y lo que ellos mismos piensan de Él (cf. *Mc* 8, 27-30; *Mt* 16, 13-20; *Lc* 9, 18-21). En los tres Evangelios Pedro contesta en nombre de los Doce con una declaración que se aleja claramente de la opinión de la «gente». En los tres Evangelios, Jesús anuncia inmediatamente después su pasión y resurrección, y añade a este anuncio de su destino personal una enseñanza sobre el camino de los discípulos, que es un seguirle a Él, al Crucificado. Pero en los tres Evangelios, este seguirle en el signo de la cruz se explica también de un modo esencialmente antropológico, como el camino del «perderse a sí mismo», que es necesario para el hombre y sin el cual le resulta imposible encontrarse a sí mismo (cf. *Mc* 8, 31-9.1; *Mt* 16, 21-28; *Lc* 9, 22-27). Y, finalmente, en los tres Evangelios sigue el relato de la transfiguración de Jesús, que explica de nuevo la confesión de Pedro profundizándola y poniéndola al mismo tiempo en relación con el misterio de la muerte y resurrección de Jesús (cf. *Mc* 9, 2-13; *Mt* 17, 1-13; *Lc* 9, 28-36).

Sólo en Mateo aparece, inmediatamente después de la confesión de Pedro, la concesión del poder de las llaves del reino —el poder de atar y desatar— unida a la promesa de que Jesús edificará sobre él —Pedro— su Iglesia como sobre una piedra. Relatos de contenido paralelo a este encargo y a esta promesa se encuentran también en Lucas 22, 31s, en el contexto de la Última Cena, y en Juan 21, 15-19, después de la resurrección de Jesús.

Por lo demás, en Juan se encuentra también una confesión de Pedro que se coloca igualmente en un hito importante del camino de Jesús, y que sólo entonces le da al círculo de los Doce toda su importancia y su fisonomía (cf. *Jn* 6, 68s). Al tratar la confesión de Pedro según los sinópticos tendremos que considerar también este texto que, a pesar de todas las diferencias, muestra elementos fundamentales comunes con la tradición sinóptica.

Estas explicaciones un tanto esquemáticas deberían haber dejado claro que la confesión de Pedro sólo se puede entender correctamente en el contexto en que aparece, en relación con el anuncio de la pasión y las palabras sobre el seguimiento: estos tres elementos —las palabras de Pedro y la doble respuesta de Jesús— van indisolublemente unidos. Para comprender dicha confesión es igualmente indispensable tener en cuenta la confirmación por parte del Padre mismo, y a través de la Ley y los Profetas, después de la escena de la transfiguración. En Marcos, el relato de la transfiguración es precedido de una promesa —aparente— de la Parusía, que por un lado enlaza con las palabras sobre el seguimiento, pero por otro introduce la transfiguración de Jesús y de este modo explica a su manera tanto el seguimiento como la promesa de la Parusía. Las palabras sobre el seguimiento, que en Marcos y Lucas están dirigidas a todos —al contrario que el anuncio de la pasión, que se hace sólo a los testigos—, introducen el factor eclesiológico en el contexto general; abren el horizonte del conjunto a todos, más allá del camino recién emprendido por Jesús hacia Jerusalén (cf. *Lc* 9, 23), del mismo modo que su explicación del seguimiento del Crucificado hace referencia a aspectos fundamentales de la existencia humana en general.

Juan sitúa estas palabras en el contexto del Domingo de Ramos y las relaciona con la pregunta de los griegos que buscan a Jesús; de este modo, destaca claramente el carácter universal de dichas afirmaciones. Al mismo tiempo están aquí relacionadas con el destino de Jesús en la cruz, que pierde así todo carácter casual y aparece en su necesidad intrínseca (cf. *Jn* 12, 24s). Con sus palabras sobre el grano de trigo que muere, Juan relaciona además el mensaje del perderse y encontrarse con el misterio eucarístico, que en su Evangelio, al final de la historia de la multiplicación de los panes y su explicación en el sermón eucarístico de Jesús, determina también el contexto de la confesión de Pedro.

Centrémonos ahora en las distintas partes de este gran entramado de sucesos y palabras. Mateo y Marcos mencionan como escenario del acontecimiento la zona de Cesarea de Felipe (hoy Banyás), el santuario de Pan erigido por Herodes el Grande junto a las fuentes del Jordán. Herodes hijo convirtió este lugar en capital de su reino, dándole el nombre en honor a César Augusto y a sí mismo.

La tradición ha ambientado la escena en un lugar en el que un empinado risco sobre las aguas del Jordán simboliza de forma sugestiva las palabras acerca de la roca. Marcos y Lucas, cada uno a su modo, nos introducen, por así decirlo, en la ambientación interior del suceso. Marcos dice que Jesús había planteado su pregunta «por el camino»; está claro que el camino de que habla conducía a Jerusalén: ir de camino hacia las «aldeas de Cesarea de Felipe» (Mc 8, 27) quiere decir que se está al inicio de la subida a Jerusalén, hacia el centro de la historia de la salvación, hacia el lugar en el que debía cumplirse el destino de Jesús en la cruz y en la resurrección, pero en el que también tuvo su origen la Iglesia después de estos acontecimientos. La confesión de Pedro y por tanto las siguientes palabras de Jesús se sitúan al comienzo de este camino.

Tras la gran época de la predicación en Galilea, éste es un momento decisivo: tanto el encaminarse hacia la cruz como la invitación a la decisión que ahora distingue netamente a los discípulos de la gente que sólo escucha a Jesús pero no le sigue, hace claramente de los discípulos el núcleo inicial de la nueva familia de Jesús: la futura Iglesia. Una característica de esta comunidad es estar «en camino» con Jesús; de qué camino se trata quedará claro precisamente en este contexto. Otra característica de esta comunidad es que su decisión de acompañar al Señor se basa en un conocimiento, en un «conocer» a Jesús que al mismo tiempo les obsequia con un nuevo conocimiento de Dios, del Dios único en el que, como israelitas, creen.

En Lucas —de acuerdo con el sentido de su visión de la figura de Jesús— la confesión de Pedro va unida a un momento de oración. Lucas comienza el relato de la historia con una paradoja intencionada: «Una vez que Jesús estaba orando solo, en presencia de sus discípulos» (9, 18). Los discípulos quedan incluidos en ese «estar solo», en su reservadísimo estar con el Padre. Se les concede verlo como Aquel que habla con el Padre cara a cara, de tú a tú, como hemos visto al comienzo de este libro. Pueden verlo en lo íntimo de su ser, en su ser Hijo, en ese punto del que provienen todas sus palabras, sus acciones, su autoridad. Ellos pueden ver lo que la «gente» no ve, y esta visión les permite tener un conocimiento que va más allá de la «opinión» de la «gente». De esta forma de ver a Jesús se deriva su fe, su confesión; sobre esto se podrá edificar después la Iglesia.

Aquí es donde encuentra su colocación interior la doble pregunta de Jesús. Esta doble pregunta sobre la opinión de la gente y la convicción de los discípulos presupone que existe, por un lado, un conocimiento exterior de Jesús que no es necesariamente equivocado aunque resulta ciertamente insuficiente, y por otro lado, frente a él, un conocimiento más profundo vinculado al discipulado, al acompañar en el camino, y que sólo puede crecer en él. Los tres sinópticos coinciden en afirmar que, según la gente, Jesús era Juan el Bautista, o Elías o uno de los profetas que había resucitado; Lucas había contado con anterioridad que Herodes había oído tales interpretaciones sobre la persona y la actividad de Jesús, sintiendo por eso deseos de verlo. Mateo añade como variante la idea manifestada por algunos de que Jesús era Jeremías.

Todas estas opiniones tienen algo en común: sitúan a Jesús en la categoría de los profetas, una categoría que estaba disponible como clave interpretativa a partir de la tradición de Israel. En todos los nombres que se mencionan para explicar la figura de Jesús se refleja de algún modo la dimensión escatológica, la expectativa de un cambio que puede ir acompañada tanto de esperanza como de temor. Mientras Elías personifica más bien la esperanza en la restauración de Israel, Jeremías es una figura de pasión, el que anuncia el fracaso de la forma de la Alianza hasta entonces vigente y del santuario, y que era, por así decirlo, la garantía concreta de la Alianza; no obstante, es también portador de la promesa de una Nueva Alianza que surgirá después de la caída. Jeremías, en su padecimiento, en su desaparición en la oscuridad de la contradicción, es portador vivo de ese doble destino de caída y de renovación.

Todas estas opiniones no es que sean erróneas; en mayor o menor medida constituyen aproximaciones al misterio de Jesús a partir de las cuales se puede ciertamente encontrar el camino hacia el núcleo esencial. Sin embargo, no llegan a la verdadera naturaleza de

Jesús ni a su novedad. Se aproximan a él desde el pasado, o desde lo que generalmente ocurre y es posible; no desde sí mismo, no desde su ser único, que impide el que se le pueda incluir en cualquier otra categoría. En este sentido, también hoy existe evidentemente la opinión de la «gente», que ha conocido a Cristo de algún modo, que quizás hasta lo ha estudiado científicamente, pero que no lo ha encontrado personalmente en su especificidad ni en su total alteridad. Karl Jaspers ha considerado a Jesús como una de las cuatro personas determinantes, junto a Sócrates, Buda y Confucio, reconociéndole así una importancia fundamental en la búsqueda del modo recto de ser hombres; pero de esa manera resulta que Jesús es uno entre tantos, dentro de una categoría común a partir de la cual se les puede explicar, pero también delimitar.

Hoy es habitual considerar a Jesús como uno de los grandes fundadores de una religión en el mundo, a los que se les ha concedido una profunda experiencia de Dios. Por tanto, pueden hablar de Dios a otras personas a las que esa «disposición religiosa» les ha sido negada, haciéndoles así partícipes, por así decirlo, de su experiencia de Dios. Sin embargo, en esta concepción queda claro que se trata de una experiencia humana de Dios, que refleja la realidad infinita de Dios en lo finito y limitado de una mente humana, y que por eso se trata sólo de una traducción parcial de lo divino, limitada además por el contexto del tiempo y del espacio. Así, la palabra «experiencia» hace referencia, por un lado, a un contacto real con lo divino, pero al mismo tiempo comporta la limitación del sujeto que la recibe. Cada sujeto humano puede captar sólo un fragmento determinado de la realidad perceptible, y que además necesita después ser interpretado. Con esta opinión, uno puede sin duda amar a Jesús, convertirlo incluso en guía de su vida. Pero la «experiencia de Dios» vivida por Jesús a la que nos aficionamos de este modo se queda al final en algo relativo, que debe ser completado con los fragmentos percibidos por otros grandes. Por tanto, a fin de cuentas, el criterio sigue siendo el hombre mismo, cada individuo: cada uno decide lo que acepta de las distintas «experiencias», lo que le ayuda o lo que le resulta extraño. En esto no se da un compromiso definitivo.

A la opinión de la gente se contrapone el conocimiento de los discípulos, manifestado en la confesión de fe. ¿Cómo se expresa? En cada uno de los tres sinópticos está formulado de manera distinta, y de manera aún más diversa en Juan. Según Marcos, Pedro le dice simplemente a Jesús: «Tú eres [el Cristo] el Mesías» (8, 29). Según Lucas, Pedro lo llama «el Cristo [el Ungido] de Dios» (9, 20) y, según Mateo, dice: «Tú eres Cristo [el Mesías], el Hijo de Dios vivo» (16, 16). Finalmente, en Juan la confesión de Pedro reza así: «Tú eres el Santo de Dios» (6, 69).

Puede surgir la tentación de elaborar una historia de la evolución de la confesión de fe cristiana a partir de estas diferentes versiones. Sin duda, la diversidad de los textos refleja también un proceso de desarrollo en el que poco a poco se clarifica plenamente lo que al principio, en los primeros intentos, como a tientas, se indicaba de un modo todavía vago. En el ámbito católico, Pierre Grelot ha ofrecido recientemente la interpretación más radical de la contraposición de estos textos: no ve una evolución, sino una contradicción. La simple confesión mesiánica de Pedro que relata Marcos refleja sin duda correctamente el momento histórico; pero se trata todavía de una confesión puramente «judía», que interpreta a Jesús como un Mesías político según las ideas de la época. Sólo la exposición de Marcos manifestaría una lógica clara, pues sólo un mesianismo político explicaría la oposición de Pedro al anuncio de la pasión, una intervención a la que Jesús —como hiciera cuando Satanás le ofreció el poder— responde con un brusco rechazo: «¡Quítate de mi vista, Satanás! ¡Tú piensas como los hombres, no como Dios!» (*Mc* 8, 33). Esta áspera reacción sólo sería coherente si con ella se hiciera referencia también a la confesión anterior y se la rechazara como falsa; no tendría lógica en cambio en la confesión madura, desde el punto de vista teológico, que aparece en la versión de Mateo.

En sus conclusiones, Grelot concuerda también con aquellos exegetas que no comparten su interpretación totalmente negativa del texto de Marcos: en la confesión de Mateo se trataría de una palabra posterior a la Pascua; una confesión así sólo se podía formular —como piensa la mayoría de los exegetas— después de la resurrección. Grelot, además, relaciona este aspecto con una particular teoría sobre una aparición pascual del Resucitado a Pedro, que él pone en paralelo al encuentro con el Resucitado en el que Pablo vio el inicio de su apostolado. Las palabras de Jesús: «¡Dichoso tú, Simón, hijo de Jonás!, porque esto no te lo ha *revelado* ni la *carne ni la sangre*, sino mi Padre que está en el cielo» (*Mt* 16, 17), tienen un paralelismo sorprendente en la Carta a los Gálatas: «Pero cuando Dios me escogió desde el seno de mi madre y me llamó a su gracia, se dignó revelar a su Hijo en mí, para que yo lo anunciara a los gentiles, en seguida, sin pedir consejo *ni a la carne ni a la sangre*» (*Ga* 1, 15s; cf. 1, 11s: «El Evangelio anunciado por mí no es de origen humano; yo no he recibido ni aprendido de ningún hombre, sino por revelación de Jesucristo»). El texto de Pablo y la alabanza a Pedro por parte de Jesús tienen en común la referencia a una revelación y, con ello, también a la afirmación de que ese conocimiento no procede de «carne y sangre».

De todo esto, Grelot concluye que tanto Pedro como Pablo habrían sido distinguidos con una aparición especial del Resucitado —de lo que de hecho hablan varios textos del Nuevo Testamento— y que Pedro, al igual que Pablo, al que se le concedió una aparición de este tipo, habría recibido su encargo específico en aquella ocasión. La misión de Pedro se referiría a la Iglesia de procedencia judía; la de Pablo a la Iglesia proveniente de los gentiles (cf. *Ga* 2, 7). La promesa a Pedro habría que situarla en el contexto de la aparición del Resucitado y considerarla objetivamente en claro paralelo con el encargo que Pablo recibió del Señor resucitado. No necesitamos entrar aquí en una discusión detallada de esta teoría, sobre todo cuando este libro, que trata de Jesús, se pregunta ante todo por el Señor y se ocupa del tema eclesiológico sólo en la medida necesaria para entender correctamente su figura.

Quien lee con atención Gálatas 1, 11-17 puede apreciar fácilmente no sólo los paralelismos, sino también las diferencias entre ambos textos. Está claro que Pablo quiere destacar la autonomía de su encargo apostólico, que no se deriva de la autoridad de otros, sino que le ha sido otorgado por el Señor mismo; a él le importan la universalidad de su misión y la particularidad de su camino en la construcción de una Iglesia con gentes provenientes del paganismo. Pero Pablo sabe también que, para que su servicio sea válido, necesita la *communio* (*koinonía*) con los Apóstoles precedentes (cf. *Ga* 2, 9), y que sin ésta todo sería inútil (cf. *Ga* 2, 2). Por eso, tres años después de la conversión, durante los cuales estuvo en Arabia y Damasco, fue a Jerusalén para ver a Pedro (Cefas); vio también a Santiago, el hermano del Señor (cf. *Ga* 1, 18s) También por eso viajó catorce años más tarde a Jerusalén, esta vez con Bernabé y Tito, y pudo estrechar la mano de las «columnas» Santiago, Cefas y Juan, en señal de comunión (cf. *Ga* 2, 9). De este modo, aparece en primer lugar Pedro y luego las tres columnas como garantes de la *communio*, como sus puntos de referencia indispensables que aseguran la autenticidad y la unidad del Evangelio y, con ello, de la Iglesia naciente.

En todo esto, sin embargo, se puede apreciar el significado irrenunciable del Jesús histórico, de su anuncio y de sus decisiones: el Resucitado ha llamado a Pablo y le confiere su misma autoridad y su mismo encargo; pero el Resucitado es el mismo que antes había elegido a los Doce, que había confiado a Pedro una misión especial, que había marchado con ellos hasta Jerusalén, que había sufrido allí la muerte en la cruz y había resucitado al tercer día. De este conjunto de acontecimientos son garantes los primeros Apóstoles (cf. *Hch* 1, 21s), y precisamente teniendo en cuenta este contexto el encargo que le confía a Pedro difiere fundamentalmente del que Pablo recibe.

Este encargo especial de Pedro aparece no sólo en Mateo, sino —de un modo diferente, aunque análogo en lo sustancial— también en Lucas y Juan, e incluso en Pablo mismo. Precisamente en la apasionada apología de la Carta a los Gálatas se presupone muy claramente el encargo especial de Pedro; este primado está documentado realmente mediante la tradición en toda su amplitud y en todos sus más diversos filones. Reducirlo a una aparición pascual personal y ponerla así en perfecto paralelo con la misión de Pablo resulta imposible a la vista de los textos neotestamentarios.

Pero es el momento de volver a la confesión que Pedro hace de Cristo y, con ello, a nuestro tema principal. Hemos visto que Grelot considera la confesión de Pedro narrada por Marcos como totalmente «judía» y, por ello, rechazada por Jesús. Pero este rechazo no aparece en el texto, en el que Jesús sólo prohíbe la divulgación pública de esta confesión, que la gente de Israel podría efectivamente malinterpretar, conduciendo, por un lado, a una serie de falsas esperanzas en Él y, por otro, a un proceso político contra Él. Sólo después de esta prohibición sigue la explicación de lo que significa realmente «Mesías»: el verdadero Mesías es el «Hijo del hombre», que es condenado a muerte y que sólo así entra en su gloria como el Resucitado a los tres días de su muerte.

La investigación habla, en relación con el cristianismo de los orígenes, de dos tipos de fórmulas de confesión: la «sustantiva» y la «verbal»; para entenderlo mejor podríamos hablar de tipos de confesión de orientación «ontológica» y otros orientados a la historia de la salvación. Las tres formas de la confesión de Pedro que nos transmiten los sinópticos son «sustantivas»: Tú *eres* el Cristo; el Cristo de Dios; el Cristo, el Hijo del Dios vivo. El Señor pone siempre al lado de estas afirmaciones sustantivas la confesión «verbal»: el anuncio anticipado del misterio pascual de cruz y resurrección. Ambos tipos de confesión van unidos, y cada uno queda incompleto y en el fondo incomprensible sin el otro. Sin la historia concreta de la salvación, los títulos resultan ambiguos: no sólo la palabra «Mesías», sino también la expresión «Hijo del Dios vivo». También este título se puede entender como totalmente opuesto al misterio de la cruz. Y viceversa, la mera afirmación de lo que ha ocurrido en la historia de la salvación queda sin su profunda esencia, si no queda claro que Aquel que allí ha sufrido es el Hijo del Dios vivo, es igual a Dios (cf. *Flp* 2, 6), pero que se despojó a sí mismo y tomó la condición de siervo rebajándose hasta la muerte, y una muerte de cruz (cf. *Flp* 2, 7s). En este sentido, sólo la estrecha relación de la confesión de Pedro y de las enseñanzas de Jesús a los discípulos nos ofrece la totalidad y lo esencial de la fe cristiana. Por eso, también los grandes símbolos de fe de la Iglesia han unido siempre entre sí estos dos elementos.

Y sabemos que los cristianos —en posesión de la confesión justa— tienen que ser instruidos continuamente, a lo largo de los siglos, y también hoy, por el Señor, para que sean conscientes de que su camino a lo largo de todas las generaciones no es el camino de la gloria y el poder terrenales, sino el camino de la cruz. Sabemos y vemos que, también hoy, los cristianos —nosotros mismos— llevan aparte al Señor para decirle: «¡No lo permita Dios, Señor! Eso no puede pasarte» (*Mt* 16, 22). Y como dudamos de que Dios lo quiera impedir, tratamos de evitarlo nosotros mismos con todas nuestras artes. Y así, el Señor tiene que decirnos siempre de nuevo también a nosotros: «¡Quítate de mi vista, Satanás!» (*Mc* 8, 33). En este sentido, toda la escena muestra una inquietante actualidad. Ya que, en definitiva, seguimos pensando según «la carne y la sangre» y no según la revelación que podemos recibir en la fe.

Hemos de volver una vez más a los títulos de Cristo que se encuentran en las confesiones. Ante todo, es importante ver que la forma específica del título hay que comprenderla cada vez dentro del conjunto de cada uno de los Evangelios y de su particular forma de tradición. Siempre es importante la relación con el proceso de Jesús, durante el cual vuelve a aparecer la confesión de los discípulos como pregunta y acusación. En Marcos, la pregunta del sumo sacerdote retoma el título de Cristo (Mesías) y lo amplía: «¿Eres tú el Mesías, el Hijo del Bendito?» (14, 61). Esta pregunta presupone que tales interpretaciones de la figura de Jesús se habían hecho de dominio público a través de los grupos de discípulos. El poner en relación los títulos de Cristo (*Mesías*) e *Hijo* procedía de la tradición bíblica (cf. *Sal* 2, 7; *Sal* 110). Desde este punto de vista, la diferencia entre las versiones de Marcos y Mateo se relativiza y resulta menos profunda que en la exegesis de Grelot y otros. En Lucas, Pedro reconoce a Jesús —según hemos visto— como «el Ungido (Cristo, Mesías) de Dios». Aquí nos volvemos a encontrar con lo que el anciano Simeón sabía sobre el Niño Jesús, al que preanunció como el Ungido (Cristo) del Señor (cf. *Lc* 2, 26). Como contraste, a los pies de la cruz, «las autoridades» se burlan de Jesús diciéndole: «A otros ha salvado; que se salve a sí mismo, si él es el Mesías de Dios, el Elegido» (*Lc* 23, 35). Así, el arco se extiende desde la infancia de Jesús, pasando por la confesión de Cesarea de Felipe, hasta la cruz: los tres textos juntos manifiestan la singular pertenencia del «Ungido» a Dios.

Pero en el Evangelio de Lucas hay que mencionar otro acontecimiento importante para la fe de los discípulos en Jesús: la historia de la pesca milagrosa, que termina con la elección de Simón Pedro y de sus compañeros para que sean discípulos. Los experimentados pescadores habían pasado toda la noche sin conseguir nada, y entonces Jesús les dice que salgan de nuevo, a plena luz del día, y echen las redes al agua. Para los conocimientos prácticos de estos hombres resultaba una sugerencia poco sensata, pero Simón responde: «Maestro... por tu palabra, echaré las redes» (*Lc* 5, 5). Luego viene la pesca abundantísima, que sobrecoge a Pedro profundamente. Cae a los pies del Señor en actitud de adoración y dice: «Apártate de mí, Señor, que soy un pecador» (5, 8). Reconoce en lo ocurrido el poder de Dios, que actúa a través de la palabra de Jesús, y este encuentro directo con el Dios vivo en Jesús le impresiona profundamente. A la luz y bajo el poder de esta presencia, el hombre reconoce su miserable condición. No consigue soportar la tremenda potencia de Dios, es demasiado imponente para él. Desde el punto de vista de la historia de las religiones, éste es también uno de los textos más impresionantes para explicar lo que ocurre cuando el hombre se siente repentinamente ante la presencia directa de Dios. En ese momento el hombre sólo puede estremecerse por lo que él es y rogar ser liberado de la grandeza de esta presencia. Esta percepción repentina de Dios en Jesús se expresa en el título que Pedro utiliza ahora para Jesús: *Kyrios*, Señor. Es la denominación de Dios utilizada en el Antiguo Testamento para reemplazar el nombre de Dios revelado en la zarza ardiente que no se podía pronunciar. Si antes de hacerse a la mar Jesús era para Pedro el «*epistáta*» —que significa maestro, profesor, rabino—, ahora lo reconoce como el *Kyrios*.

Una situación similar la encontramos en el relato de Jesús que camina sobre las aguas del lago encrespadas por la tempestad para llegar a la barca de los discípulos. Pedro le pide que le permita también a él andar sobre las aguas para ir a su encuentro. Como empezaba a hundirse, la mano tendida de Jesús lo salva, subiendo después los dos a la barca. En ese instante el viento se calma. Entonces ocurre lo mismo que había sucedido en la historia de la pesca milagrosa: los discípulos de la barca se postran ante Jesús, un gesto que expresa a la vez sobrecogimiento y adoración. Y reconocen: «Realmente eres el Hijo de Dios» (cf. *Mt* 14, 22-33). La confesión de Pedro narrada en Mateo 16, 16 encuentra claramente su fundamento en esta y en otras experiencias análogas que se relatan en el Evangelio.

En Jesús, los discípulos sintieron muchas veces y de distintas formas la presencia misma del Dios vivo.

Antes de intentar componer una imagen con todas estas piezas del mosaico, debemos examinar brevemente aún la confesión de Pedro que aparece en Juan. El sermón eucarístico de Jesús, que en Juan sigue a la multiplicación de los panes, retoma públicamente, por así decirlo, el «no» de Jesús al tentador, que le había invitado a convertir las piedras en panes, es decir, a ver su misión reducida a proporcionar bienestar material. En lugar de esto, Jesús hace referencia a la relación con el Dios vivo y al amor que procede de Él, que es la verdadera fuerza creadora, dadora de sentido, y después también de pan: así explica su misterio personal, se explica a sí mismo, a través de su entrega como el pan vivo. Esto no gusta a los hombres; muchos se alejan de Él. Jesús les pregunta a los Doce: «¿También vosotros queréis marcharos?». Pedro responde: «Señor, ¿a quién vamos a acudir? Tú tienes palabras de vida eterna: nosotros creemos. Y sabemos que tú eres el Santo, consagrado por Dios» (Jn 6, 68s).

Hemos de reflexionar con más detalle sobre esta versión de la confesión de Pedro en el contexto de la Última Cena. En dicha confesión se perfila el misterio sacerdotal de Jesús: en el Salmo 106, 16 se llama a Aarón «el santo de Dios». El título remite retrospectivamente al discurso eucarístico y, con ello, se proyecta hacia el misterio de la cruz de Jesús; está por tanto enraizado en el misterio pascual, en el centro de la misión de Jesús, y alude a la total diferencia de su figura respecto a las formas usuales de esperanza mesiánica. El Santo de Dios: estas palabras nos recuerdan también el abatimiento de Pedro ante la cercanía del Santo después de la pesca milagrosa, que le hace experimentar dramáticamente la miseria de su condición de pecador. Así pues, nos encontramos absolutamente en el contexto de la experiencia de Jesús que tuvieron los discípulos, y que hemos intentado conocer a partir de algunos momentos destacados de su camino de comunión con Jesús.

¿Qué conclusiones podemos sacar de todo esto? En primer lugar hay que decir que el intento de reconstruir históricamente las palabras originales de Pedro, considerando todo lo demás como desarrollos posteriores, tal vez incluso a la fe postpascual, induce a error. ¿De dónde podría haber surgido realmente la fe postpascual si el Jesús prepascual no hubiera aportado fundamento alguno para ello? Con tales reconstrucciones, la ciencia pretende demasiado.

Precisamente el proceso de Jesús ante el Sanedrín pone al descubierto lo que de verdad resultaba escandaloso en Él: no se trataba de un mesianismo político; éste se daba en cambio en Barrabás y más tarde en Bar-Kokebá. Ambos tuvieron sus seguidores, y ambos movimientos fueron reprimidos por los romanos. Lo que causaba escándalo de Jesús era precisamente lo mismo que ya vimos en la conversación del rabino Neusner con el Jesús del Sermón de la Montaña: el hecho de que parecía ponerse al mismo nivel que el Dios vivo. Éste era el aspecto que no podía aceptar la fe estrictamente monoteísta de los judíos; eso era lo que incluso Jesús sólo podía preparar lenta y gradualmente. Eso era también lo que —dejando firmemente a salvo la continuidad ininterrumpida con la fe en un único Dios— impregnaba todo su mensaje y constituía su carácter novedoso, singular, único. El hecho de que el proceso ante los romanos se convirtiera en un proceso contra un mesianismo político respondía al pragmatismo de los saduceos. Pero también Pilato sintió que se trataba en realidad de algo muy diferente, que a un verdadero «rey» políticamente prometedor nunca lo habrían entregado para que lo condenara.

Con esto nos hemos anticipado. Volvamos a las confesiones de los discípulos. ¿Qué vemos, si juntamos todo este mosaico de textos? Pues bien, los discípulos reconocen que Jesús no tiene cabida en ninguna de las categorías habituales, que Él era mucho más que «uno de los profetas», alguien diferente. Que era más que uno de los profetas lo reconocieron a partir del Sermón de la Montaña y a la vista de sus acciones portentosas, de su potestad para perdonar los pecados, de la autoridad de su mensaje y de su modo de tratar las tradiciones de la Ley. Era ese «profeta» que, al igual que Moisés, hablaba con Dios como con un amigo, cara a cara; era el Mesías, pero no en el sentido de un simple encargado de Dios.

En Él se cumplían las grandes palabras mesiánicas de un modo sorprendente e inesperado: «Tú eres mi Hijo, yo te he engendrado hoy» (*Sal* 2, 7). En los momentos significativos, los discípulos percibían atónitos: «Éste es Dios mismo». Pero no conseguían articular todos los aspectos en una respuesta perfecta.

Utilizaron —justamente— las palabras de promesa de la Antigua Alianza: *Cristo, Ungido, Hijo de Dios, Señor*. Son las palabras clave en las que se concentró su confesión que, sin embargo, estaba todavía en fase de búsqueda, como a tientas. Sólo adquirió su forma completa en el momento en el que Tomás tocó las heridas del Resucitado y exclamó conmovido: «¡Señor mío y Dios mío!» (*Jn* 20, 28). Pero, en definitiva, siempre estaremos intentando comprender estas palabras. Son tan sublimes que nunca conseguiremos entenderlas del todo, siempre nos sobrepasarán. Durante toda su historia, la Iglesia está siempre en peregrinación intentando penetrar en estas palabras, que sólo se nos pueden hacer comprensibles en el contacto con las heridas de Jesús y en el encuentro con su resurrección, convirtiéndose después para nosotros en una misión.

2. LA TRANSFIGURACIÓN

En los tres sinópticos la confesión de Pedro y el relato de la transfiguración de Jesús están enlazados entre sí por una referencia temporal. Mateo y Marcos dicen: «Seis días después tomó Jesús consigo a Pedro, a Santiago y a su hermano Juan» (*Mt* 17, 1; *Mc* 9, 2). Lucas escribe: «Unos ocho días después...» (*Lc* 9, 28). Esto indica ante todo que los dos acontecimientos en los que Pedro desempeña un papel destacado están relacionados uno con otro. En un primer momento podríamos decir que, en ambos casos, se trata de la divinidad de Jesús, el Hijo; pero en las dos ocasiones la aparición de su gloria está relacionada también con el tema de la pasión. La divinidad de Jesús va unida a la cruz; sólo en esa interrelación reconocemos a Jesús correctamente. Juan ha expresado con palabras esta conexión interna de cruz y gloria al decir que la cruz es la «exaltación» de Jesús y que su exaltación no tiene lugar más que en la cruz. Pero ahora debemos analizar más a fondo esa singular indicación temporal. Existen dos interpretaciones diferentes, pero que no se excluyen una a otra.

Jean-Marie van Cangh y Michel van Esbroeck han analizado minuciosamente la relación del pasaje con el calendario de fiestas judías. Llaman la atención sobre el hecho de que sólo cinco días separan dos grandes fiestas judías en otoño: primero el *Yom Hakkippurim*, la gran fiesta de la expiación; seis días más tarde, la fiesta de las Tiendas (*Sukkot*), que dura una semana. Esto significaría que la confesión de Pedro tuvo lugar en el gran día de la expiación y que, desde el punto de vista teológico, se la debería interpretar en el trasfondo de esta fiesta, única ocasión del año en la que el sumo sacerdote pronuncia solemnemente el nombre de YHWH en el sanctasanctórum del templo. La confesión de Pedro en Jesús como Hijo del Dios vivo tendría en este contexto una dimensión más profunda. Jean Daniélou, en cambio, relaciona exclusivamente la datación que ofrecen los evangelistas con la fiesta de la Tiendas, que —como ya se ha dicho— duraba una semana. En definitiva, pues, las indicaciones temporales de Mateo, Marcos y Lucas coincidirían. Los seis o cerca de ocho días harían referencia entonces a la semana de la fiesta de las Tiendas; por tanto, la transfigura-

357

ción de Jesús habría tenido lugar el último día de esta fiesta, que al mismo tiempo era su punto culminante y su síntesis interna.

Ambas interpretaciones tienen en común que relacionan la transfiguración de Jesús con la fiesta de las Tiendas. Veremos que, de hecho, esta relación se manifiesta en el texto mismo, lo que nos permite entender mejor todo el acontecimiento. Aparte de la singularidad de estos relatos, se muestra aquí un rasgo fundamental de la vida de Jesús, puesto de relieve sobre todo por Juan, como hemos visto en el capítulo precedente: los grandes acontecimientos de la vida de Jesús guardan una relación intrínseca con el calendario de fiestas judías; son, por así decirlo, acontecimientos litúrgicos en los que la liturgia, con su conmemoración y su esperanza, se hace realidad, se hace vida que a su vez lleva a la liturgia y que, desde ella, quisiera volver a convertirse en vida.

Precisamente al analizar las relaciones entre la historia de la transfiguración y la fiesta de las Tiendas veremos que todas las fiestas judías tienen tres dimensiones. Proceden de celebraciones de la religión natural, es decir, hablan del Creador y de la creación; luego se convierten en conmemoraciones de la acción de Dios en la historia y finalmente, basándose en esto, en fiestas de la esperanza que salen al encuentro del Señor que viene, en el cual la acción salvadora de Dios en la historia alcanza su plenitud, y se llega a la vez a la reconciliación de toda la creación. Veremos que estas tres dimensiones de las fiestas profundizan más y adquieren un carácter nuevo mediante su realización en la vida y la pasión de Jesús.

A esta interpretación litúrgica de la fecha se contrapone otra, defendida insistentemente sobre todo por Hartmut Gese, que no cree suficientemente fundada la relación con la fiesta de las Tiendas y, en su lugar, lee todo el texto sobre el trasfondo de Éxodo 24, la subida de Moisés al monte Sinaí. En efecto, este capítulo, en el que se describe la ratificación de la alianza de Dios con Israel, es una clave esencial para la interpretación del acontecimiento de la transfiguración. En él se dice: «La nube lo cubría y la gloria del Señor descansaba sobre el monte Sinaí y la nube lo cubrió durante seis días. Al séptimo día llamó a Moisés desde la nube» (*Ex* 24, 16). El hecho de que aquí —a diferencia de lo que ocurre en los Evangelios— se hable del séptimo día no impide una relación entre Éxodo 24 y el acontecimiento de la transfiguración; en cualquier caso, a mí me parece más convincente la datación basada en el calendario de fiestas judías. Por lo demás, nada tiene de extraño que en los acontecimientos de la vida de Jesús confluyan relaciones tipológicas diferentes, demostrando así que tanto Moisés como los Profetas hablan todos de Jesús.

Pasemos a tratar ahora del relato de la transfiguración. Allí se dice que Jesús tomó consigo a Pedro, a Santiago y a Juan, y los llevó a un monte alto, a solas (cf. *Mc* 9, 2). Volveremos a encontrar a los tres juntos en el monte de los Olivos (cf. *Mc* 14, 33), en la extrema angustia de Jesús, como imagen que contrasta con la de la transfiguración, aunque ambas están inseparablemente relacionadas entre sí. No podemos dejar de ver la relación con Éxodo 24, donde Moisés lleva consigo en su ascensión a Aarón, Nadab y Abihú, además de los setenta ancianos de Israel.

De nuevo nos encontramos —como en el Sermón de la Montaña y en las noches que Jesús pasaba en oración— con el monte como lugar de máxima cercanía de Dios; de nuevo tenemos que pensar en los diversos montes de la vida de Jesús como en un todo único: el monte de la tentación, el monte de su gran predicación, el monte de la oración, el monte de la transfiguración, el monte de la angustia, el monte de la cruz y, por último, el monte de la ascensión, en el que el Señor —en contraposición a la oferta de dominio sobre el mundo en virtud del poder del demonio— dice: «Se me ha dado pleno poder en el cielo y en la tierra» (*Mt* 28, 18). Pero resaltan en el fondo también el Sinaí, el Horeb, el Moria, los montes de la revelación del Antiguo Testamento, que son todos ellos al mismo tiempo montes de la pasión y montes de la revelación y, a su vez, señalan al monte del templo, en el que la revelación se hace liturgia.

En la búsqueda de una interpretación, se perfila sin duda en primer lugar sobre el fondo el simbolismo general del monte: el monte como lugar de la subida, no sólo externa, sino sobre todo interior; el monte como liberación del peso de la vida cotidiana, como un respirar en el aire puro de la creación; el monte que permite contemplar la inmensidad de la creación y su belleza; el monte que me da altura interior y me hace intuir al Creador. La historia añade a estas consideraciones la experiencia del Dios que habla y la experiencia de la pasión, que culmina con el sacrificio de Isaac, con el sa-

crificio del cordero, prefiguración del Cordero definitivo sacrificado en el monte Calvario. Moisés y Elías recibieron en el monte la revelación de Dios; ahora están en coloquio con Aquel que es la revelación de Dios
en persona.

«Y se transfiguró delante de ellos», dice simplemente
Marcos, y añade, con un poco de torpeza y casi balbuciendo ante el misterio: «Sus vestidos se volvieron de
un blanco deslumbrador, como no puede dejarlos ningún batanero del mundo» (9, 2s). Mateo utiliza ya palabras de mayor aplomo: «Su rostro resplandecía como el sol y sus vestidos se volvieron blancos como la
luz» (17, 2). Lucas es el único que había mencionado
antes el motivo de la subida: subió «a lo alto de una
montaña, para orar»; y, a partir de ahí, explica el acontecimiento del que son testigos los tres discípulos:
«Mientras oraba, el aspecto de su rostro cambió, sus
vestidos brillaban de blanco» (9, 29). La transfiguración es un acontecimiento de oración; se ve claramen
te lo que sucede en la conversación de Jesús con el Padre: la íntima compenetración de su ser con Dios, que
se convierte en luz pura. En su ser uno con el Padre,
Jesús mismo es Luz de Luz. En ese momento se percibe también por los sentidos lo que es Jesús en lo más
íntimo de sí y lo que Pedro trata de decir en su confesión: el ser de Jesús en la luz de Dios, su propio ser luz
como Hijo.

Aquí se puede ver tanto la referencia a la figura de
Moisés como su diferencia: «Cuando Moisés bajó del
monte Sinaí... no sabía que tenía radiante la piel de la

cara, de haber hablado con el Señor» (*Ex* 34, 29). Al hablar con Dios su luz resplandece en él y al mismo tiempo, le hace resplandecer. Pero es, por así decirlo, una luz que le llega desde fuera, y que ahora le hace brillar también a él. Por el contrario, Jesús resplandece desde el interior, no sólo recibe la luz, sino que Él mismo es Luz de Luz.

Al mismo tiempo, las vestiduras de Jesús, blancas como la luz durante la transfiguración, hablan también de nuestro futuro. En la literatura apocalíptica, los vestidos blancos son expresión de criatura celestial, de los ángeles y de los elegidos. Así, el Apocalipsis de Juan habla de los vestidos blancos que llevarán los que serán salvados (cf. sobre todo 7, 9.13; 19, 14). Y esto nos dice algo más: las vestiduras de los elegidos son blancas porque han sido lavadas en la sangre del Cordero (cf. *Ap* 7, 14). Es decir, porque a través del bautismo se unieron a la pasión de Jesús y su pasión es la purificación que nos devuelve la vestidura original que habíamos perdido por el pecado (cf. *Lc* 15, 22). A través del bautismo nos revestimos de luz con Jesús y nos convertimos nosotros mismos en luz.

Ahora aparecen Moisés y Elías hablando con Jesús. Lo que el Resucitado explicará a los discípulos en el camino hacia Emaús es aquí una aparición visible. La Ley y los Profetas hablan con Jesús, hablan de Jesús. Sólo Lucas nos cuenta —al menos en una breve indicación— de qué hablaban los dos grandes testigos de Dios con Jesús: «Aparecieron con gloria; hablaban de su muerte, que iba a consumar en Jerusalén» (9, 31). Su tema de conversación es la cruz, pero entendida en un sentido más amplio, como el éxodo de Jesús que debía cumplirse en Jerusalén. La cruz de Jesús es éxodo, un salir de esta vida, un atravesar el «mar Rojo» de la pasión y un llegar a su gloria, en la cual, no obstante, quedan siempre impresos los estigmas.

Con ello aparece claro que el tema fundamental de la Ley y los Profetas es la «esperanza de Israel», el éxodo que libera definitivamente; que, además, el contenido de esta esperanza es el Hijo del hombre que sufre y el siervo de Dios que, padeciendo, abre la puerta a la novedad y a la libertad. Moisés y Elías se convierten ellos mismos en figuras y testimonios de la pasión. Con el Transfigurado hablan de lo que han dicho en la tierra, de la pasión de Jesús; pero mientras hablan de ello con el Transfigurado aparece evidente que esta pasión trae la salvación; que está impregnada de la gloria de Dios, que la pasión se transforma en luz, en libertad y alegría.

En este punto hemos de anticipar la conversación que los tres discípulos mantienen con Jesús mientras bajan del «monte alto». Jesús habla con ellos de su futura resurrección de entre los muertos, lo que presupone obviamente pasar primero por la cruz. Los discípulos, en cambio, le preguntan por el regreso de Elías anunciado por los escribas. Jesús les dice al respecto: «Elías vendrá primero y lo restablecerá todo. Ahora, ¿por qué está escrito que el Hijo del hombre tiene que padecer mucho y ser despreciado? Os digo que Elías ya ha venido y han hecho con él lo que han querido, como estaba escrito de él» (*Mc* 9, 9-13). Jesús confirma así, por una parte, la esperanza en la venida de Elías, pero al mismo tiempo corrige y completa la imagen que se habían hecho de todo ello. Identifica al Elías que esperan con Juan el Bautista, aun sin decirlo: en la actividad del Bautista ha tenido lugar la venida de Elías.

Juan había venido para reunir a Israel y prepararlo para la llegada del Mesías. Pero si el Mesías mismo es el Hijo del hombre que padece, y sólo así abre el camino hacia la salvación, entonces también la actividad preparatoria de Elías ha de estar de algún modo bajo el signo de la pasión. Y, en efecto: «Han hecho con él lo que han querido, como estaba escrito de él» (*Mc* 9, 13). Jesús recuerda aquí, por un lado, el destino efectivo del Bautista, pero con la referencia a la Escritura hace alusión también a las tradiciones existentes, que predecían un martirio de Elías: Elías era considerado «como el único que se había librado del martirio durante la persecución; a su regreso... también él debe sufrir la muerte» (Pesch, *Markusevangelium* II, p. 80).

De este modo, la esperanza en la salvación y la pasión son asociadas entre sí, desarrollando una imagen de la redención que, en el fondo, se ajusta a la Escritura, pero que comporta una novedad revolucionaria respecto a las esperanzas que se tenían: con el Cristo que padece, la Escritura debía y debe ser releída continuamente. Siempre tenemos que dejar que el Señor nos introduzca de nuevo en su conversación con Moisés y Elías; tenemos que aprender continuamente a comprender la Escritura de nuevo a partir de Él, el Resucitado.

Volvamos a la narración de la transfiguración. Los tres discípulos están impresionados por la grandiosidad de la aparición. El «temor de Dios» se apodera de ellos, como hemos visto que sucede en otros momentos en los que sienten la proximidad de Dios en Jesús, perciben su propia miseria y quedan casi paralizados por el miedo. «Estaban asustados», dice Marcos (9, 6). Y entonces toma Pedro la palabra, aunque en su aturdimiento «... no sabía lo que decía» (9, 6): «Maestro. ¡Qué bien se está aquí! Vamos a hacer tres chozas: una para ti, otra para Moisés y otra para Elías» (9, 5).

Se ha debatido mucho sobre estas palabras pronunciadas, por así decirlo, en éxtasis, en el temor, pero también en la alegría por la proximidad de Dios. ¿Tienen que ver con la fiesta de las Tiendas, en cuyo día final tuvo lugar la aparición? Hartmut Gese lo discute y opina que el auténtico punto de referencia en el Antiguo Testamento es Éxodo 33, 7ss, donde se describe la «ritualización del episodio del Sinaí»: según este texto, Moisés montó «fuera del campamento» la tienda del encuentro, sobre la que descendió después la columna de nube. Allí el Señor y Moisés hablaron «cara a cara, como habla un hombre con su amigo» (33, 11). Por tanto, Pedro querría aquí dar un carácter estable al evento de la aparición levantando también tiendas del encuentro; el detalle de la nube que cubrió a los discípulos podría confirmarlo. Podría tratarse de una reminiscencia del texto de la Escritura antes citado; tanto la exegesis judía como la paleocristiana conocen una encrucijada en la que confluyen diversas referencias a la revelación, complementándose unas a otras. Sin embargo, el hecho de que debían construirse tres tiendas contrasta con una referencia de semejante tipo o, al menos, la hace parecer secundaria.

La relación con la fiesta de las Tiendas resulta plausible cuando se considera la interpretación mesiánica de esta fiesta en el judaísmo de la época de Jesús. Jean Daniélou ha profundizado en este aspecto de manera convincente y lo ha relacionado con el testimonio de los Padres, en los que las tradiciones judías eran sin duda todavía conocidas y se las reinterpretaba en el contexto cristiano. La fiesta de las Tiendas presenta el mismo carácter tridimensional que caracteriza —como ya hemos visto— a las grandes fiestas judías en general: una fiesta procedente originariamente de la religión natural se convierte en una fiesta de conmemoración histórica de las intervenciones salvíficas de Dios, y el recuerdo se convierte en esperanza de la salvación definitiva. Creación, historia y esperanza se unen entre sí. Si en la fiesta de las Tiendas, con la ofrenda del agua, se imploraba la lluvia tan necesaria en una tierra árida, la fiesta se convierte muy pronto en recuerdo de la marcha de Israel por el desierto, donde los judíos vivían en tiendas (chozas, *sukkot*) (cf. *Lv* 23, 43). Daniélou cita primero a Riesenfeld: «Las Tiendas no eran sólo el recuerdo de la protección divina en el desierto, sino lo que es más importante, una prefiguración de los *sukkot* [divinos] en los que los justos vivirían al llegar el mundo futuro. Parece, pues, que el rito más característico de la fiesta de las Tiendas, tal como se celebraba en los tiempos del judaísmo, tenía relación con un significado escatológico muy preciso» (p. 151). En el Nuevo Testamento encontramos en Lucas las palabras sobre la morada eterna de los justos en la vida futura (16, 9). «La epifanía de la gloria de Jesús —dice Daniélou— es interpretada por Pedro como el signo de que ha llegado el tiempo mesiánico. Y una de las características de los tiempos mesiánicos era que los justos morarían en las tiendas, cuya figura era la fiesta de las Tiendas» (p. 459). La vivencia de la transfiguración durante la fiesta de las Tiendas hizo que Pedro reconociera en su éxtasis «que las realidades prefiguradas en los ritos de la fiesta se habían hecho realidad... La escena de la transfiguración indica la llegada del tiempo mesiánico» (p. 459). Al bajar del monte Pedro debe aprender a comprender de un modo nuevo que el tiempo mesiánico es, en primer lugar, el tiempo de la cruz y que la transfiguración —ser luz en virtud del Señor y con Él— comporta nuestro ser abrasados por la luz de la pasión.

A partir de estas conexiones adquiere también un nuevo sentido la frase fundamental del Prólogo de Juan, en la que el evangelista sintetiza el misterio de Jesús: «Y la Palabra se hizo carne, y acampó entre nosotros» (*Jn* 1, 14). Efectivamente, el Señor ha puesto la tienda de su cuerpo entre nosotros inaugurando así el tiempo mesiánico. Siguiendo esta idea, Gregorio de Nisa analiza en un texto magnífico la relación entre la fiesta de las Tiendas y la Encarnación. Dice que la fiesta de las Tiendas siempre se había celebrado, pero no se había hecho realidad. «Pues la verdadera fiesta de las Tiendas, en efecto, no había llegado aún. Pero precisamente por eso, según las palabras proféticas [en alusión al Salmo 118, 27] Dios, el Señor del universo, se nos ha revelado para realizar la construcción de la tienda destruida de la naturaleza humana» (*De anima*, *PG* 46, 132 B; cf. Daniélou, pp. 464-466).

Teniendo en cuenta esta panorámica, volvamos de nuevo al relato de la transfiguración. «Se formó una nube que los cubrió y una voz salió de la nube: Éste es mi Hijo amado; escuchadlo» (*Mc* 9, 7). La nube sagrada, es el signo de la presencia de Dios mismo, la *shekiná*. La nube sobre la tienda del encuentro indicaba la presencia de Dios. Jesús es la tienda sagrada sobre la que está la nube de la presencia de Dios y desde la cual cubre ahora «con su sombra» también a los demás. Se repite la escena del bautismo de Jesús, cuando el Padre mismo proclama desde la nube a Jesús como Hijo: «Tú eres mi Hijo amado, mi preferido» (*Mc* 1, 11).

Pero a esta proclamación solemne de la dignidad filial se añade ahora el imperativo: «Escuchadlo». Aquí se aprecia de nuevo claramente la relación con la subida de Moisés al Sinaí que hemos visto al principio como trasfondo de la historia de la transfiguración. Moisés recibió en el monte la *Torá*, la palabra con la enseñanza de Dios. Ahora se nos dice, con referencia a Jesús: «Escuchadlo». Hartmut Gese comenta esta escena de un modo bastante acertado: «Jesús se ha convertido en la misma Palabra divina de la revelación. Los Evangelios no pueden expresarlo más claro y con mayor autoridad: Jesús es la *Torá* misma» (p. 81). Con esto concluye la aparición: su sentido más profundo queda recogido en esta única palabra. Los discípulos tienen que volver a descender con Jesús y aprender siempre de nuevo: «Escuchadlo».

Si aprendemos a interpretar así el contenido del relato de la transfiguración —como irrupción y comienzo del tiempo mesiánico—, podemos entender también las oscuras palabras que Marcos incluye entre la confesión de Pedro y la instrucción sobre el discipulado, por un lado, y el relato de la transfiguración, por otro: «Y añadió: "Os aseguro que algunos de los aquí presentes no morirán hasta que vean venir con poder el Reino de Dios"» (9, 1). ¿Qué significa esto? ¿Anuncia Jesús quizás que algunos de los presentes seguirán con vida en su Parusía, en la irrupción definitiva del Reino de Dios? ¿O acaso preanuncia otra cosa?

Rudolf Pesch (II 2, p. 66s) ha mostrado convincentemente que la posición de estas palabras justo antes de la transfiguración indica claramente que se refieren a este acontecimiento. Se promete a algunos —los tres que acompañan a Jesús en la ascensión al monte— que vivirán una experiencia de la llegada del Reino de Dios «con poder». En el monte, los tres ven resplandecer en Jesús la gloria del Reino de Dios. En el monte los cubre con su sombra la nube sagrada de Dios. En el monte —en la conversación de Jesús transfigurado con la Ley y los Profetas— reconocen que ha llegado la verdadera fiesta de las Tiendas. En el monte experimentan que Jesús mismo es la *Torá* viviente, toda la Palabra de Dios. En el monte ven el «poder» (*dýnamis*) del reino que llega en Cristo.

Pero precisamente en el encuentro aterrador con la gloria de Dios en Jesús tienen que aprender lo que Pablo dice a los discípulos de todos los tiempos en la Primera Carta a los Corintios: «Nosotros predicamos a Cristo crucificado: escándalo para los judíos, necedad para los griegos; pero para los llamados a Cristo —judíos o griegos—, poder (*dýnamis*) de Dios y sabiduría de Dios» (1, 23s) Este «poder» (*dýnamis*) del reino futuro se les muestra en Jesús transfigurado, que con los testigos de la Antigua Alianza habla de la «necesidad» de su pasión como camino hacia la gloria (cf. *Lc* 24, 26s). Así viven la Parusía anticipada; se les va introduciendo así poco a poco en toda la profundidad del misterio de Jesús.

10

NOMBRES CON LOS QUE JESÚS
SE DESIGNA A SÍ MISMO

Ya durante la vida de Jesús, los hombres procuraron interpretar su misteriosa figura según las categorías que les eran familiares y que deberían servir para descifrar su misterio: se le consideró un profeta, como Elías o Jeremías que había vuelto, o como Juan el Bautista (cf. *Mc* 8, 28). Pedro utilizó en su confesión —como hemos visto— títulos diferentes, superiores: Mesías, Hijo del Dios vivo. El intento de condensar el misterio de Jesús en títulos que interpretaran su misión, más aún, su propio ser, prosiguió después de la Pascua. Cada vez más se fueron cristalizando tres títulos fundamentales: Cristo (Mesías), Kyrios (Señor) e Hijo de Dios.

El primero apenas era comprensible fuera del ámbito semita: desapareció muy pronto como título único y se fundió con el nombre de Jesús: Jesucristo. La palabra que debía servir de explicación se convirtió en nombre, y esto encierra un mensaje muy profundo: Él es una sola cosa con su misión; su cometido y su ser son inseparables. Por tanto, con razón su misión se convirtió en parte de su nombre.

En cuanto a los títulos de *Kyrios* y de *Hijo*, ambos apuntaban en la misma dirección. La palabra «Señor» había pasado a ser, en el curso de la evolución del Antiguo Testamento y del judaísmo temprano, un sinónimo del nombre de Dios y, por tanto, incorporaba ahora a Jesús en su comunión ontológica con Dios, lo declaraba como el Dios vivo que se nos hace presente. También la expresión *Hijo de Dios* lo unía al ser mismo de Dios. No obstante, para determinar el tipo de vinculación ontológica de que se trataba fueron necesarias discusiones extenuantes desde el momento en que la fe quiso demostrar también su propia racionalidad y reconocerla claramente. ¿Se trata del Hijo en un sentido traslaticio —en el sentido de una especial cercanía a Dios—, o la palabra indicaba que en Dios se daban realmente Padre e Hijo? ¿Supone que Él era realmente «igual a Dios», Dios verdadero de Dios verdadero? El primer Concilio de Nicea (325) solventó esta discusión con el término *homooúsios* («consustancial», de la misma sustancia), el único término filosófico que ha entrado en el *Credo*. Pero es un término que sirve para preservar la fiabilidad de la palabra bíblica; nos quiere decir: cuando los testigos de Jesús nos dicen que Jesús es «el Hijo», no lo hacen en un sentido mitológico ni político, que eran los dos significados más familiares en el contexto de la época. Es una afirmación que ha de entenderse literalmente: sí, en Dios mismo hay desde la eternidad un diálogo entre Padre e Hijo que, en el Espíritu Santo, son verdaderamente el mismo y único Dios.

Existe una amplia bibliografía sobre los títulos cristológicos que encontramos en el Nuevo Testamento, pero el debate sobre este argumento no corresponde a este libro, que intenta comprender el camino de Jesús en la tierra y su mensaje, y no hacer un estudio teológico de la fe y del pensamiento de la Iglesia primitiva. En cambio, debemos prestar una atención más detallada a las denominaciones con las que Jesús se designa a sí mismo en los Evangelios. Son dos. Por un lado, se llama preferentemente «Hijo del hombre»; por otro, hay textos —sobre todo en el Evangelio de Juan— en los que se refiere a sí mismo simplemente como el «Hijo». Jesús nunca utiliza el título «Mesías» para referirse a sí mismo; el de «Hijo de Dios» lo encontramos en su boca en algunos pasajes del Evangelio de Juan. Cuando se le ha llamado Mesías o con designaciones similares —como en el caso de los demonios expulsados y en el de la confesión de Pedro—, Él ordena guardar silencio. Sobre la cruz queda plasmado, esta vez de manera pública, el título del Mesías, *Rey de los judíos*. Y aquí puede tranquilamente aparecer escrito en las tres lenguas del mundo de entonces (cf. *Jn* 19, 19s), pues por fin se le ha quitado toda ambigüedad. El tener la cruz por trono le da al título su interpretación correcta. *Regnavit a ligno Deus*: Dios reina desde «el madero»; así es como la Iglesia antigua ha celebrado este nuevo reinado.

Analicemos ahora los dos «títulos» que, según los Evangelios, Jesús utiliza para referirse a sí mismo.

1. EL HIJO DEL HOMBRE

Hijo del hombre: esta misteriosa expresión es el título que Jesús emplea con mayor frecuencia cuando habla de sí mismo. Sólo en el Evangelio de Marcos aparece catorce veces en boca de Jesús. Más aún, en todo el Nuevo Testamento la expresión «Hijo del hombre» la encontramos sólo en boca de Jesús, con la única excepción de la visión de Esteban, a quien antes de morir se le concedió ver el cielo abierto: «Veo el cielo abierto y al Hijo del hombre de pie a la derecha de Dios» (*Hch* 7, 56). Esteban ve en el momento de su muerte lo que Jesús había anunciado durante el proceso ante el Sanedrín: «Veréis al Hijo del hombre sentado a la derecha del Todopoderoso y venir entre las nubes del cielo» (*Mc* 14, 62). En este sentido, Esteban «cita» unas palabras de Jesús cuya realidad pudo contemplar precisamente en el momento del martirio.

Esta constatación es importante. La cristología de los autores del Nuevo Testamento, también la de los evangelistas, no se basa en el título de *Hijo del hombre*, sino en los títulos de *Mesías* (*Cristo*), *Kyrios* (Señor) e *Hijo de Dios*, que comenzaron a ser usados inicialmente ya durante la vida de Jesús. La expresión «Hijo del hombre» es característica de las palabras de Jesús mismo; después, en la predicación apostólica, su contenido se traslada a otros títulos, pero ya no se adopta el título como tal. Se trata de una cuestión bien comprobada, pero en la exegesis moderna se ha desarrollado un amplio debate en torno a ella; quien intenta entrar en tal debate se encuentra en un cementerio de hipótesis contradictorias. Discutirlas no forma parte de los objetivos de este libro, aunque debemos considerar al menos sus líneas principales.

Se distinguen en general tres grupos de palabras referentes al Hijo del hombre. El primero estaría compuesto por las que aluden al Hijo del hombre que ha de venir. Con ellas, sin embargo, Jesús no se designa a sí mismo, sino que precisamente se distingue del que ha de venir. El segundo grupo estaría formado por palabras que se refieren a la actuación terrena del Hijo del hombre y, el tercero, hablaría de su pasión y resurrección. La mayoría de los exegetas tienden a considerar sólo los términos del primer grupo como verdaderas palabras de Jesús; esto responde a la explicación tan extendida del mensaje de Jesús en el sentido de la escatología inminente. El segundo grupo, al que pertenecen las palabras referentes al poder del Hijo del hombre para perdonar los pecados, a su autoridad sobre el sábado, a su carencia de bienes y de patria, se habría formado —según una de las principales corrientes de estas teorías— en la tradición palestina y, en este sentido, tendría un origen muy antiguo, aunque no se podría atribuir directamente a Jesús. Las más recientes serían las afirmaciones sobre la pasión y la resurrección del Hijo del hombre, que en el Evangelio de Marcos van marcando el paso del camino de Jesús hacia Jerusalén y que sólo podrían haber sido concebidas —quizás incluso por el propio evangelista Marcos— tras estos acontecimientos.

Este desmenuzamiento de las expresiones sobre el Hijo del hombre responde a una lógica que subdivide con extrema precisión los distintos aspectos de una calificación es propia del rígido modelo del pensamiento académico, pero no a la multiplicidad de lo vivo, en lo que se requiere poder expresar una totalidad formada de múltiples capas. El criterio fundamental para este tipo de exegesis se basa en la pregunta: ¿qué se podía esperar verdaderamente de Jesús dadas las circunstancias de su vida y su horizonte cultural? Evidentemente, ¡muy poco! Las expresiones comunes de soberanía y de pasión no se ajustan a Él. Se le puede considerar ciertamente «capaz» de una especie de esperanza apocalíptica atenuada, como la que era habitual entonces, pero, al parecer, nada más. Ahora bien, de este modo no se hace justicia a la fuerza del acontecimiento que supuso Jesús. Al analizar la interpretación de las parábolas de Jülicher ya decíamos que no se habría condenado a nadie a la cruz a causa de un moralismo tan modesto.

Para llegar a un conflicto tan radical, para que se recurriera a aquel gesto extremo —la entrega a los romanos— tuvo que haber ocurrido o haberse dicho algo dramático. Lo grandioso y provocativo aparece precisamente en los comienzos; la Iglesia naciente tuvo que ir reconociéndolo en toda su grandeza sólo lentamente, comprendiéndolo poco a poco y profundizando en ello con el recuerdo y la reflexión. A la comunidad anónima se le atribuye una sorprendente genialidad teológica: ¿quiénes fueron las grandes figuras que concibieron esto? Pero no es así: lo grande, lo novedoso, lo impresionante, procede precisamente de Jesús; en la fe y la vida de la comunidad se desarrolla, pero no se crea. Más aún, la «comunidad» no se habría siquiera formado ni habría sobrevivido si no le hubiera precedido una realidad extraordinaria.

La expresión *Hijo del hombre*, con la cual Jesús ocultó su misterio y al mismo fue haciéndolo accesible poco a poco, era nueva y sorprendente. No era un título habitual de la esperanza mesiánica, pero responde perfectamente al modo de la predicación de Jesús, que se expresa mediante palabras enigmáticas y parábolas, intentando conducir paulatinamente hacia el misterio, que solamente puede descubrirse verdaderamente siguiéndole a Él. «Hijo del hombre» significa en principio, tanto en hebreo como en arameo, simplemente «hombre». El paso de una a otra, de la simple palabra «hombre» a la expresión «Hijo del hombre» y viceversa —con la misteriosa alusión a una nueva conciencia de la misión— puede verse en unas palabras sobre el sábado que encontramos en los sinópticos. En Marcos se lee: «El sábado se hizo para el hombre, y no el hombre para el sábado; así que el Hijo del hombre es señor también del sábado» (2, 27s). En Mateo y Lucas falta la primera frase; en ellos, Jesús dice solamente: «El Hijo del hombre es señor del sábado» (*Mt* 12, 8; *Lc* 6, 5). Quizás se podría pensar que Mateo y Lucas omiten la primera frase porque temían que diera lugar a abusos. Sea como fuere, está claro que en Marcos las dos frases van juntas y se interpretan mutuamente.

Que el sábado está hecho para el hombre y no el hombre para el sábado no es simplemente la expresión de una postura moderno-liberal, como podríamos pensar a primera vista. Ya hemos visto, al tratar el Sermón de la Montaña, que no se pueden entender así las palabras de Jesús. En el «Hijo del hombre» se pone de manifiesto el hombre, tal como debería ser en realidad. Según el «Hijo del hombre», según el criterio de Jesús, el hombre es libre y sabe usar rectamente el sábado como día de la libertad a partir de Dios y para Dios.

«El Hijo del hombre es el señor del sábado»: se aprecia aquí toda la grandeza de la reivindicación de Jesús, que interpreta la Ley con plena autoridad porque Él mismo es la Palabra originaria de Dios. Y se aprecia en consecuencia qué tipo de nueva libertad le corresponde al hombre en general: una libertad que nada tiene que ver con la simple arbitrariedad. En las palabras sobre el sábado es importante el enlace entre «hombre» e «Hijo del hombre»; vemos cómo esta palabra, de por sí genérica, se convierte en expresión de la dignidad especial de Jesús.

En tiempos de Jesús, «Hijo del hombre» no existía *como título*. No obstante, hay una primera alusión a él en la visión sobre la historia universal contenida en el Libro de Daniel basada en las cuatro fieras y el «Hijo del hombre». El vidente contempla cómo se suceden los poderes dominantes del mundo en figura de cuatro grandes fieras que salen del mar, que vienen «de abajo», y representan así un poder que se basa sobre todo en la violencia, un poder «animal». De este modo, Daniel traza una imagen sombría y muy inquietante de la historia del mundo. Aunque la visión no se queda sólo en los aspectos negativos: a la primera fiera, un león con alas de águila, le arrancaron las alas; «la alzaron del suelo, la pusieron de pie como un hombre y le dieron una mente humana» (7, 4). La humanización del poder es posible, incluso en nuestro tiempo: el poder puede adquirir un semblante humano. Pero esta salvación es relativa; la historia continúa y en su desarrollo se va haciendo todavía más oscura.

Sin embargo, luego —tras la máxima exaltación del poder del malvado— ocurre algo totalmente diverso. El vidente ve como en lejanía al verdadero Señor del mundo en la figura de un anciano que pone fin a toda la visión: «Vi venir una especie de hombre entre las nubes del cielo… A él se le dio poder, honor y reino. Y todos los pueblos, naciones y lenguas le sirvieron. Su poder es eterno… Su reino no acabará» (7, 13s). El hombre venido de lo alto se contrapone a las fieras que salen del abismo. Así como aquellas bestias abismales personifican los reinos del mundo habidos hasta ahora, la imagen del «hijo del hombre» que «viene entre las nubes», preanuncia un reino totalmente nuevo, un reino de «humanidad», un reino de ese poder verdadero que proviene de Dios mismo. Con este reino aparece la auténtica universalidad, la positiva, la definitiva y siempre calladamente deseada forma de la historia. El «hijo del hombre» que llega desde arriba es, pues, lo opuesto a las fieras que salen del fondo del mar; como tal, no es propiamente una figura individual, sino la representación del «reino» en el que el mundo alcanzará su meta final.

En la exegesis está muy extendida la hipótesis de que tras este texto podría esconderse una versión según la cual «el hijo del hombre» indicaba también una figura individual; pero, en todo caso, no conocemos esta variante; se trata sólo de una mera conjetura. Los textos tantas veces citados de 4 Esdras 13 y de Enoc el etíope, en los que se representa al hijo del hombre como una figura individual, son más recientes que el Nuevo Testamento y, por ello, no pueden considerarse como una fuente de éste. Naturalmente, resultaba fácil relacionar la visión del hijo del hombre con la esperanza mesiánica y con la figura del Mesías mismo, pero no tenemos textos anteriores a la actividad de Jesús que demuestren un proceso de este tipo. Así pues, la imagen del Hijo del hombre sigue representando aquí el futuro reino de la salvación, una visión en la que Jesús pudo haberse inspirado, pero a la que dio nueva forma, poniendo esta expectativa en relación consigo mismo y con su actividad.

Centrémonos ahora en las palabras de Jesús. Ya hemos visto que un primer grupo de afirmaciones sobre el Hijo del hombre se refieren a su llegada futura. La mayor parte de éstas se encuentran en las palabras de Jesús sobre el fin del mundo (cf. Mc 13, 24-27) y en su proceso ante el Sanedrín (cf. Mc 14, 62). Las trataremos, por ello, en el segundo volumen de esta obra. Quisiera señalar aquí sólo un punto importante: se trata de palabras que se refieren a la gloria futura de Jesús, a su venida para juzgar y para reunir a los justos, los «elegidos». Pero no podemos pasar por alto que son palabras pronunciadas por Aquel que se encuentra ante sus jueces como acusado y escarnecido y que, precisamente en estas palabras, se entrelazan inseparablemente la gloria y la pasión.

De la pasión no se habla, es cierto, pero es la realidad en que Jesús se encuentra y desde la que habla. Un resumen muy peculiar de esta relación lo encontramos en la parábola del juicio final transmitida por Mateo (cf. 25, 31-46), en la que el «Hijo del hombre», en el momento del juicio, se identifica con los hambrientos y los sedientos, con los forasteros, los desnudos, los enfermos y los encarcelados, con todos los que sufren en este mundo, y considera el comportamiento que se ha tenido con ellos como si se hubiera tenido con Él mismo. Ésta no es una ficción posterior del juez universal. Al hacerse hombre, Él ha efectuado esta identificación de manera extremadamente concreta. Él es quien no tiene posesiones ni patria, quien no tiene dónde reclinar la cabeza (cf. *Mt* 8, 19; *Lc* 9, 58). Él es el prisionero, el acusado y el que muere desnudo en la cruz. La identificación del Hijo del hombre, que juzga al mundo, con los que sufren de cualquier modo presupone la identidad del juez con el Jesús terrenal y muestra la unión interna de cruz y gloria, de existencia terrena en la humildad y de plena potestad futura para juzgar al mundo. El Hijo del hombre es uno solo: Jesús. Esta identidad nos indica el camino, nos manifiesta el criterio por el que se juzgará nuestra vida en su momento.

Naturalmente, la crítica no considera estas palabras sobre el Hijo del hombre futuro como auténticamente jesuánicas. Sólo dos textos de este grupo, en la versión de Lucas, se aceptan —en cualquier caso sólo por una parte de la exegesis crítica—como auténticas palabras de Jesús, porque se las considera como palabras que con toda probabilidad «podían» haber sido pronunciadas por Él. En primer lugar Lucas 12, 8s: «Y os digo que, si uno se pone de mi parte ante los hombres, también el Hijo del hombre se pondrá de su parte ante los ángeles de Dios. Y si uno me reniega ante los hombres, lo renegarán a él ante los ángeles de Dios...». El segundo texto es Lucas 17, 24s: «Como el fulgor del relámpago brilla de un horizonte a otro, así será el Hijo del hombre en su día. Pero antes tiene que padecer mucho y ser reprobado por esta generación...». El motivo por el que se aceptan estos textos estriba en que en ellos, aparentemente, se distingue entre el Hijo del hombre y Jesús; sobre todo en la primera cita parece evidente que el Hijo del hombre no coincide con el Jesús que está hablando.

A este respecto, se ha de notar ante todo que al menos la tradición más antigua no lo ha entendido así. En el texto paralelo de Marcos 8, 38 («Quien se avergüence de mí y de mis palabras en esta época descreída y malvada, también el Hijo del hombre se avergonzará de él cuando venga con la gloria de su Padre entre sus santos ángeles») la identificación no se expresa claramente, pero es innegable a la luz de la estructura de la frase. En la versión que nos da Mateo del mismo texto falta la expresión «Hijo del hombre». Mucho más evidente resulta la identificación del Jesús terrenal con el juez que ha de venir: «Si uno me niega ante los hombres, yo también lo negaré ante mi Padre del cielo» (*Mt* 10, 33). Pero también en el texto de Lucas vemos perfectamente claro la identidad a partir del contenido en su conjunto. Es cierto que Jesús habla de esa forma enigmática que le caracteriza, dejando al oyente el último paso para comprender. Sin embargo, la identificación funcional que hay en el paralelismo entre reconocimiento y negación, ahora y en el juicio, ante Jesús y ante el Hijo del hombre, sólo tiene sentido sobre la base de la identidad ontológica.

Los jueces del Sanedrín entendieron correctamente a Jesús, y Él tampoco los corrigió diciendo, por ejemplo: «Me entendéis mal; el Hijo del hombre que ha de venir es otro». La unidad interna entre la *kénosis* vivida por Jesús (cf. *Flp* 2, 5-10) y su venida gloriosa es el motivo permanente de la actuación y la predicación de Jesús, es precisamente lo novedoso, lo «auténticamente jesuánico» que no ha sido inventado, sino que constituye más bien el aspecto esencial de su figura y de sus palabras. Los distintos textos tienen su puesto dentro de un contexto y no se entienden mejor cuando se los aísla de él. A diferencia de Lucas 12, 8s, donde una operación semejante podría encontrar más fácilmente un punto de apoyo, este hecho resulta todavía más evidente en el segundo texto: Lucas 17, 24s. En efecto, aquí la conexión se efectúa con claridad. El Hijo del hombre no vendrá aquí o allá, sino que brillará para todos como un relámpago de horizonte a horizonte, de modo que todos lo verán a Él, al que han atravesado (cf. *Ap* 1, 7); pero antes Él —precisamente este Hijo del hombre— tiene que sufrir mucho y ser repudiado. La profecía de la pasión y el anuncio de la gloria están inseparablemente unidos. Los textos se refieren claramente a la misma e idéntica persona: precisamente a Aquel que, cuando pronuncia estas palabras, estaba ya en camino hacia la pasión.

También encontramos estos dos aspectos en las palabras con que Jesús habla en presente de su actuación. Ya hemos comentado brevemente la afirmación que Él hace, según la cual, como Hijo del hombre, Él es señor del sábado (cf. *Mc* 2, 28). En este punto se aprecia precisamente lo que Marcos describe en otro lugar del siguiente modo: «Se quedaron asombrados de su enseñanza, porque no enseñaba como los letrados, sino con autoridad» (*Mc* 1, 22). Jesús se pone en la parte del legislador, de Dios; no es intérprete, sino Señor.

Esto se ve más claramente aún en el relato del paralítico, al que sus amigos deslizaron en su camilla desde la techumbre hasta los pies del Señor. En lugar de pronunciar unas palabras para curarlo, como esperaban tanto el paralítico como sus amigos, lo primero que le dijo Jesús fue: «Hijo, tus pecados te son perdonados» (*Mc* 2, 5). Perdonar los pecados es algo que sólo corresponde a Dios, objetaron indignados los escribas. Si Jesús atribuye este poder al «Hijo del hombre» es porque da a entender que tiene la misma dignidad que Dios y que actúa a partir de ella. Sólo tras perdonarle los pecados llegan las palabras esperadas: «"Pues para que veáis que el Hijo del hombre tiene potestad en la tierra para perdonar los pecados"..., entonces dijo al paralítico: "Contigo hablo, levántate, toma tu camilla y vete a tu casa"» (*Mc* 2, 10s). Es precisamente esta reivindicación de divinidad lo que le lleva a la pasión. En este sentido, las palabras de autoridad de Jesús se orientan hacia su pasión.

Llegamos al tercer tipo de palabras sobre el Hijo del hombre: los preanuncios de la pasión. Ya hemos visto que los tres anuncios de la pasión del Evangelio de Marcos, que estructuran tanto el texto como el camino de Jesús mismo, indican cada vez con mayor nitidez su destino próximo y la necesidad intrínseca del mismo. Encuentran su punto central y su culminación en la frase que sigue al tercer anuncio de la pasión y su aclaración, estrechamente unida a ella, sobre el servir y el mandar: «Porque el Hijo del hombre no ha venido para que le sirvan, sino para servir y dar su vida en rescate por todos» (*Mc* 10, 45).

Con la citación de una palabra tomada de los cantos del siervo de Dios sufriente (cf. *Is* 53), aparece en la imagen del Hijo del hombre otro filón de la tradición del Antiguo Testamento. Jesús, que por un lado se identifica con el futuro juez del mundo, por otro lado se identifica aquí con el siervo de Dios que padece y muere, y que el profeta había previsto en sus cantos. De este modo se aprecia la unión de sufrimiento y «exaltación», de abajamiento y elevación. El servir es la verdadera forma de reinar y nos deja presentir algo de cómo Dios es Señor, del «reinado de Dios». En la pasión y en la muerte, la vida del Hijo del hombre se convierte también en «pro-existencia» (existir para los demás); se convierte en liberador y salvador para «todos»: no sólo para los hijos de Israel dispersos, sino para todos los hijos de Dios dispersos (cf. *Jn* 11, 52), para la humanidad. En su muerte «por todos» traspasa los límites de tiempo y de lugar, se hace realidad la universalidad de su misión.

La exegesis más antigua ha considerado que lo realmente novedoso y especial de la idea que Jesús tenía del Hijo del hombre, más aún, la base de su autoconciencia, es la fusión de la visión de Daniel sobre el «hijo del hombre» que ha de venir con las imágenes del «siervo de Dios» que sufre transmitidas por Isaías. Y esto con toda la razón. Debemos añadir, sin embargo, que la síntesis de las tradiciones del Antiguo Testamento que hace Jesús en su imagen del Hijo del hombre es aún más amplia e incluye además otros filones y veneros pertenecientes a estas tradiciones.

Así, en la respuesta de Jesús a la pregunta de si era el Mesías, el Hijo del Bendito, se funden Daniel 7 y el Salmo 110: Jesús se ve a sí mismo como el que está sentado «a la derecha de Dios», como dice el salmo sobre el futuro rey y sacerdote. Por otro lado, en el tercer anuncio de la pasión, en las palabras de rechazo de los letrados, los sumos sacerdotes y los escribas (cf. *Mc* 8, 31) se inserta el Salmo 118 con la alusión a la piedra que desecharon los arquitectos y se convierte en la piedra angular (v. 22); se advierte también una relación con la parábola de los viñadores infieles, en la que el Señor usa esta expresión para anunciar su rechazo y su resurrección, así como la nueva comunidad futura. A través de esta referencia a la parábola se perfila también la identificación entre el «Hijo del hombre» y el «Hijo predilecto» (cf. *Mc* 12, 1-12). Por último, también está presente la corriente de la literatura sapiencial: el segundo capítulo del Libro de la Sabiduría describe la hostilidad de los «impíos» frente al justo: «Se gloría de tener por Padre a Dios... Si es justo, el hijo de Dios, él lo auxiliará... Lo condenaremos a muerte ignominiosa» (vv. 16-20). Según Volker Hampel las palabras acerca del rescate de Jesús no se han de interpretar a la luz de Isaías 53, 10-12, sino de Proverbios 21, 18 e Isaías 43, 3, lo que me parece harto improbable (en Schnackenburg, *Die Person Jesu Christi*, p. 74). El auténtico punto de referencia sigue siendo Isaías 53; lo que nos muestran otros textos es sólo que existe un amplio campo de referencias para esta visión fundamental.

Jesús vivió conforme a la Ley y a los Profetas en su conjunto, como decía siempre a sus discípulos. Consideró su propia existencia y su obra como la unión y el sentido de este conjunto. Juan lo expresa en su Prólogo diciendo que Jesús mismo es «la Palabra»; «en él todas las promesas han recibido un "sí"», escribe Pablo (*2 Co* 1, 20). En la enigmática expresión «Hijo del hombre» descubrimos con claridad la esencia propia de la figura de Jesús, de su misión y de su ser. Proviene de Dios, es Dios. Pero precisamente así —asumiendo la naturaleza humana— es portador de la verdadera humanidad.

«Me has preparado un cuerpo», dice a su Padre según la Carta a los Hebreos (10, 5), transformando así las palabras de un Salmo en las que se dice: «Me abriste el oído» (*Sal* 40, 7). En el Salmo significa que la vida viene de la obediencia, del sí a la palabra de Dios, no de los sacrificios expiatorios y los holocaustos. Ahora, el que es la Palabra asume Él mismo un cuerpo; viene de Dios como hombre y atrae a sí toda la existencia humana, la lleva al interior de la palabra de Dios, la transforma en «oído» para escuchar a Dios y, por tanto, en «obediencia», en «reconciliación» entre Dios y los hombres (cf. *2 Co* 5, 18-20). Él mismo se convierte en el verdadero «sacrificio» al entregarse por completo en obediencia y amor, amando «hasta el extremo» (*Jn* 13, 1). Viene de Dios y fundamenta así el verdadero ser del hombre. Como dice Pablo, contrariamente al primer hombre, que era y es de tierra, Él es el segundo hombre, el hombre definitivo (el último), el «celestial», y es «espíritu dador de vida» (*1 Co* 15, 45-49). Viene, y a la vez es el nuevo «reino». No es solamente una persona, sino que nos hace a todos «uno» en Él (cf. *Ga* 3, 28), nos transforma en una nueva humanidad.

El colectivo que Daniel descubre en lontananza («una especie de hombre») se convierte en una persona, pero en su «por muchos» la persona supera los límites del individuo y abarca a «muchos», se hace con todos «un cuerpo y un espíritu» (cf. *1 Co* 6, 17). Éste es el «seguimiento» al que Jesús nos llama: dejarnos conducir dentro de su nueva humanidad y, con ello, a la comunión con Dios. Escuchemos de nuevo lo que dice Pablo al respecto: «Igual que el terreno [el primer hombre, Adán] son los hombres terrenos; igual que el celestial, son los celestiales» (*1 Co* 15, 48). La expresión «Hijo del hombre» ha quedado reservada a Jesús, pero la nueva visión de la unión de Dios y hombre que se expresa en ella se encuentra presente e impregna todo el Nuevo Testamento. A lo que tiende el seguimiento de Jesucristo es a esa humanidad nueva que viene de Dios.

2. EL HIJO

Al comienzo de este capítulo hemos visto brevemente cómo los dos títulos, «Hijo de Dios» e «Hijo» (sin añadiduras), son distintos entre sí; se diferencian en su origen y en su significado, si bien luego en la configuración de la fe cristiana ambos significados se sobreponen y se entremezclan. Dado que ya he tratado toda la cuestión con cierto detalle en mi obra *Introducción al cristianismo*, me ocuparé aquí sólo brevemente del análisis del título «Hijo de Dios».

La expresión «Hijo de Dios» se deriva de la teología política del antiguo Oriente. Tanto en Egipto como en Babilonia, el rey recibía el título de «hijo de Dios»; el ritual de entronización era considerado como «ser engendrado» como hijo de Dios, que en Egipto se entendía tal vez en sentido real, como un origen divino misterioso, mientras que en Babilonia, de un modo más modesto, parecer ser, como una especie de acto jurídico, una adopción divina. Estos conceptos se adoptaron en Israel en un doble sentido, al mismo tiempo que fueron transformados por la fe de Israel. Dios mismo encarga a Moisés decirle al faraón: «Así dice el Señor: Israel es mi primogénito, y te ordeno que dejes salir a mi hijo, y yo te ordeno que dejes salir a mi hijo para que me sirva» (*Ex* 4, 22s). Los pueblos son la gran familia de Dios, Israel es el «hijo primogénito» y, como tal, pertenece de modo especial a Dios con todo lo que la «primogenitura» significaba en el antiguo Oriente. Durante la consolidación del reino davídico la ideología monárquica del antiguo Oriente se traslada al rey en el monte de Sión.

En las palabras de Dios con las que Natán anuncia a David la promesa de la permanencia eterna de su casa, se dice: «Estableceré después de ti a un descendiente tuyo, un hijo de tus entrañas y consolidaré su reino... Yo seré para él un padre y él será para mí un hijo; si se tuerce, lo corregiré... Pero no le retiraré mi lealtad...» (*2 S* 7, 12ss; cf. *Sal* 89, 27s y 37s). Sobre esto se basa después el ritual de entronización de los reyes de Israel que encontramos en el Salmo 2, 7s: «Voy a proclamar el decreto del Señor; él me ha dicho: "tú eres mi hijo, yo te he engendrado hoy. Pídemelo: te daré en herencia las naciones, en posesión los confines de la tierra...».

Aquí hay tres cosas claras. El privilegio de Israel de ser el primogénito de Dios se concreta en el rey; él personifica la dignidad de Israel. Esto significa, en segundo lugar, que la antigua ideología monárquica, el engendramiento mítico por obra de Dios, se deja de lado y se sustituye por la teología de la elección. El «ser engendrado» consiste en la elección; en el hoy del acto de entronización toma cuerpo la acción electiva de Dios, que convierte a Israel y al rey que lo representa en su «hijo». En tercer lugar, también se ve claramente que la promesa del dominio sobre los pueblos —tomada de los grandes reyes de Oriente— resulta muy desproporcionada comparada con la concreta realidad del rey del monte de Sión. Éste es sólo un pequeño soberano con un poder frágil, que al final termina en el exilio y cuyo reino sólo se pudo restaurar por un breve periodo de tiempo y siempre en dependencia de las grandes potencias. Así, el oráculo sobre el rey de Sión fue desde el principio una palabra de esperanza en el rey que habría de venir, una expresión que apunta más allá del instante presente, del «hoy» del entronizado.

El cristianismo de los orígenes adoptó enseguida este término, reconociendo que se hizo realidad en la resurrección de Jesús. Según Hechos 13, 32s, en su grandiosa exposición de la historia de la salvación que desemboca en Cristo, Pablo dice a los judíos reunidos en la sinagoga de Antioquía de Pisidia: «La promesa que Dios hizo a nuestros padres, nos la ha cumplido a los hijos resucitando a Jesús. Así está escrito en el salmo segundo: "Tú eres mi hijo, yo te he engendrado hoy"».

Podemos considerar seguramente estas palabras como una muestra de la incipiente predicación misionera a los judíos, en la que encontramos la lectura cristológica del Antiguo Testamento por parte de la Iglesia primitiva. Por tanto, encontramos aquí una tercera fase de la transformación de la teología política del antiguo Oriente: si en Israel y en el reinado de David ésta se había mezclado con la teología de la elección de la Antigua Alianza, y a medida que se desarrollaba el reinado davídico se había convertido cada vez más en expresión de la esperanza en el rey futuro, ahora se cree que la resurrección de Jesús es ese mismo «hoy» que esperaba el Salmo. Ahora Dios ha constituido a su rey, al que de hecho le da en herencia los pueblos.

Pero esta «soberanía» sobre los pueblos de la tierra ya no tiene un carácter político. Este rey no subyugará a sus pueblos con su cetro de hierro (cf. *Sal* 2, 9); reina desde la cruz, de un modo totalmente nuevo. La universalidad se realiza en la forma humilde de la comunión en la fe; este rey reina a través de la fe y el amor, no de otro modo. Esto nos permite entender de una manera nueva y definitiva las palabras de Dios: «Tú eres mi hijo, yo te he engendrado hoy». La expresión «Hijo de Dios» se distancia de la esfera del poder político y se convierte en expresión de una unión especial con Dios que se manifiesta en la cruz y en la resurrección. Sin embargo, a partir de este contexto del Antiguo Testamento no se puede comprender la profundidad a la que llega esta unión, este ser Hijo de Dios. Para descubrir el significado completo de esta expresión se necesita la confluencia de otras corrientes de la fe bíblica, así como del testimonio personal de Jesús.

Antes de pasar al simple título de «el Hijo» que Jesús se da a sí mismo, confiriendo un significado definitivo y «cristiano» al título de «Hijo de Dios», que proviene originalmente del ámbito político, hemos de concluir el desarrollo histórico de la expresión misma. En efecto, de ella forma parte el hecho de que el emperador Augusto, bajo cuyo reinado nació Jesús, aplicó en Roma la teología monárquica del antiguo Oriente proclamándose a sí mismo «hijo del divino» (César), hijo de Dios (cf. P. Wülfing v. Martitz, ThWNT VIII, pp. 334-340. espec. 336). Si bien en Augusto sucedió todavía con gran cautela, el culto al emperador romano que comenzó poco después significará la plena pretensión de la condición de hijo de Dios y, con ello, se introdujo la adoración divina del emperador en Roma, convirtiéndose entonces en vinculante para todo el Imperio.

Así pues, en este momento de la historia se encuentran por un lado la pretensión de la realeza divina por parte del emperador romano y, por otro, la convicción cristiana de que Cristo resucitado es el verdadero Hijo de Dios, al que pertenecen los pueblos de la tierra y el único al que, en la unidad de Padre, Hijo y Espíritu Santo, le corresponde la adoración debida a Dios. La fe de por sí apolítica de los cristianos, que no pretende poder político alguno, sino que reconoce a la autoridad legítima (cf. *Rm* 13, 1-7), en el título de «Hijo de Dios» choca inevitablemente con la exigencia totalitaria del poder político imperial, y chocará siempre con los poderes políticos totalitarios, viéndose forzada a ir al encuentro del martirio, en comunión con el Crucificado, que sólo reina «desde el madero».

Hay que hacer una neta distinción entre la expresión «Hijo de Dios», con toda su compleja historia, y la simple palabra «Hijo», que encontramos fundamentalmente sólo en boca de Jesús. Fuera de los Evangelios aparece cinco veces en la Carta a los Hebreos (cf. 1, 2.8; 3, 6; 5, 8; 7, 28), un texto muy cercano al Evangelio de Juan, y una vez en Pablo (cf. *1 Co* 15, 28); como denominación que Jesús se da a sí mismo en Juan, aparece cinco veces en la Primera Carta de Juan y una en la Segunda Carta. Resulta decisivo el testimonio del Evangelio de Juan (allí encontramos la palabra dieciocho veces) y la exclamación de júbilo mesiánico recogida por Mateo (cf. 11, 25ss) y Lucas (cf. 10, 21s), que se considera frecuentemente —y con razón— como un texto de Juan puesto en el marco de la tradición sinóptica. Analicemos en primer lugar esta exclamación de júbilo mesiánico: «En aquel tiempo, Jesús exclamó: "Te doy gracias, Padre, Señor de cielo y tierra, porque has escondido estas cosas a los sabios y entendidos, y se las has revelado a la gente sencilla. Sí, Padre, así te ha parecido mejor. Todo me lo ha entregado mi Padre, y nadie conoce al Hijo más que el Padre; y nadie conoce al Padre sino el Hijo y aquel a quien el Hijo se lo quiera revelar"» (*Mt* 11, 25s; cf. *Lc* 10, 21s).

Comencemos por esta última frase, a partir de la cual se esclarece el conjunto. Sólo el Hijo «conoce» realmente al Padre: el conocer comporta siempre de algún modo la igualdad. «Si el ojo no fuera como el sol, no podría reconocer el sol», ha escrito Goethe comentando unas palabras de Plotino. Todo proceso cognoscitivo encierra de algún modo un proceso de equiparación, una especie de unificación interna de quien conoce con lo conocido, que varía según el nivel ontológico del sujeto que conoce y del objeto conocido. Conocer realmente a Dios exige como condición previa la comunión con Dios, más aún, la unidad ontológica con Dios. Así, en su oración de alabanza, el Señor dice lo mismo que leemos en las palabras finales del Prólogo de Juan, ya comentadas otras veces: «A Dios nadie lo ha visto jamás. El Hijo único, que está en el seno del Padre, es quien lo ha dado a conocer» (1, 18). Estas palabras fundamentales —como se muestra ahora— son la explicación de lo que se desprende de la oración de Jesús, de su diálogo filial. Al mismo tiempo, queda claro qué es «el Hijo», lo que significa esta expresión: significa perfecta comunión en el conocer, que es a la vez perfecta comunión en el ser. La unidad del conocer sólo es posible porque hay unidad en el ser.

Sólo el «Hijo» conoce al Padre, y todo verdadero conocimiento del Padre es participación en el conocimiento del Hijo, una revelación que es un don (Él «lo ha dado a conocer», dice Juan). Sólo conoce al Padre aquel a quien el Hijo «se lo quiera revelar». Pero, ¿a quién se lo quiere revelar el Hijo? La voluntad del Hijo no es arbitraria. Las palabras que se refieren a la voluntad de revelación del Hijo en Mateo 11, 27, remiten al versículo inicial 25, donde el Señor dice al Padre: «Se las has revelado a la gente sencilla». Si ya antes hemos visto la unidad del conocimiento entre el Padre y el Hijo, en la conexión entre los versículos 25 y 27 podemos apreciar la unidad de ambos en la voluntad.

La voluntad del Hijo es una sola cosa con la voluntad del Padre. Éste es un motivo recurrente en los Evangelios. El Evangelio de Juan pone de relieve con especial énfasis que Jesús concuerda totalmente con la voluntad del Padre. Este proceso para llegar al con-sentimiento se presenta de modo dramático en el monte de los Olivos, cuando Jesús toma la voluntad humana y la introduce en su voluntad filial y, de esta manera, la incluye dentro de la unidad de voluntad con el Padre. Aquí es donde habría que situar la tercera petición del Padrenuestro: en ella pedimos que se cumpla en nosotros el drama del monte de los Olivos, la lucha interna de toda la vida y la obra de Jesús; pedimos que, unidos a Él, el Hijo, con-sintamos con la voluntad del Padre y seamos, así, hijos también nosotros: en la unidad de voluntad, que se hace unidad de conocimiento.

Con esto se puede entender el comienzo de la exclamación de júbilo, que en un primer momento puede parecer desconcertante. El Hijo quiere implicar en su conocimiento de Hijo a todos los que el Padre quiere que participen de él: «Nadie puede venir a mí si no lo atrae el Padre que me ha enviado», dice Jesús en este sentido durante el sermón sobre el pan en Cafarnaún

(*Jn* 6, 44). Pero, ¿a quién atrae el Padre? «No a los sabios y entendidos», nos dice el Señor, sino a la gente sencilla.

Ésta es ante todo simplemente la experiencia concreta de Jesús: no lo conocen los escribas, los que por profesión se ocupan de Dios; ellos se enredan en la maraña de su conocimiento de los detalles. Todo su saber les ciega a la sencilla visión del conjunto, de la realidad de Dios mismo que se revela; en efecto, esto no resulta muy fácil para uno que sabe tanto de los problemas complejos. Pablo expresa la misma experiencia añadiendo más: «El mensaje de la cruz es necedad para los que están en vías de perdición; pero para los que están en vías de salvación —para nosotros— es fuerza de Dios. Dice la Escritura: "destruiré la sabiduría de los sabios, frustraré la sagacidad de los sagaces" [cf. *Is* 29, 14]… Y si no, hermanos, fijaos en vuestra asamblea: no hay en ella muchos sabios en lo humano, ni muchos poderosos, ni muchos aristócratas; todo lo contrario, lo necio del mundo lo ha escogido Dios para humillar a los sabios; lo débil del mundo lo ha escogido Dios para humillar a los fuertes… De modo que nadie pueda gloriarse en presencia del Señor» (*1 Co* 1, 18.26-29). «Que nadie se engañe. Si alguno de vosotros se cree sabio en este mundo, que se haga necio para llegar a ser sabio» (*1 Co* 3, 18). Pero ¿qué se quiere decir con este «hacerse necio», con este «hacerse débil» que permite al hombre acoger la voluntad de Dios y, en consecuencia, conocerlo?

El Sermón de la Montaña nos da la clave para descubrir el fundamento interno de esa singular experiencia y, con ello, también el camino de la conversión, de ese estar abiertos a la participación en el conocimiento del Hijo: «Dichosos los limpios de corazón, porque ellos verán a Dios», leemos en Mateo 5, 8. La pureza de corazón es lo que nos permite ver. Consiste en esa sencillez última que abre nuestra vida a la voluntad reveladora de Jesús. Se podría decir también: nuestra voluntad tiene que ser la voluntad del Hijo. Entonces conseguiremos ver. Pero ser hijo significa existir en una relación; es un concepto de relación. Comporta abandonar la autonomía que se encierra en sí misma e incluye lo que Jesús quería decir con sus palabras sobre el hacerse niño. De este modo podemos comprender también la paradoja que se desarrolla ulteriormente en el Evangelio de Juan: que Jesús, estando sometido totalmente al Padre como Hijo, está precisamente por ello en total igualdad con el Padre, es verdaderamente igual a Él, es uno con Él.

Volvamos a la exclamación de júbilo. Este ser uno con el Padre que, como hemos visto en los versículos 25 y 27, se puede entender como ser uno en la voluntad y el conocimiento, enlaza en la primera mitad del versículo 27 con la misión universal de Jesús y, por tanto, en relación con la historia universal: «Todo me lo ha entregado mi Padre». Si analizamos en toda su profundidad la exclamación de júbilo de los sinópticos, podemos apreciar cómo en ella está contenida toda la teología del Hijo que encontramos en Juan. También allí el ser Hijo consiste en un conocimiento mutuo y una unidad en la voluntad; también allí el Padre es el dador, pero que ha confiado «todo» al Hijo, convirtiéndole precisamente por ello en Hijo, en igual a Él: «Todo lo mío es tuyo, y todo lo tuyo es mío» (*Jn* 17, 10). Y también allí este «dar» del Padre llega hasta la creación, al «mundo»: «Tanto amó Dios al mundo, que entregó a su Hijo unigénito» (*Jn* 3, 16). La palabra «unigénito» remite, por un lado, al Prólogo, donde el *Logos* es definido como el «unigénito Dios»: *monogenes theos*» (1, 18). Pero, por otro, recuerda a Abraham, que no le negó a Dios a su hijo, a su «único hijo» (*Gn* 22, 2.12). El «dar» del Padre se consuma en el amor del Hijo «hasta el extremo» (*Jn* 13, 1), esto es, hasta la cruz. El misterio de amor trinitario que se perfila en la palabra «Hijo» es uno con el misterio de amor en la historia que se cumple en la Pascua de Jesús.

En Juan, la expresión «el Hijo» encuentra también su lugar en la oración de Jesús, que sin embargo es diferente a la oración de las criaturas: es el diálogo de amor en Dios mismo, el diálogo que *es* Dios. Así, a la palabra «Hijo» le corresponde el simple apelativo de «Padre», que el evangelista Marcos ha conservado para nosotros en su forma aramea primitiva, «*Abbá*», en la escena del monte de los Olivos.

En diversos estudios minuciosos, Joachim Jeremias ha demostrado la singularidad de esta forma que tiene Jesús de llamar a Dios que, dada su intimidad, era impensable en el ambiente en que Jesús se movía. En ella se expresa la «unicidad» del «Hijo». Pablo nos dice que los cristianos, gracias a la participación en el Espíritu de Hijo que Jesús les ha dado, están autorizados a decir: «*Abbá*, Padre» (cf. *Rm* 8, 15; *Ga* 4, 6). Con ello queda claro que este nuevo modo de rezar de los cristianos sólo es posible a partir de Jesús, a partir de Él, el Unigénito.

La palabra *Hijo*, con su correspondiente de Padre-*Abbá*, nos permite asomarnos al interior de Jesús, más aún, al interior de Dios mismo. La oración de Jesús es el verdadero origen de la expresión «el Hijo». No tiene antecedentes en la historia, de la misma manera que el Hijo mismo «es nuevo», aunque en él confluyan Moisés y los Profetas. El intento de reconstruir, a partir de la literatura postbíblica, como las *Odas de Salomón* (siglo II d.C.), por ejemplo, unos antecedentes precristianos, «gnósticos», de los cuales dependería el mismo Juan, carece de sentido si se respetan las posibilidades y los límites del método histórico. Existe la originalidad de Jesús. Sólo Él es «el Hijo».

3. «YO SOY»

En las palabras de Jesús que nos llegan a través de los Evangelios existe —sobre todo en Juan, pero también (si bien no tan claramente expresado y en menor proporción) en los sinópticos— el grupo de las expresiones «Yo soy» enunciadas en dos formas. Unas veces Jesús dice simplemente, sin más: «Yo soy», «que yo soy»; en el segundo grupo el «Yo soy» se ve completado en su contenido por una serie de imágenes: Yo soy la luz del mundo, la vid verdadera, el buen pastor... Este segundo grupo parece en principio más fácilmente comprensible, mientras que el primero resulta mucho más enigmático.

Quisiera concentrarme sólo en tres pasajes de Juan, en los cuales la fórmula aparece en su forma más simple y a la vez más rigurosa, para pasar después a una palabra sinóptica que tiene un claro paralelo en Juan.

Las dos afirmaciones más importantes se encuentran en la disputa que sigue a las palabras de Jesús durante la fiesta de las Tiendas, y en las que se presenta a sí mismo como fuente de agua viva (cf. *Jn* 7, 37s). Esto había provocado una división en el pueblo: algunos se preguntaban si no sería Él realmente el profeta esperado; otros opinaban que de Galilea no podía salir ningún profeta (cf. 7, 40.52). Entonces Jesús les dice: «Vosotros no sabéis de dónde vengo ni adónde voy… No me conocéis a mí ni a mi Padre» (8, 14.19). Y aclara: «Vosotros sois de aquí abajo, yo soy de allá arriba; vosotros sois de este mundo, yo no soy de este mundo» (8, 23). Y en ese momento llega la frase decisiva: «Si no creéis que yo soy, moriréis en vuestros pecados» (8, 24).

¿Qué significa esto? Cómo nos gustaría preguntarle: «¿Qué eres?, ¿Quién eres?». De hecho, es ésta la réplica de los judíos: «¿Quién eres tú?» (8, 25). ¿Qué quiere decir «que Yo soy»? Resulta comprensible que la exegesis haya intentado buscar los orígenes de esta expresión para poder entenderla, y también nosotros debemos hacer algo semejante. Se han indicado diversos orígenes: los discursos de revelación típicos de Oriente (E. Norden), los escritos mandeos (E. Schweizer), que, sin embargo, son mucho más recientes que los Libros del Nuevo Testamento.

Entretanto se ha extendido ampliamente la idea de que no debemos buscar las raíces espirituales de estas palabras en cualquier parte, sino en el mundo que era familiar a Jesús, en el Antiguo Testamento y en el judaísmo de su época. No necesitamos analizar aquí el amplio abanico de textos del Antiguo Testamento que los investigadores han barajado hasta ahora. Quisiera señalar sólo los dos textos esenciales que en realidad cuentan.

Uno es Éxodo 3, 14: la escena de la zarza ardiente desde la que Dios llama a Moisés, quien, a su vez, pregunta a ese Dios que le llama: «¿Cómo te llamas?». Se le da como respuesta el enigmático nombre de YHWH, cuyo significado lo explica con una frase igualmente enigmática el mismo Dios que habla: «Soy el que soy». No vamos a ocuparnos aquí de las múltiples interpretaciones que se han hecho de esta frase; es suficiente recordar que este Dios se denomina a sí mismo «Yo soy». Simplemente es. Y, por tanto, esto significa también que Él está *siempre* presente para los hombres, ayer, hoy y mañana.

El segundo texto se sitúa en el gran momento de la esperanza en un nuevo éxodo, al final del exilio babilónico. El Deutero-Isaías ha retomado y desarrollado el mensaje de la zarza ardiente. «Vosotros sois mis testigos, oráculo del Señor, y mis siervos, a quienes escogí, para que supierais y me creyerais, para que comprendierais quién soy yo. Antes de mí no fue formado ningún dios ni habrá alguno después de mí. Yo soy YHWH, fuera de mí no hay salvador» (*Is* 43, 10s). «Para que supierais y me creyerais, para que comprendierais quién soy yo»: la antigua fórmula «*'ani, YHWH*» se hace más breve en la expresión «'*ani hu'*»: yo, ése, soy yo. El «Yo soy» se ha hecho más enérgico y, aunque permanece el misterio, también es más claro.

En el tiempo en que Israel estaba sin tierra y sin templo, Dios —según los criterios tradicionales— estaba excluido de la competencia con otras divinidades, porque un Dios sin tierra y que no podía ser adorado, ni siquiera era un Dios. En ese tiempo Israel había aprendido a entender verdaderamente la novedad y la diferencia de su Dios: Él no era simplemente «su» Dios, el Dios de una tierra, de un pueblo o nación, sino el Dios por excelencia, el Dios del universo, al que pertenecen todos los pueblos, el cielo y la tierra; el Dios que dispone todo; el Dios que no necesita que le adoren ofreciéndole carneros o becerros, sino al que sólo se le adora de verdad obrando rectamente.

Digámoslo de nuevo: Israel había reconocido que su Dios era «Dios» por excelencia. Y así encontró su nuevo sentido el «Yo soy» de la zarza ardiente: ese Dios simplemente *es*. Al presentarse con la expresión «Yo soy», precisamente como el que es, se presenta en su unicidad. Esto representa, por un lado, una diferenciación respecto a las numerosas divinidades que existían, pero también, de una forma totalmente positiva, la manifestación de su unicidad y singularidad inefable.

Cuando Jesús dice «Yo soy» retoma toda esta historia y la refiere a sí mismo. Muestra su unicidad: en Él está presente personalmente el misterio del único Dios. «El Padre y yo somos uno». Heinrich Zimmermann ha destacado con razón que con este «Yo soy» Jesús no se pone *junto* al Yo del Padre (TThZ 69 [1960] 6), sino que remite al Padre. Pero precisamente así habla también de sí mismo. Se trata de la inseparabilidad entre Padre e Hijo. Como es el Hijo, Jesús puede poner en su boca la presentación que el Padre hace de sí mismo. «Quien me ha visto a mí, ha visto al Padre» (*Jn* 14, 9). Y viceversa, estando así las cosas, en cuanto Hijo puede pronunciar la palabra que revela al Padre.

En el debate en el que se encuentra este versículo se trata precisamente de la unidad entre Padre e Hijo. Para entenderlo correctamente debemos recordar sobre todo lo que dijimos sobre la expresión «el Hijo», su enraizamiento en el diálogo entre Padre e Hijo. Entonces vimos que Jesús es totalmente «relacional», que todo su ser no es otra cosa que pura relación con el Padre. A partir de ello hay que entender el uso de la fórmula en la escena de la zarza ardiente y en Isaías; su «Yo soy» se sitúa totalmente en la relación entre Padre e Hijo.

Tras la pregunta de los judíos —que es también nuestra pregunta— «¿Quién eres tú?», Jesús se remite en primer lugar a Aquel que lo ha enviado y en nombre del cual Él habla al mundo. Repite de nuevo la fórmula de la revelación, el «Yo soy», pero la extiende ahora a la historia futura. «Cuando levantéis al Hijo del hombre sabréis que Yo soy» (*Jn* 8, 28). En la cruz se hace perceptible su condición de Hijo, su ser uno con el Padre. La cruz es la verdadera «altura», la altura del amor «hasta el extremo» (*Jn* 13, 1); en la cruz,

Jesús se encuentra a la «altura» de Dios, que es Amor. Allí se le puede «reconocer», se puede comprender el «Yo soy».

La zarza ardiente es la cruz. La suprema instancia de revelación, el «Yo soy» y la cruz de Jesús son inseparables. No encontramos aquí una especulación metafísica, sino la realidad de Dios que se manifiesta aquí por nosotros en el centro de la historia. «Entonces sabréis que Yo soy». ¿Cuándo se hace realidad ese «entonces»? Se hace realidad constantemente en la historia, empezando por el día de Pentecostés, en el que las palabras de Pedro «traspasaron el corazón» de los judíos (*Hch* 2, 37) y, según el relato de los Hechos de los Apóstoles, tres mil se bautizaron, uniéndose así a la comunidad de los Apóstoles (cf. 2, 41). Se hará plenamente realidad al final de la historia, del cual el vidente del Apocalipsis nos dice: «Todo ojo lo verá; también los que lo atravesaron...» (*Ap* 1, 7).

Al final de las discusiones del capítulo 8 aparece de nuevo el «Yo soy» de Jesús, esta vez ampliado y explicado de otra manera. Sigue aún en el aire la pregunta «¿Quién eres tú?», que encierra al mismo tiempo la pregunta: «¿De dónde vienes?». Con ello se introduce el tema de los judíos como descendientes de Abraham y, en última instancia, de la paternidad de Dios mismo: «Nuestro padre es Abraham... Nosotros no somos hijos de prostituta; tenemos un *solo* padre: Dios» (*Jn* 8, 39.41).

La referencia que hacen los interlocutores de Jesús a Dios como Padre, más allá de Abraham, le da al Señor la oportunidad de explicar una vez más con claridad su origen, en el que de hecho se consuma plenamente el misterio de Israel, al que los judíos mismos habían aludido sobrepasando su descendencia de Abraham y poniendo su origen en Dios mismo.

Como nos enseña Jesús, Abraham no sólo remite, por encima de él mismo, a Dios Padre; sino sobre todo hacia el futuro, a Jesús, al Hijo: «Abraham, vuestro padre, saltaba de gozo pensando ver mi día: lo vio y se llenó de alegría» (*Jn* 8, 56). A la objeción de los judíos de que Jesús no podía haber visto a Abraham, les responde del siguiente modo: «Os aseguro que antes de que naciera Abraham, Yo soy» (*Jn* 8, 58). «Yo soy»: otra vez aparece misteriosamente realizado el simple «Yo soy», pero ahora definido en contraste con el «era» de Abraham. Ante el mundo del llegar y del pasar, del surgir y del perecer, se contrapone el «Yo soy» de Jesús. Rudolf Schnackenburg señala con razón que aquí no se trata sólo de una categoría temporal, sino «de una fundamental diferencia ontológica... La pretensión de Jesús de un modo de ser absolutamente único, que supera todas las categorías humanas», queda formulada con claridad (*Johannesevangelium* II, p. 61).

Pasemos al relato de Marcos sobre Jesús que camina sobre las aguas después de la primera multiplicación de los panes (cf. 6, 45-52), del que hay paralelo muy concordante en el Evangelio de Juan (cf. 6, 16-21). Seguiremos fundamentalmente a Zimmermann, que ha analizado el texto con minuciosidad (TThZ [1960] 12s).

Tras la multiplicación de los panes, Jesús dice a los discípulos que suban a la barca y se dirijan hacia Betsaida; pero Él se retira «al monte» a orar. Cuando la barca se encuentra en medio del lago, se levanta una fuerte tempestad que impide a los discípulos avanzar. El Señor, en oración, los ve y se acerca a ellos caminando sobre las aguas. Se puede comprender el susto de los discípulos al ver a Jesús caminando sobre las aguas; «se habían sobresaltado» y se pusieron a gritar. Pero Jesús les dice sosegadamente: «Ánimo, soy yo, no tengáis miedo» (*Mc* 6, 50).

A primera vista, este «Soy yo» parece una simple fórmula de identificación con la que Jesús se da a conocer intentando aplacar el miedo de los suyos. Pero esta explicación es solamente parcial. En efecto, Jesús sube después a la barca y el viento se calma; Juan añade que enseguida llegaron a la orilla. El detalle curioso es que entonces los discípulos se asustaron de verdad: «Estaban en el colmo del estupor», dice Marcos drásticamente (6, 51). ¿Por qué? En todo caso, el miedo de los discípulos provocado inicialmente por la visión de un fantasma no aplaca todo su temor, sino que aumenta y llega a su culmen precisamente en el instante en que Jesús sube a la barca y el viento se calma repentinamente.

Se trata, evidentemente, del típico temor «teofánico», el temor que invade al hombre cuando se ve ante la presencia directa de Dios. Ya lo hemos encontrado al final de la pesca milagrosa, cuando Pedro, en vez de dar gracias jubiloso por el portento, se asusta hasta el fondo del alma y, postrándose a los pies de Jesús, dice: «Apártate de mí, Señor, que soy un pecador» (*Lc* 5, 8).

Es el «temor de Dios» lo que invade a los discípulos. Andar sobre las aguas es ciertamente algo propio de Dios: «Él solo despliega los cielos y camina sobre la espalda del mar», se dice de Dios en el Libro de Job (9, 8; cf. *Sal* 76, 20 según los Setenta; *Is* 43, 16). El Jesús que camina sobre las aguas no es simplemente la persona que les resulta familiar; en Él los discípulos reconocen de pronto la presencia de Dios mismo.

Y, del mismo modo, el calmar la tempestad sobrepasa los límites de la capacidad humana y remite al poder de Dios. Así, en el clásico episodio de la tempestad calmada, los discípulos se dicen unos a otros: «¿Quién es éste? ¡Hasta el viento y las aguas le obedecen!» (*Mc* 4, 41). En este contexto también el «Yo soy» tiene otro sonido: es más que el simple identificarse de Jesús; aquí parece resonar también el misterioso «Yo soy» de los escritos de Juan. En cualquier caso, no cabe duda de que todo el acontecimiento se presenta como una teofanía, como un encuentro con el misterio divino de Jesús, por lo que Mateo, con gran lógica, concluye con la adoración (*proskýnesis*) y las palabras de los discípulos: «Realmente eres el Hijo de Dios» (*Mt* 14, 33).

Veamos ahora las expresiones en las que el contenido del «Yo soy» se especifica con una imagen; en Juan hay siete de estas imágenes; y el que sean precisamente siete no puede considerarse una simple casualidad: Yo soy el pan de vida, la luz del mundo, la puerta, el buen pastor, la resurrección y la vida, el camino y la verdad y la vida, la vid verdadera. Schnackenburg subraya justamente que se puede añadir a estas grandes imágenes la del manantial de agua que, si bien no guarda relación directa con el típico «Yo soy», se encuentra en expresiones de Jesús en las que Él mismo se presenta como este manantial (cf. *Jn* 4, 14; 6, 35; 7, 38; también 19, 34). Algunas de estas imágenes ya las hemos tratado con detalle en el capítulo dedicado a Juan. Aquí bastará con señalar sintéticamente el significado común que tienen estas palabras de Jesús en Juan.

Schnackenburg llama la atención sobre el hecho de que todas estas imágenes son como «variaciones sobre un mismo tema: Jesús ha venido al mundo para que los hombres tengan vida y la tengan en abundancia (10, 10). Él nos concede el don único de la vida, y puede concederlo porque en Él está presente con una abundancia originaria e inagotable, la vida divina» (*Johannesevangelium* II, pp. 69s). El hombre, a fin de cuentas, sólo necesita y ansía una cosa: la vida, la vida plena, la «felicidad». En un paso del Evangelio de Juan, Jesús denomina a esta realidad única y sencilla que esperamos la «alegría completa» (cf. 16, 24).

Esta única realidad, que contiene los múltiples deseos y esperanzas del ser humano, se expresa también en la segunda petición del Padrenuestro: «Venga a nosotros tu reino». El «Reino de Dios» es la vida en plenitud, y lo es precisamente porque no se trata de una «felicidad» privada, una alegría individual, sino el mundo en su forma más justa, la unidad de Dios y el mundo.

En el fondo, el hombre sólo necesita una cosa en la que está contenido todo lo demás; pero antes tiene que aprender a reconocer, a través de sus deseos y anhelos superficiales, lo que necesita realmente y lo que quiere realmente. Necesita a Dios. Y así podemos ver ahora que detrás de todas las imágenes se encuentra en definitiva esto: Jesús nos da la «vida», porque nos da a Dios. Puede dárnoslo, porque Él es uno con Dios. Porque es el Hijo. Él mismo es el don, Él es «la vida». Precisamente por eso toda su esencia es comunicación, «pro-existencia». Esto es precisamente lo que aparece en la cruz como su verdadera exaltación.

Recapitulemos. Hemos encontrado tres expresiones en las que Jesús oculta y desvela al mismo tiempo el misterio de su propia persona: *Hijo del hombre, Hijo, Yo soy*. Las tres están profundamente enraizadas en la palabra de Dios, la Biblia de Israel, el Antiguo Testamento; pero estas expresiones adquieren su pleno significado sólo en Él; por así decirlo, le han estado esperando.

En las tres se presenta la originalidad de Jesús, su novedad, lo que es exclusivamente suyo y que a nadie más se puede aplicar. Por ello, las tres expresiones sólo pueden salir de su boca, sobre todo la palabra «Hijo», a la que corresponde el apelativo de oración *Abbá*-Padre. Por eso, ninguna de las tres podría ser, tal como eran, una simple fórmula de confesión de la «comunidad», de la Iglesia naciente.

Ésta ha reunido el contenido de las tres expresiones centradas en el «Hijo» en la locución «Hijo de Dios», apartándola así definitivamente de sus antecedentes mitológicos y políticos. Sobre la base de la teología de la elección de Israel adquiere ahora un significado totalmente nuevo, delineado en los textos en los que Jesús habla como el «Hijo» y como «Yo soy».

Pero fue necesario esclarecer completamente este nuevo significado en múltiples y difíciles procesos de diferenciación, así como de ardua investigación, para protegerlo de las interpretaciones mítico-politeístas y políticas. El primer Concilio de Nicea (325 d.C.) utilizó para ello el término «consustancial» (*homooúsios*). Este término no ha helenizado la fe, no la sobrecarga con una filosofía ajena, sino que ha permitido fijar lo incomparablemente nuevo y diferente que había aparecido en los diálogos de Jesús con el Padre. En el *Credo* de Nicea, la Iglesia dice siempre de nuevo a Jesús, con Pedro: «Tú eres Cristo, el Hijo de Dios vivo» (*Mt* 16, 16).

NOTA EDITORIAL

Se han conservado las *referencias bíblicas* del original, que siguen el criterio comúnmente adoptado en el ámbito de lengua alemana, aunque difieren en algunos casos de las que pueden encontrarse en las traducciones españolas de la Biblia, especialmente por lo que se refiere a la numeración de los Salmos.

En el texto, y en la bibliografía que se propone a continuación, se utilizan las siguiente siglas.

ATD: *Das Alte Testament Deutsch*, editado por Volkmar Herntrich y Artur Weiser, Göttingen 1949s. Es un famoso comentario en alemán del Antiguo Testamento. Las cifras que siguen indican el número del volumen y la página.

Communio: *Internationale Katholische Zeitschrift Communio* (Revista internacional católica *Communio*). Es la revista fundada por Henri de Lubac, Hans Urs von Balthasar y Joseph Ratzinger en 1972. Se edita en diversas lenguas, cada una de las cuales tiene una cierta autonomía, por lo que no siempre coinciden los artículos publicados.

CSEL: *Corpus Sriptorum ecclesiasticorum latinorum*, Viena 1866ss. Es una colección de fuentes cristianas latinas, al igual que las más conocidas Patrología griega y latina (Migne).

HThKNT: *Herders theologischer Kommentar zum Neuen Testament*, editado por Alfred Wikenhauser, Herder, Friburgo 1953ss. Es un famoso comentario del Nuevo Testamento promovido por la Editorial Herder.

LThK *Lexikon für Theologie und Kirche*, Herder, Friburgo, 1993.

PG: *Patrologia graeca*, es una colección de fuentes cristianas antiguas griegas, de 161 volúmenes, editada en París entre 1857 y 1876 bajo la dirección de Jaques-Paul Migne.

RGG: *Die Religionen in Geschichte und Gegenwart*. Tubinga 1909-1913; 2° 1927-1932; 3° 1956ss.

ThWNT: *Theologisches Wörterbuch zum Neuen Testament*, fundado por Gerhard Kittel y editado por Gerard Friedrich, 1933ss.

TThZ: *Trierer Theologische Zeitschrift*.

BIBLIOGRAFÍA

Como he indicado en el Prólogo, este libro presupone la exegesis histórico-crítica y utiliza sus resultados, pero pretende ir más allá de este método para llegar a una interpretación propiamente teológica. No desea entrar en la discusión específica de la exegesis histórico-crítica. Por este motivo tampoco he pretendido ser exhaustivo en el uso de la bibliografía que, por otro lado, sería interminable. Las obras utilizadas son citadas en cada caso, entre paréntesis y de modo abreviado; los títulos completos se encuentran en la bibliografía que se indica a continuación.*

Pero antes quisiera citar algunas de las obras más importantes y recientes sobre Jesús:

– Joachim Gnilka, *Jesus von Nazareth. Botschaft und Geschichte* (HthKNT, Suplemento, vol. 3), Herder, Friburgo, 1990 (trad. esp. *Jesús de Nazaret. Mensaje e historia*, Herder, Barcelona, 1993²).

---

* Nota editorial: las citas han sido traducidas normalmente del texto original, al que corresponde también la referencia. No obstante, se ha creído prestar un servicio útil al lector señalando entre paréntesis el título de la traducción española cuando ha sido posible.

- Klaus Berger, *Jesus*, Pattloch, Múnich, 2004. El autor, con profundos conocimientos exegéticos, explica esencialmente la figura de Jesús y el mensaje de Jesús de cara a las cuestiones actuales.
- Heinz Schürmann, *Jesus. Gestalt und Geheimnis*, Bonifatius, Paderborn, 1994. Una selección de estudios editada por Klaus Scholtissek (trad. esp. *El destino de Jesús: su vida y su muerte*, Sígueme, Salamanca, 2003).
- John P. Meier, *A Marginal Jew. Rethinking the Historical Jesus*, Doubleday, Nueva York, 1991-2001 (trad. esp. *Un judío marginal : nueva visión del Jesús histórico*, Verbo Divino, Estella, 1998-2003). Esta obra en varios volúmenes es, bajo muchos aspectos, un modelo de exegesis histórico-crítica, en la que se ponen de manifiesto tanto la importancia como los límites de esta disciplina. Merece la pena leer la recensión del primer volumen hecha por Jacob Neusner, «Who Needs the Historical Jesus?», en *Chronicles*, julio 1993, pp. 32-34.
- Thomas Söding, *Der Gottessohn aus Nazareth. Das Menschsein Jesu im Neuen Testament*, Herder, Friburgo, 2006. El libro no trata de reconstruir la figura del Jesús histórico sino que ilustra el testimonio de fe contenido en los diversos escritos del Nuevo Testamento.
- Rudolf Schnackenburg, *Die Person Jesu Christi im Spiegel der vier Evangelien*, Herder, Friburgo, 1993 (trad. esp. *La persona de Jesucristo reflejada en los cuatro Evangelios*, Herder, Barcelona, 1998). Después de este libro, citado en el Prólogo, Schnackenburg ha escrito otro librito muy personal: *Freundschaft mit Jesus*, Herder, 1995 (trad. esp. *Amistad con Jesús*, Sígueme, Salamanca, 1998), poniendo el acento, más que sobre lo que es reconocible, sobre el efecto que Jesús produce en el alma y el corazón de los hombres y, de este modo —como él dice—, busca un equilibrio entre razón y experiencia.
- En la interpretación de los Evangelios me baso predominantemente en los volúmenes del *Herders Theologischem*

Kommentar zum Neuen Testament (HThKNT), que lamentablemente ha quedado incompleto.

- Se puede encontrar abundante material sobre la historia de Jesús también en la obra en seis volúmenes *La storia di Gesù*, Rizzoli, Milán, 1983-1985.

1. EL BAUTISMO DE JESÚS

- Paul Evdokimov, *L'art de l'icône. Théologie de la beauté*, Desclée de Brower, París, 1972, pp. 239-247, por lo que se refiere a la teología de los iconos y los textos de los Padres (trad. esp. *El arte del icono: teología de la Belleza*, Publ. Claretianas, Madrid, 1991).
- Joachim Jeremias, voz *amnos* (ThWNT, I), Kohlhammer, Stuttgart, 1966, pp. 342-345.
- Joachim Gnilka, *Das Matthäusevangelium. Erster Teil*, (HThKNT, I/1), Friburgo, 1986.
- Romano Guardini, *Das Wesen des Christentums – Die menschliche Wirklichkeit des Herrn. Beiträge zu einer Psychologie Jesu*, Grünewald- Schöningh, Mainz-Paderborn, 1991 (trad. esp. *La esencia del cristianismo*, Ed. Cristiandad, Madrid, 2006).

2. LAS TENTACIONES DE JESÚS

El contenido de este capítulo es en gran parte idéntico al que he expuesto sobre las tentaciones de Jesús en mi libro *Unterwegs zu Jesus Christus*, Sankt Ulrich, Augsburgo, 2003, pp. 84-99 (trad. esp. *Caminos de Jesucristo*, Cristiandad, Madrid, 2004). En él se indican más referencias bibliográficas. Aquí deseo señalar sólo Wladimir Soloviev, *Kurze Erzählung vom Antichrist*, traducción y comentario de Ludolf Müller, Wewel, Múnich, 1986[6] (trad. esp. *Los tres diálogos; El relato del Anticristo*, Scire, Barcelona, 1999).

- Joachim Gnilka, *Das Matthäusevangelium. Erster Teil*, (HThKNT, I/1), Friburgo, 1986.

3. EL EVANGELIO DEL REINO DE DIOS

- Adolf von Harnack, *Das Wesen des Christentums*, nueva edición con una introducción de Rudolf Bultmann, Klotz, Stuttgart, 1950 (primera edición, 1900; trad. esp. *La esencia del cristianismo: Jesús y el Evangelio: historia de la religión cristiana*, Palinur, Barcelona, 2005).
- Jürgen Moltmann, *Theologie der Hoffnung. Untersuchungen zur Begründung und zu den Konsequenzen einer christlichen Eschatologie*, Chr. Kaiser, Múnich, 1985[12] (trad. esp. *Teología de la esperanza*, Sígueme, Salamanca, 1982).
- Peter Stuhlmacher, *Biblische Theologie des Neuen Testaments*; vol. I *Grundlegung. Von Jesus zu Paulus*; vol. II *Von der Paulusschule bis zur Johannesoffenbarung*, Vandenhoeck & Ruprecht, Göttingen, 1992 y 1999.

4. EL SERMÓN DE LA MONTAÑA

- Jacob Neusner, *A Rabbi Talks with Jesus. An Intermillennial Interfaith Exchange*, Doubleday, Nueva York, 1993.
- Joachim Gnilka, *Das Matthäusevangelium. Erster Teil* (HthKNT I/1), Friburgo, 1986.
- Karl Elliger, *Das Buch der zwölf Kleinen Propheten*, vol. II (ATD, vol. 25), Vandenhoeck & Ruprecht, Göttingen, 1964[5].
- Erich Dinkler, *Signum Crucis. Aufsätze zum Neuen Testament und zur christlichen Archäologie*, Mohr, Tubinga, 1967, pp. 1-54 (sobre el signo Tau).
- Bernardo de Claraval, *Sämtliche Werke lateinisch-deutsch*, Gerhard B. Winkler, ed., vol. V, Tyrolia, Innsbruck, 1994,

p. 394 (trad. esp. *Obras completas de San Bernardo* [BAC 491], Madrid, 1986). Para este texto y sus antecedentes, véase Henri de Lubac, *Histoire et esprit. L'intelligence de l'Écriture d'après Origine*, París, 2002.

- Para la crítica del cristianismo de Friedrich Nietzsche, sobre la cual hay abundante bibliografía, remito a Henri de Lubac, *Le drame de l'humanisme athée*, París, 1983 (trad. esp. *El drama del humanismo ateo*, Encuentro, Madrid, 1997).

- Para la sección «Compromiso y radicalidad profética», he de agradecer las sugerencias fundamentales de dos aportaciones escritas por el profesor Olivier Artus para la Pontificia Comisión Bíblica, París, 2003 y 2004 (hasta ahora inéditas). Para la dialéctica entre los dos tipos de derecho —apodíctico y casuístico— él remite sobre todo a Frank Crüsemann, *Die Tora*, Chr. Kaiser, Múnich, 1992.

5. LA ORACIÓN DEL SEÑOR

- La bibliografía sobre el Padrenuestro es inabarcable. Por lo que se refiere a la exegesis me oriento sobre todo por Joachim Gnilka, *Das Matthäusevangelium. Erster Teil* (HthKNT I/1), Friburgo, 1986.
- Para las diversas relaciones interdisciplinares puede verse una primera orientación en Florian Trenner, ed., *Vater unser im Himmel*, Klerusblatt-Verlag, Múnich/Wewel, Donauwörth, 2004.
- Para el trasfondo judío: Meinrad Limbeck, *Von Jesus beten lernen. Das Vaterunser auf dem Hintergrund des Alten Testamentes*, Religiöse Bildungsarbeit, Stuttgart, 1980.
- Michael Brocke, Jakob J. Petuchowski y Walter Strolz, ed. *Das Vaterunser. Gemeinsames im Beten von Juden und Christen*, Herder, Friburgo, 1976.

– Del gran tesoro de la interpretación espiritual recuerdo la obra tardía, demasiado poco considerada, de Romano Guardini, *Gebet und Wahrheit. Meditationen über das Vaterunser*, Werkbund, Würzburg, 1960; Matthias Grünewald, Mainz/Schöningh, Paderborn, 1988[3].

– Reinhold Schneider, *Das Vaterunser*, Herder, Friburgo, 1947, 1979[6].

– Peter-Hans Kolvenbach S. J., *Der österliche Weg. Exerzitien zur Lebenserneuerung*, Herder, Friburgo, 1988, pp. 63-104 (trad. esp. *Caminando hacia la Pascua: ejercicios espirituales*, Mensajero, Bilbao, 1990).

– Carlo Maria Martini, *Non sprecate parole. Esercizi spirituali con il Padre Nostro*, Portalupi Editore, Casale Monferrato, 2005.

– De los comentarios de los Santos Padres al Padrenuestro, me resulta particularmente atractivo el de san Cipriano (*c.* 200-258), y por eso lo cito frecuentemente: *De dominica oratione*, en: *Thasci Caecilli Cypriani Opera omnia*, CSEL III 1, pp. 265-294.

– Para el Apocalipsis 12-13, puede verse, por ejemplo, Gianfranco Ravasi, *Apocalisse*, Piemme, Casale Monferrato, 2000[2], pp. 108-130.

6. LOS DISCÍPULOS

– André Feuillet, *Études d'exégèse et de théologie biblique. Ancien Testament*, Gabalda, París, 1975.

– Rudolf Pesch, *Das Markusevangelium. Erster Teil* (HthKNT II/1), Friburgo, 1976.

– Heinrich Schlier, *Der Brief an die Epheser. Ein Kommentar*, Patmos, Düsseldorf, 1958[2] (trad. esp. *La carta a los Efesios*, Sígueme, Salamanca, 1991).

– Eugen Biser, *Einweisung in das Christentum*, Patmos, Düsseldorf, 1997.

7. EL MENSAJE DE LAS PARÁBOLAS

- Joachim Jeremias, *Die Gleichnisse Jesu*, Vandenhoeck & Ruprecht, Göttingen, 1956[4] (trad. esp. *Interpretación de las parábolas*, Verbo Divino, Estella, 1985).
- Adolf Jülicher, *Die Gleichnisreden Jesu*, I y II, Mohr, Tubinga, 1899 y 1910[2].
- Charles Harold Dodd, *The Parables of the Kingdom*, Nisbet, Londres, 1938[4] (trad. esp. *Las parábolas del Reino*, Cristiandad, Madrid, 1977).
- Helmut Kuhn, «*Liebe*». *Geschichte eines Begriffs*, Kösel, Múnich, 1975.
- Pierre Grelot, *Les paroles de Jésus Christ* (*Introduction à la Bible, Nouveau Testament 7*), Desclée de Brouwer, París, 1986 (trad. esp. *Introducción crítica al Nuevo Testamento*, Herder, Barcelona, 1993).
- Agustín de Hipona, *Sermones*, German Morin ed. (Nueva edición Armand B. Caillau y Benjamin Saint-Yves), II 11, en Morin pp. 256-264 (trad. esp. en *Obras completas de San Agustín*, edición bilingüe, vol. X [BAC 441], Madrid, 1983, Sermón 112 A, pp. 805-817).

8. LAS GRANDES IMÁGENES DEL EVANGELIO DE JUAN

- Rudolf Bultmann, *Das Evangelium des Johannes, Kritisch-exegetischer Kommentar über das Neue Testament*, vol. 2, Vandenhoeck & Ruprecht, Göttingen, 1941.
- Martin Hengel, *Der Sohn Gottes. Die Entstehung der Christologie und die jüdisch-christliche Religionsgeschichte*, Mohr, Tubinga, 1975 (trad. esp. *El hijo de Dios: el origen de la cristología y la historia de la religión judeo-helenística*, Sígueme, Salamanca, 1978).
- Martin Hengel, *Die johanneische Frage. Ein Lösungsversuch*, Mohr, Tubinga, 1993.

– Rudolf Pesch, *Antisemitismus in der Bibel? Das Johannes-evangelium auf dem Prüfstand,* Sankt Ulrich, Augsburg, 2005.
– Henri Cazelles, «Johannes. Ein Sohn des Zebedäus. "Priester" und Apostel», en *Communio* 31 (2002), pp. 479-484.
– Peter Stuhlmacher, *Biblische Theologie des Neuen Testaments*; vol. I *Grundlegung. Von Jesus zu Paulus*; vol. II *Von der Paulusschule bis zur Johannesoffenbarung,* Vandenhoeck & Ruprecht, Göttingen, 1992 y 1999.
– Ulrich Wilckens, *Theologie des Neuen Testaments* vol. I, 4ª parte, Neukirchener Verlag, 2005, especialmente pp. 155-158.
– Ingo Broer, *Einleitung in das Neue Testament (Die Neue Echter-Bibel, Ergänzungsband 2/I),* Würzburg, 1998.
– Entre los comentarios al Evangelio de Juan he utilizado sobre todo el de Rudolf Schnackenburg en tres volúmenes (HthKNT IV/1, IV/2, IV/3), Friburgo, 1965-1975, al que se debe añadir el volumen complementario *Ergänzende Auslegungen und Exkurse* (IV/4), 1984 (trad. esp. *El Evangelio según San Juan,* Herder, Barcelona, 1987).
– Charles K. Barrett, *The Gospel According to St. John,* Westminster, Filadelfia, 1978 (trad. esp. *El Evangelio según San Juan,* Cristiandad, Madrid 2003).
– Francis J. Moloney, *Belief in the Word. Reading John 1-4,* Fortress, Minneapolis, 1993; *Signs and Shadows. Reading John 5-12,* 1996; *Glory not Dishonor. Reading John 13-21,* 1998 (trad. esp. *El Evangelio de Juan,* Verbo Divino, Estella, 2005).
– Raymond E. Brown, *The Gospel According to John,* 2 vols., Doubleday, Garden City/Nueva York, 1966-1970 (trad. esp. *El Evangelio según Juan,* Cristiandad, Madrid, 1979).

LAS GRANDES IMÁGENES DEL EVANGELIO DE JUAN

El agua
– Photina Rech, *Inbild des Kosmos. Eine Symbolik der Schöpfung,* 2 vols, Otto Müller, Salzburgo, 1966.

- Rudolf Schnackenburg, *Die Johannesbriefe* (HthKNT), Herder, Friburgo, 1963 (trad. esp. *Cartas de Juan*, Herder, Barcelona, 1980).
- Rudolf Schnackenburg, *Das Johannesevangelium* (HthKNT, IV/2), Friburgo, 1971, especialmente, pp. 209-218 (trad. esp, *cit.*).
- Hugo Rahner, *Symbole der Kirche. Die Ekklesiologie der Väter*, Otto Müller, Salzburgo, 1964; especialmente: *Flumina de ventre Christi. Die patristische Auslegung von Joh 7, 37.38*, pp. 177-235.

La vid y el vino
- Además de los comentarios al Evangelio de Juan ya mencionados y a Photina Rech, quisiera mencionar en particular las útiles aportaciones de Peter Henrici, Michael Figura, Bernhard Dolna y Holger Zaborowski, en *Communio* 35 (2006), n° 1.
- Para Isaías 5, 1-7, cf. Otto Kaiser, *Der Prophet Jesaja. Kapitel 1-12* (ATD, vol. 17), Vandenhoeck & Ruprecht, Göttingen, 1963, pp. 45-49.

El pan
- Christoph Schönborn, *Weihnacht – Mythos wird Wirklichkeit. Meditationen zur Menschwerdung*, Johannes-Verlag Einsiedeln, 1992², especialmente pp. 15-30 (trad. esp. *Navidad, mito y realidad, meditaciones sobre la encarnación*, Comercial Editora de Publicaciones, C.B., Valencia, 2000).

El pastor
- Joachim Jeremias, *Poimén* (ThWNT, vol VI), Kohlhammer, Stuttgart, 1959, 484-501.
- Karl Elliger, *Das Buch der zwölf Kleinen Propheten*, vol. II (ATD, vol. 25), Vandenhoeck & Ruprecht, Göttingen, 1964⁵, pp. 168-177.

- Frits van der Meer y Hans Sibbelee, *Christus. Der Menschensohn in der abendländischen Plastik*, Herder, Friburgo, 1980, especialmente pp. 21-23.

9. LA CONFESIÓN DE PEDRO

- Rudolf Pesch, *Das Markusevangelium. Zweiter Teil* (HthKNT II/2), Friburgo, 1977.
- Karl Jaspers, *Die großen Philosophen,* vol. 1, Piper, Múnich, 1957, pp. 186-228 (trad. esp. *Grandes filósofos: hombres fundamentales: Sócrates, Buda, Confucio, Jesús*, Tecnos, Madrid, 1993).
- Pierre Grelot, *Les paroles de Jésus Christ* (*Introduction à la Bible, Nouveau Testament 7*), Desclée de Brower, París, 1986 (cf. capítulo 7), pp. 174-205 (trad. esp. *Introducción crítica al Nuevo Testamento,* Herder, Barcelona, 1993).
- Bernhard Welte, ed., *Zur Frühgeschichte der Christologie* (*Quaestiones disputatae 51*), Herder, Friburgo, 1970; es importante sobre todo la aportación de Heinrich Schlier, *Die Anfänge des christologischen Credo*, pp. 13-58.
- Jean-Marie van Cangh y Michel van Esbroeck, «La primauté de Pierre (Mt 16, 16-19) et son contexte judaïque», en: *Revue théologique de Louvain* 11 (1980) pp. 310-324.
- Hartmut Gese, *Zur biblischen Theologie. Alttestamentliche Vorträge*, Chr. Kaiser, Múnich, 1977.
- Jean Daniélou, *Bible et liturgie. La théologie biblique des sacrements et des fêtes d'après les Pères de l'Église*, Cerf, París, 1951.
- Harald Riesenfeld, *Jésus transfiguré. L'arrière-plan du récit évangélique de la transfiguration de Notre Seigneur*, Munksgaard, Copenhague, 1947, p. 188.
- Puesto que este libro está dedicado a la figura de Jesús, he renunciado de propósito a la interpretación de las afirmaciones sobre el primado al tratar sobre la confesión de

Pedro. Para este argumento remito a Oscar Cullmann, *Petrus. Jünger – Apostel – Märtyrer. Das historische und das theologische Petrusproblem*, Zwingli-Verlag, Zúrich, 1952.
- Rudolf Pesch, *Simon-Petrus. Geschichte und geschichtliche Bedeutung des ersten Jüngers Jesu Christi*, Hiersemann, Stuttgart, 1980.
- Rudolf Pesch, *Die biblischen Grundlagen des Primats* (*Quaestiones disputatae* 187), Herder, Friburgo, 2001.
- Joachim Gnilka, *Petrus und Rom. Das Petrusbild in den ersten zwei Jahrhunderten*, Herder, Friburgo, 2002 (trad. esp. *Pedro y Roma: la figura de Pedro en los dos primeros siglos de la Iglesia*, Herder, Barcelona, 2003).
- Martin Hengel, *Der unterschätzte Petrus. Zwei Studien*, Mohr Siebeck, Tubinga, 2006.

10. NOMBRES CON LOS QUE JESÚS SE DESIGNA A SÍ MISMO

- Ferdinand Hahn, *Christologische Hoheitstitel. Ihre Geschichte im frühen Christentum*, Vandenhoeck & Ruprecht, Göttingen, 1966[3].
- James M. Robinson, *A New Quest of the Historical Jesus*, SCM, Londres, 1959; ed. alemana: *Kerygma und historischer Jesus*, Zwingli-Verlag, Zúrich, 1960 (para la cuestión del Hijo del hombre, pp. 122ss).
- Rudolf Schnackenburg, *Die Person Jesu Christi im Spiegel der vier Evangelien*, Friburgo, 1993: sobre el Hijo del hombre, pp. 66-75 (trad. esp. *cit.*).
- Rudolf Schnackenburg, *Das Johannesevangelium, Zweiter Teil* (HthKNT IV/2), Friburgo, 1971, especialmente pp. 59-70 (*Herkunft und Sinn der Formel* egó eimi) y pp. 150-168 («*Der Sohn» als Selbstbezeichnung Jesu im Johannesevangelium*).
- Heinrich Zimmermann, «Das absolute "Ich bin" in der Redeweise Jesu», en *TThZ* 69 (1960), 1-20.

- Heinrich Zimmermann, «Das absolute egó eimi als die neutestamentliche Offenbarungsformel», en: *Biblische Zeitschrift NF* 4 (1960) 54-69; pp. 266-276.
- Para la relación entre la cristología bíblica y la conciliar, remito a la obra fundamental de Alois Grillmeier, *Jesus der Christus im Glauben der Kirche*, vol. 1: *Von der apostolischen Zeit bis zum Konzil von Chalcedon (451)*, Herder, Friburgo 1979 (trad. esp. *Cristo en la tradición cristiana: desde el tiempo apostólico hasta el Concilio de Calcedonia [451]*, Sígueme, Salamanca 1997).

CITAS BÍBLICAS
Y DOCUMENTOS DEL MAGISTERIO

ABREVIATURAS

Antiguo Testamento

Am	Amós
1 Cro	Primer Libro de las Crónicas (1° Crónicas)
2 Cro	Segundo Libro de las Crónicas (2° Crónicas)
Ct	Cantar de los Cantares
Dn	Daniel
Dt	Deuteronomio
Ex	Éxodo
Ez	Ezequiel
Gn	Génesis
Ha	Habacuc
Is	Isaías
Jb	Job
Jon	Jonás
Jr	Jeremías
Lv	Levítico
Mi	Miqueas
Ml	Malaquías

Nm	Números
Os	Oseas
Pr	Proverbios
1 R	Primer Libro de los Reyes (1° Reyes)
2 R	Segundo Libro de los Reyes (2° Reyes)
1 S	Primer Libro de Samuel (1° Samuel)
2 S	Segundo Libro de Samuel (2° Samuel)
Sal	Salmos
Sb	Sabiduría
Za	Zacarías

Nuevo Testamento

Ap	Apocalipsis
1 Co	Primera Carta a los Corintios (1ª Corintios)
2 Co	Segunda Carta a los Corintios (2ª Corintios)
Col	Carta a los Colosenses (Colosenses)
Ef	Carta a los Efesios (Efesios)
Flp	Carta a los Filipenses (Filipenses)
Ga	Carta a los Gálatas (Gálatas)
Hb	Carta a los Hebreos (Hebreos)
Hch	Hechos de los Apóstoles
1 Jn	Primera Carta de Juan (1ª Juan)
2 Jn	Segunda Carta de Juan (2ª Juan)
3 Jn	Tercera Carta de Juan (3ª Juan)
Jn	Evangelio según san Juan (Juan)
Lc	Evangelio según san Lucas (Lucas)
Mc	Evangelio según san Marcos (Marcos)
Mt	Evangelio según san Mateo (Mateo)
1 P	Primera Carta de Pedro (1ª Pedro)
Rm	Carta a los Romanos (Romanos)
St	Carta de Santiago (Santiago)
2 Tm	Segunda Carta a Timoteo (2ª Timoteo)

ANTIGUO TESTAMENTO

NUEVO TESTAMENTO

11, 10: 37
11, 12: 86
11, 25s: 393
11, 25-30: 140
11, 27: 395
11, 28-30: 140
11, 29: 102, 108
12, 4-8: 138
12, 28: 85
12, 39s: 259
12, 46-50: 145
12, 8: 377
13, 24-30: 86
13, 33: 80
13, 44s: 86
14, 13-21: 311
14, 22-33: 352
14, 33: 359, 407
15, 38s: 311
16, 13s: 210
16, 13-20: 337
16, 16: 344, 352, 410
16, 17: 346
16, 21-28: 337
16, 22: 68, 350
17, 1: 356
17, 1-13: 338
17, 2: 361
18, 23-35: 194
19, 21: 135
19, 30: 239
21, 4s: 110
21, 28-32: 244
23, 2: 93
23, 9: 176

25, 31-46: 380
26, 31: 322
26, 39: 41, 185
26, 42: 185
27, 16: 66
27, 40: 54
28, 16: 64
28, 18: 64, 360
28, 19s: 64

Mc
1, 2: 37
1, 5: 37
1, 9: 38
1, 11: 368
1, 13: 51, 71
1, 14s: 73
1, 15: 85, 88
1, 22: 132, 384
2, 5: 384
2, 10s: 384
2, 18s: 299
2, 22: 220
2, 27s: 136, 377
2, 28: 383
3, 14s: 211
3, 13-19: 208
3, 17: 40
3, 34s: 149
4, 1-20: 224
4, 3-9: 80
4, 10: 223
4, 12: 229
4, 26-29: 80

DOCUMENTOS DEL MAGISTERIO

Divino afflante Spiritu: 10

Dei verbum: 11
n. 12: 14

La interpretación de la Biblia en la Iglesia: 11
El pueblo hebreo y sus sagradas Escrituras en la Biblia cristiana: 11

ÍNDICE ONOMÁSTICO